悬念教学法

让《红楼梦》导读更有趣

何泗忠 著

北京燕山出版社
BEIJING YANSHAN PRESS

图书在版编目（CIP）数据

悬念教学法：让《红楼梦》导读更有趣 / 何泗忠著
. — 北京：北京燕山出版社，2021.5
ISBN 978-7-5402-5850-4

Ⅰ.①悬… Ⅱ.①何… Ⅲ.①阅读课—教学研究—初
中 Ⅳ.①G633.332

中国版本图书馆CIP数据核字（2021）第068493号

悬念教学法：让《红楼梦》导读更有趣

著　　者	何泗忠
责任编辑	满　懿
出版发行	北京燕山出版社
地　　址	北京市丰台区东铁匠营苇子坑138号C座
电　　话	010-65240430
邮　　编	100079
印　　刷	北京政采印刷服务有限公司
经　　销	新华书店
开　　本	170mm×240mm　16开
字　　数	252千字
印　　张	14
版　　次	2021年5月第1版
印　　次	2021年5月第1次印刷
定　　价	45.00元

序言

　　《普通高中语文课程标准（2017年版）》（以下简称《语文课程标准》）列了十八个学习任务群，整本书阅读与研讨属第一个学习任务群。这个任务群的学习贯穿必修、选择性必修和选修三个阶段。

　　新版高中语文部编版教材已将《红楼梦》列为整本书阅读的必读书目。然而，据上海师范大学人文学院教授、中国红楼梦学会副会长詹丹透露，几年前曾有出版社统计发布了一个"死活读不下去"排行榜，《红楼梦》位列其中；北大教授温儒敏也曾说过，北大的学生读过《红楼梦》整本书的也不多；即便是语文老师有些也不一定读完了《红楼梦》。笔者在广大中学生中也做过调查，四大名著中，他们最不感兴趣的就是《红楼梦》。有的只是随便翻翻，还有许多学生只听过有《红楼梦》这样一部书而已，他们压根就没有读过《红楼梦》。

　　既然《红楼梦》让人"死活读不下去"，为什么就不能想点办法让人能"死活读下去"呢？

　　笔者纵观《红楼梦》传播史，到目前为止，主要经历了两个阶段。一个阶段是贵族化语态，贵族化语态是一种传播者高高在上的语态，红楼话语权主要掌握在一些红楼梦研究专家的手中。然而，像《红楼梦》这样伟大的作品，不应该成为少数人躲在象牙塔里研究的专利，而应该让其走向大众、走向民间。于是，另一个阶段出现，亦即平民化语态。这种语态力求平实、亲切，贴近百姓生活，注重传播者和受众平等交流，最典型的案例就是《蒋勋说〈红楼梦〉》。但笔者认为，要让更广大民众喜欢《红楼梦》、了解《红楼梦》，进而痴迷《红楼梦》、研究《红楼梦》，还应该允许出现一种悬疑化语态。这种语态就是通过多种手段，层层设置悬念，成功吊起读者的胃口，达到引起读者的关注、好奇、牵挂的目的的一种语态，也是对受众心理诱惑的语态。

以上这三种传播语态，应该共时存在，让《红楼梦》传播变得既学术，又大众；既高雅，又通俗；既理性，又感性；既庄重，又浪漫；既有趣，又神秘。

笔者通过长期探索，运用语文悬念教学法，激发起学生对《红楼梦》阅读的强烈兴趣，并且推动学生乐此不疲地将《红楼梦》读下去。

本书以语文悬念教学法为手段，以整本书阅读的"起承转合"为线索，真实地再现了《红楼梦》整本书导读的跌宕起伏、引人入胜的过程。

起，促读与激趣：《红楼梦》牵动我的心；

承，初读与感悟：《红楼梦》让我们着迷；

转，细读与分享：《红楼梦》读书检阅台；

合，研读与表达：《红楼梦》研究与写作。

四个步骤环环相扣，处处设悬，整个过程给学生以陌生感、好奇感、惊讶感、魔力感，让学生无可救药地爱上《红楼梦》。

对于整本书的阅读与研讨，目前的实际教学仍然处于一种肤浅化、碎片化、应试化、功利化的阶段。这样的教学现状，实际上是应试教育在整本书阅读与研讨教学中的翻版，结果是导致整本书阅读枯燥无味，学生没有兴趣，最后弄得教师也没有兴趣。很多一线教师对于整本书阅读教学到底要"教什么""怎么教"感到格外迷茫。但愿本书能为广大一线教师开展整本书阅读教学提供一点借鉴。

何泗忠

2019年6月6日于深圳市桃源村可人书屋

目录

第四章
语文悬念教学法掀起一股《红楼梦》阅读潮 ·················161

第一章

语文悬念教学法在整本书阅读中的实施背景

一、中小学整本书阅读的价值与定位

进入21世纪以来，世界许多国家，尤其是一些发达国家，都在不同程度地开展课程改革。在课程改革中，尽管内容和形式不尽相同，但有一点却是共同的，那就是都非常重视学生阅读。

美国前总统克林顿曾指出：小学三年级之前必须具备良好的阅读能力，这是未来学习成功与否的关键。在担任美国总统期间，他先后提出"挑战美国阅读"和"卓越阅读方案"计划并付诸实施。

布什总统上任后，提出了"阅读优先"口号，并拨巨资加以推动，希望五年内，让小学三年级以前学童具备基本阅读能力。

2003年初，英国教育部发出"要把儿童阅读进行到底"的号召，并且从线上到线下进行广泛宣传。

日本文部省把2000年定为"儿童阅读年"，并于2001年底，颁布《日本儿童阅读推进法》，将每年的4月23日指定为日本儿童阅读日。

我国新修订的《语文课程标准》同样十分重视学生阅读，强调要阅读古今中外的优秀作品，"培养阅读的兴趣和习惯，提升阅读品位，掌握阅读方法，提高阅读能力，让学生在阅读中拓宽视野，领略人类社会气象与文化，体验中华优秀传统文化、革命文化和社会主义先进文化，提高语言文字运用能力与思想文化修养，丰富精神世界"，并推荐了一些课外阅读作品：文化经典著作方面有《论语》《孟子》《老子》《庄子》《史记》等；诗歌方面有毛泽东、郭沫若、戴望舒、艾青、臧克家、贺敬之、郭小川、海涅、普希金、惠特曼、泰戈尔等人的作品；小说方面有罗贯中《三国演义》、曹雪芹《红楼梦》、吴敬梓《儒林外史》、鲁迅《呐喊》和《彷徨》、茅盾《子夜》、巴金《家》、老舍《四世同堂》、沈从文《边城》、周立波《暴风骤雨》、路遥《平凡的世界》、塞万提斯《堂吉诃德》、雨果《悲惨世界》、巴尔扎克《欧也妮·葛朗台》、狄更斯《大卫·科波菲尔》、列夫·托尔斯泰《战争与和平》、罗曼·罗兰《约翰·克利斯朵夫》、海明威《老人与海》、莫泊桑短篇小说、契诃夫短篇小说、欧·亨利短篇小说等；散文方面有鲁迅杂文、朱自清散文、叶圣陶散文等；剧本方面有关汉卿《窦娥冤》、王实甫《西厢记》、汤显祖《牡丹亭》、郭沫若《屈原》、曹禺《雷雨》、老舍《茶馆》、莎士比亚《哈姆雷特》等；语言文学理论著作方面有吕叔湘《语文常谈》、朱光潜《谈美书简》、爱克曼《歌德谈话录》等。

由此可见，各国都意识到阅读的重要性。作为阅读的一个最重要的组成部分，整本书阅读尤其重要。

什么是整本书阅读呢？有人将阅读分为三种类型。

一是消遣性阅读。消遣性阅读是纯粹为了调剂生活而进行的随意性的阅读；

二是功能性阅读。功能性阅读就是根据特定的任务，选择相关的读物而进行的阅读，是为解决一定问题而进行的阅读；

三是发展性阅读。发展性阅读重在让人们掌握阅读的方法，目的是提高阅读的能力。

整本书阅读当然包含第一种类型——消遣性阅读，亦即随意地阅读了一整本书，如读了《三国演义》《红楼梦》《老人与海》《阿Q正传》，把一本书从头读到尾；但对中学生来说，更重要的是第二类、第三类阅读，在阅读的过程中有目的、有计划地研究。正如著名特级教师吴泓所说："我们读整本的书，是指以一部经典或者一个核心人物为中心，根据学生在一定的年龄段可能达成也应该达成的语文能力或者语文素养，进行有目的、有计划的阅读与研究，最后写出研究性文章（含写作、展示、评价、反思等环节）的这样一个过程。"

《语文课程标准》非常重视整本书阅读，并且专门列出整本书阅读任务群，强调"本任务群旨在引导学生通过阅读整本书，拓展阅读视野，建构阅读整本书的经验，形成适合自己的读书方法，提升阅读鉴赏能力，养成良好的阅读习惯，促进学生对中华优秀传统文化、革命文化、社会主义先进文化的深入学习和思考，形成正确的世界观、人生观和价值观"。

世界各国为何如此重视阅读，尤其重视整本书阅读？因为整本书阅读对学生个体发展和民族振兴都十分重要。整本书阅读有利于学生的语言运用与建构，有利于学生的思维发展与提升，有利于学生的审美鉴赏与创造，有利于学生的文化传承与理解，更有利于民族素质的提升与优化。犹太人有句老话：人不能只靠面包活着。阅读是以色列人精神生活的不可或缺的一部分。据了解，以色列民众平均每人每年购买10~15本新书，正因为酷爱阅读，使得他们在各行各业都产生了很多杰出人物。

阅读，尤其是整本书阅读十分重要。学校和老师应该具体落实整本书阅读理念，将整本书阅读进行到底。然而，现阶段，中小学整本书阅读的教学状况如何呢？

二、中小学整本书阅读的教学现状

整本书阅读与研讨是《语文课程标准》所列的十八个学习任务群之一，而且是第一个学习任务群。这个学习任务群贯穿部编本新教材必修、选择性必修和选修三个阶段。但整本书阅读与研讨目前的实际教学仍然处于随意化、形式化、肤浅化、应试化的状态。很多一线教师对于如何开展整本书阅读教学感到无所适从。他们对于整本书阅读教学到底要"教什么"、"怎么教"十分茫然，在推进整本书阅读过程中，出现了不少问题。这些问题，江苏省特级教师徐杰归纳为五个方面。

（1）以练代读，用做题目背答案代替阅读过程。

（2）以点代面，用选段精读代替整本书阅读。

（3）以偏概全，窄化了整本书的阅读空间。

（4）以写代读，阅读方法单一枯燥。

（5）以考代导，考试只能检验阅读结果而不能提升阅读品质。

整本书阅读弊端除以上五点外，笔者再加一点：选书盲目，不知道让学生读什么书好。

笔者补充的第六点，是读什么书的问题。徐杰归纳的五点是怎样阅读整本书的问题。

上述六个方面的问题，实际上是应试教育在整本书阅读教学中的翻版，是一种肤浅化、碎片化、应试化、功利化的阅读教学。上述六个弊端，使学生对整本书阅读不感兴趣。

我在学校开展了一系列整本书阅读教学活动，走出了一条行之有效的整本书阅读教学之路。学生对我的整本书阅读教学非常感兴趣。下面是我校学生对我开展整本书教学活动的评价。

"十分喜欢何泗忠老师的整本书阅读教学。何老师的整本书阅读教学能让我们'欢喜'。让我们感受到阅读的乐趣，我们带着这颗欢喜之心，无可救药地爱上了整本书阅读。"

"何老师采用悬念导读整本书让我们'惊奇'，让我们感到意外。我们带着这颗惊奇之心，想知道得更多，于是我们读得更多，更投入。何老师的语文悬念教学法，激发起我探索的欲望。"

"何老师用悬念教学法带领我们读《红楼梦》，越读越产生'疑惑'，越疑惑就越想去读，旧的疑惑解决了，新的疑惑又产生了。在好奇心的驱使下，对《红楼梦》的阅读就成了我们的发现之旅，就成了探索和寻找答案的历险。我爱上了《红楼梦》，以后，我要专门研究《红楼梦》，写一本研究《红楼梦》的书。"

……

那我是怎样让学生喜欢上我所开展的整本书阅读教学活动的呢？学生说我采用语文悬念教学法开展整本书阅读教学有趣、有味、好玩、有效。

笔者多次采用语文悬念教学法导读《恰同学少年》《平凡的世界》《围城》《三国演义》《红楼梦》《堂吉诃德》等中外名著，给学生以新鲜感、好奇感、惊讶感、魔力感。事实证明，采用语文悬念教学法开展语文课程标准规定的整本书阅读与研讨活动是成功的。那什么是语文悬念教学法呢？下一章将会详细解说。

第二章

语文悬念教学法的构建背景及其内涵解读

法国教育家卢梭认为："教育的艺术是使学生喜欢你所教的东西。"

英国哲学家、教育家罗素认为："教育就是获得运用知识的艺术。这是一种很难传授的艺术。"

美国的罗伯特·特拉弗斯认为："教学是一种独具特色的表演艺术，它区别于其他任何表演艺术，这是由教师与那些观看表演的人的关系所决定的。"

以上三位著名的教育家分别从教学的吸引力、教学的有效度、教学的表演性等不同侧面揭示了教学艺术的内涵。

那么，语文悬念教学法作为一种教育教学艺术，又有着怎样的内涵呢？本章我们从语文悬念教学法的构建背景、语文悬念教学法的核心概念、语文悬念教学法的模式结构、语文悬念教学法的个性特征、语文悬念教学法的衡量标准五个方面来加以揭示。

一、语文悬念教学法的构建背景

记得小时候，我们村里有一个说书的老艺人，劳动之余的晚上，他常常坐在他家门口的一棵大树下，给村里这些大人小孩讲《杨门女将》，讲《薛仁贵征东》，讲《薛丁山征西》，讲《三国演义》，讲《水浒传》，讲《西游记》，讲《聊斋》，讲《牛郎织女》，讲《孟姜女哭长城》，讲《梁山伯与祝英台》，讲《白蛇传》。这些故事不是一天能讲完的，像《三国演义》《水浒传》《西游记》都是大部头，如何吸引我们这些小孩尤其是一些白天辛苦劳作了一天的大人听他讲故事呢？一个重要的方法就是设置悬念。这位老艺人十分善于讲故事，绘声绘色，我们听得津津有味。每当故事情节发展到紧张激烈的高潮或矛盾冲突到剑拔弩张的关键时刻，突然来一句"欲知后事如何，且听下回分解"，吊得村里大人小孩整晚都睡不着，设想故事情节发展的种种可能，担忧人物命运的变化；第二天晚上，大人小孩又会跑到那棵树下，乖乖围在老艺人的身边，听他讲一个又一个的故事。当年老人讲得最精彩的就是《西游记》中的"三打白骨精"。孙悟空高举金箍棒，结果打了好几天，白骨精就是没有被打死。我每天一吃完晚饭就立刻跑去听，总是"欲知后事如何，且听下回分解"。可以说，这位老艺人讲的就是中国版的"一千零一夜"，笔者对语文的爱好，主要是那位老艺人培养的。这就是悬念的魅力。

悬念在小说中，更是被经常运用。悬念可以使小说跌宕起伏、引人入胜，增强作品的艺术感染力。几年以前，美国一家著名的文学杂志花重金向全世界征求最佳微型小说，结果，一篇25字的小说获得最佳微型小说奖：

"地球上最后一个人独自坐在房间里，这时忽然响起了敲门声……"

这篇微型小说，短短25个字，却包含了小说的人物、情节、环境三要素。更重要的是，它充满悬念，省略号留给了读者无尽的想象空间。悬念，是这篇微型小说获得巨大成功的最重要的因素。

现在的电视节目，更是越来越注重设置悬念。传播学博士高红波在《改革开放三十年中国电视语态的变迁》一文中，分析总结了中华人民共和国成立以来的电视语态。他认为中华人民共和国成立以来的电视语态大体经历了如下三个阶段。

第一阶段是"新华语态"，这是一种上传下达的支配性语态；第二阶段是"平民语态"，这种语态力求平实、亲切，贴近百姓生活，注重传播者和受众平等交流；第三阶段则是"悬疑语态"，这种语态通过层层设置悬念的方法，成功吊起观众的胃口，引发观众的好奇心，是对受众心理诱惑的一种语态。

悬念既然可以结构一个故事、一篇文章、一部作品、一台电视，带动观众的激情，赢得观众的青睐，那么，我们为何不可以用悬念来结构我们的语文课堂呢？语文味教学流派创始人程少堂说过，做人要老实，上课要狡猾。按部就班地讲课，固然不失其自然与本色，然而，在语文教学过程中，教师若能适时设置悬念，构建一种期待，将学生带入一种奇妙的特定情境中，借此引发学生学习的兴趣，触发学生的好奇心，激发学生的思维活动，定会使我们的语文课堂教学更曲折、更浪漫、更生动、更有趣、更高效。

然而，毋庸置疑，当前，我们的语文课堂却并不怎么生动、有趣、高效。

我们的语文课堂，在教学内容上，太过浅表化，缺少厚度，缺少深度，缺少高度，不探究或少探究语言之美、文章之美、文学之美、文化之美、人生之美；在教学形式上，太过程式化，缺少生气，缺少奔放，缺少酣畅，缺少飞动，缺少癫狂，缺少悬念，缺少波澜；在教学文化上，过于专制化，缺少平等交流，缺少质疑批判，缺少辩证思维，缺少师生个性，缺少生命洒脱，缺少精神舒展。

可以说，直到现在，我国中小学语文课堂的主导模式依然还是千篇一律的传统教学模式：以教师为核心，以教材为媒介，教师高高在上地向学生灌输学科知识；学生则只能机械地、被动地接受教师灌输的学科知识。如果说有所改进，那也只是增加了多媒体技术手段而已。

有人把这种教学模式戏称为生产板鸭的四道工序：第一道工序是"赶鸭子"，把鸭子统统赶进课堂，约束其精神和思想的自由；第二道工序是"填鸭子"，强行把语文知识填入学生口中；第三道工序是"烤（考）鸭子"，用考试和分数对付学生；第四道工序便是做成"板鸭子"，把活泼泼、鲜灵灵的生命硬轧成一只只定型统一的"板鸭"。

"板鸭"式教学

这种呆板、僵硬的教学模式，学生很不喜欢。网络上曾有学生这样调侃语文教学：我们自看一遍课文，有想法；再看一遍课文，有收获；进一步参看课外同文，有渗透。语文老师讲课，不过是把教参的观点照本宣科地灌输给我们，全无创见。老师讲第一节课，我们有想法变得没想法；老师讲第二节课，我们浪费了两节课；有的语文老师把一篇课文讲到第四节课，我们就和他有深仇。

学生待在这样的课堂里，不是幸福，而是痛苦。然而，我们的课堂，对学生来说又是多么的重要。学生在学校的时间，大部分是在课堂中度过的，可以毫不夸张地说，课堂是学生的主要成长环境。教育部部长陈宝生说过，课堂一端连接学生，一端连接着民族的未来，教育改革只有进入到课堂的层面，才真正进入了深水区。课堂不变，教育就不变；教育不变，学生就不变。因此，改变课堂教学，是为国培养人才的大事。

作为学校教研室主任，我在学校，也在全国各地，听了许许多多的课。课的层次不同，学生的思维活动也不同。有的课，听起来让人十分难受，课堂上学生思维不动；有的课，令人难以忍受，课堂上学生思维被动；有的课，让人可以接受，课堂上学生思维也有所波动；有的课，听着让人感受，课堂上学生思维主动；有的课，听着让人享受，课堂上学生思维互动。我所听到的课，绝大部分属前三种情况的课，只有少数的课让人感受，让人享受，学生当然喜欢让人感受、让人享受的课。

2012年5月10日，何泗忠在深圳市南山区第二外国语学校
运用语文悬念教学法讲授作文，听课学生十分陶醉

卢梭说过，教学的艺术是使学生喜欢你所教的东西。我们认为，悬念教学法能让学生喜欢语文，能够唤起学生的求知欲望，点燃学生的智慧火花，让学生手舞足蹈地（身体自由）、浮想联翩地（精神自由）、兴趣盎然地（生命自由）参与到教学过程中来；能最大限度地调动学生在主动中学习，在活动中发展，在合作中进步，在探究中创新。

二、语文悬念教学法的核心概念

"悬念"，顾名思义是悬在心中的思念。它本是叙事性文学作品范畴中的一个特定概念。《现代汉语词典》是这样解释的：悬念，即读者、观众、听众对文艺作品中人物命运的遭遇、未知的情节的发展变化所持的一种急切期待的心情。悬念是小说、戏曲、影视等艺术作品的一种表现技法，是吸引广大群众兴趣的重要艺术手段。从这个解释可以看出，悬念包含两层含义：一层含义是针对受众而言，作为一种心理活动，指在欣赏戏剧、电影或其他文艺作品时，对人物命运和故事发展的一种急切期待心情；另一层含义是针对创作者而言，那就是作者在描绘人物和安排情节时，到了某个关头，故意打住，设下卡子，对问题不加以解决，让读者对情节、对人物牵肠挂肚，以达到吸引广大受众兴趣的重要艺术手段。

语文悬念教学法，就是将这种接受心理特点和创作技巧"移植"到语文课堂教学中来。在教学过程中，在探究教学材料的语言之美、文章之美、文学之美、文化之美的过程中，教师采用比较异同法、倒叙追问法、问题诱导法、语言节奏法、开合教材法、故意错误法等手段适时地创设"悬念"，构建一种期待。这种期待使学生产生一种关注、好奇、牵挂的心理状态；使教学过程成为师生不断想象、不断推理、不断思考、不断质疑、不断批判、不断发现、不断求证、不断享受的过程；最终在耳濡目染、潜移默化中达成语言建构与运用、思维发展与提升、审美鉴赏与创造、文化传承与理解的目标。

以上概念，从教学内容、教学方法、教学文化、教学目标四个维度对语文悬念教学法加以定义。语文悬念教学法，并非人们所想象的是一种只注重教学形式的教学法；而是一种既注重教学内容（道，教什么），又注重教学形式（术，怎么教）的教学法。在教学内容上，借鉴程少堂的语文味教学，从语言、文章、文学、文化四个层面加以展开；在教学形式上，注重设置悬念，构建一种期待，这种期待使学生产生一种关注、好奇、牵挂的心理状态。因此，语文悬念教学法，是一种教学内容和教学形式兼顾的教学法。它既注重教学内容的选点，又注重教学形式的创新。在教学内容上，像山一样厚重，在教学形式上，像水一样灵动。

三、语文悬念教学法的模式结构

通过十多年的悬念教学法的实践与探索，笔者总结出了一个行之有效的悬念教学程式或模式，就是"三悟"模式，即悟空、悟净、悟能模式。图示如下。

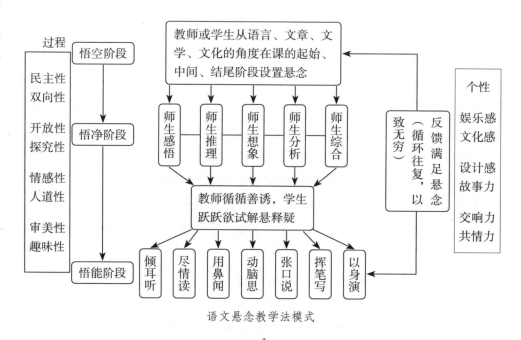

语文悬念教学法模式

第一阶段：悟空阶段，设计课堂教学悬念。

一个成功的教学过程，总的来说就是教师和学生有目的、有计划、有方法、有层次、有步骤地不断设悬—解悬—再设悬—再解悬，如此反复递进的过程。在这一过程中，当然也有非目的无计划的临时性生成的悬念。这些临时性生成的悬念可能有价值，也可能没价值，全靠师生机智应对。语文悬念教学法，要做的第一步工作就是从语言、文章、文学、文化的角度创设悬念。好的悬念设计，能够抓住学生的精神需要，调动学生的学习兴趣，点燃学生思维的火花，引诱学生充满热情地参与课堂学习，让学生进入课堂情境和文本情境，进而体会到文本的语言之美、文章之美、文学之美、文化之美、人生之美。这些悬念充满想象与思辨的空白，故曰"悟空"。

第二阶段：悟净阶段，师生探索研究悬念。

著名教育家叶圣陶说过，教学不在于全盘授予，而在于相机诱导。具体到语文教学，叶老进一步指出："语文老师不是只给学生讲书的。语文老师是引导学生看书的。一篇文章，学生也能粗略地看懂，可是深奥些的地方，隐藏在字面背后的意义，他们就未必能够领会。老师必须在这些场合给学生指点一下，只要三言两语，不要啰里啰嗦，能使他们开窍就行。老师经常这么做，学生看书读书的能力自然会提高。"因此，在这一阶段，教师要充分利用学生的好奇心、探究欲，积极而巧妙地引导学生对"悟空阶段"设置的教学悬念加以感悟、推理、想象、分析、综合，使学生在主动探究中学习，在质疑批判中发现。此一阶段师生必须剔除杂念，净化心灵，故曰"悟净"。

第三阶段：悟能阶段，师生踊跃解悬释疑。

陶行知提出："在现状下，尤须进行六大解放把学生学习的基本自由还给学生：第一，解放他的头脑，使他能思；第二，解放他的双手，使他能干；第三，解放他的眼睛，使他能看；第四，解放他的嘴，使他能说；第五，解放他的空间，使他能到大自然大社会里取得更丰富的学问；第六，解放他的时间，不把他的功课表填满，不逼迫他们赶考，不和家长联合起来在功课上夹攻，要给他一些空间消化所学，并且学一点他自己渴望要学的学问，干一点他自己高兴干的事情……"语文悬念教学法正是落实陶先生的"六大解放"的方法。在此阶段，教师循循善诱，学生跃跃欲试解悬释疑，或倾耳听，或尽情读，或用鼻闻，或动脑思，或张口说，或挥笔写，或以身演，以各种方式充分展示自己的听说读写思的能力，故曰"悟能"。

2019年5月17日何泗忠在广州真光中学推广语文悬念教学法

传统课堂教学模式的基本特点是"教师高高在上灌输，学生规规矩矩接受"，这是一种典型的专制化教学，学生只是教学中的奴仆；语文悬念教学法，从语言、文章、文学、文化的角度设置悬念，激发学生感悟、推理、想象、质疑、批判、分析、综合，引诱学生在"听中学""读中学""闻中学""思中学""说中学""写中学""演中学"；在教学过程中始终充满民主性、双向性、开放性、探究性、情感性、人道性、审美性、趣味性。整个教学让学生走向教学舞台的中央，学生真正成了课堂的主人，教师只是课堂的组织者、引导者，学生学习的合作者。实践证明，这是一种（不是唯一）有价值的悬念教学法模式，具有推广价值。

四、语文悬念教学法的个性特征

语文悬念教学法，不同于传统教学法。这种教学法要求语文教师要像艺术家打造艺术作品一样，把课堂教学打造成自己的独具特色的教学艺术作品。这样的课堂教学艺术作品，借用著名未来学家、趋势专家丹尼尔·平克在《全新思维：决胜未来的6大能力》一书中的关键词来表达，就是具有设计感、故事力、交响力、共情力、娱乐感、文化感六个方面的个性特征。

（一）课堂充满设计感

运用语文悬念教学法授课必须要精心设计。教学设计之于课堂就如同建筑设计之于建筑，我们建造高楼大厦，没有设计图纸是不可想象的。同样，教学设计对于我们的课堂教学也是非常重要的。同一教学内容，经过精心设计的教学与漫不经心的教学是有区别的。

例如，李商隐的《锦瑟》，这是一首很美的诗歌，但又是一首非常朦胧的诗歌，很难读懂。大学问家梁启超说，"义山（李商隐）的《锦瑟》说的什么意思我理会不着，我就觉得它美，读起来愉悦。须知美是多样化的，神秘的。"北京大学教授季羡林也说读不懂这首诗歌，像这样难懂的诗歌，我们该怎样来教呢？多数老师是采用串讲法。记得我第一次教这首诗歌的时候，没有做过多的教学设计，就采用以我为主的串讲法，先作者介绍，再背景分析，然后一句一句讲解，接着分析诗歌艺术特色，这样逐项逐项地一路讲过来。结果，诗歌讲完后，有一名学生给我写了一张纸条：

老师，您一堂课下来，从李商隐的生平讲起，再讲到诗歌的写作背景，再讲到诗歌的内容和主旨，再讲到……一节课，您像打机关枪一样放个不停，我听着听着，就睡着了。老师啊，您讲课，能不能提出一些问题，让我们思考思考？您能不能留下一些空白，让我们探究探究？

看了学生的纸条，我十分汗颜。后来，再次讲到这首诗歌的时候，我就做了精心的教学设计。

我曾经采用这样的设计方式来讲过这首诗歌。

先讲一个故事。北京大学有一位著名的教授,有一天在讲解《锦瑟》这首诗的时候,从开始到结束,一直饱含深情地朗诵,整整一堂课,教授读得老泪纵横,泪眼婆娑。读到最后教室里仅剩下寥寥几名学生,学生也感动得泣不成声。

接着,我也要学生先诵读此诗,说说读完《锦瑟》后对诗歌的第一感觉。在学生们说出了自己对诗歌的原初感受后,我又设计了这样一个教学环节。

张老师从教40年,年过花甲,学校为他举办隆重的退休仪式。张老师的不少学生也赶来参加退休仪式,尤其引人注目的是他40年前所教的第一届四位已年过五十的学生也赶来参加张老师的退休仪式。这四位学生分别给张老师送来了一束鲜花。花中各附有两句诗:A学生所附诗句是《锦瑟》的首联,B学生所附诗句是《锦瑟》的颔联,C学生所附诗句是《锦瑟》的颈联,D学生所附诗句是《锦瑟》的尾联。请同学们任选一名学生,猜测这位学生想借诗句向老师表达什么?师生之间曾经发生过怎样的故事?发挥想象,把这个故事写出来。

这个创意设计一下子就把学生吸引住了,学生们兴致勃勃地商讨交流起来。接着,我让学生结合诗句讲故事,学生讲得绘声绘色,师生听得津津有味,课堂教学效果非常好。

2016年4月15日,广东省阳江市两阳中学40名语文教师专程来深圳市第二高级中学听我的语文课。我再次上了《锦瑟》这节课,但这次,我又采用了新的教学设计方式,其中有一个环节就是图文对照说《锦瑟》。人教版必修三诗歌单元每首诗歌都配有作者的一幅画像。在李白的《蜀道难》一诗中,配有李白画像,李白是诗仙,眉毛上扬,杏眼,胡须飘逸,充满仙气;在杜甫《登高》诗中也配有一幅杜甫画像,杜甫是诗圣,眉毛紧锁,胡须下垂,一副悲天悯人的样子;李白是浪漫的,面对蜀道难,可以大喊一声:"噫吁嚱,危乎高哉!"这一呼喊,洋溢着浪漫精神;这一声,杜甫是喊不出来的,杜甫是现实的,他只能是"万里悲秋常作客,百年多病独登台"。同样,教材在李商隐的《锦瑟》中配了一幅李商隐画像。然而,古代又没有照相机,我们现在看到的文人的许多画像都是根据他们作品风格揣摩画出来的，这是我采用图文对照法设计教学悬念的依据。接下来，我就设计了这样一个教学环节：请同学们仔细揣摩李商隐画像，并用《锦瑟》中的诗句来描摹李商隐画像的神韵。这个教学设计，一下子就把学生吸引住了。学生带着好奇心，边钻研诗句，边揣摩图画，约5分钟后，学生纷纷举手回答问题。

有一名学生说可以用"尾联"来描摹李商隐画像的神韵。画像中的李商隐身躯微微弯曲，背着手，侧着身，双脚似乎要转动，给人一种回首一看的感觉。这回首，好像是在追忆什么。这种神态，正可以用"此情可待成追忆"来描摹概括。再看李商隐那回眸的眼神，有些迷惘，有些怅然若失，所以"只是当时已惘然"。惘然，就是怅然若失的样子。

这名学生说完后，另一名学生站起来说，用"首联"来描摹概括李商隐画像神态更妥帖。"五十弦"，可以寓意李商隐年过半百。画像中李商隐的背部有些弯曲，表明他年纪不小了。"无端"是"无缘无故，没来由"的意思，反映了诗人内心的一种对光阴消逝的无可奈何的味道。"思华年"，就是若有所思的样子。画像回头一望，那是对华年，即年轻时美好事物的回首。

这名学生一说完，另一名学生说，用"庄生晓梦迷蝴蝶，望帝春心托杜鹃"来描摹李商隐画像的神韵也可以，庄周梦蝴蝶，蝴蝶梦庄周，有一种迷离之感。李商隐那回眸的眼神，看上去也有些迷离，也许在回忆过去美好的时光。李商隐曾经像庄周梦蝴蝶一样沉迷在美好的爱情中，最终只能像望帝那样，把自己的爱念托付给杜鹃。

这名学生说完后，另一学生说，用"沧海月明珠有泪，蓝田日暖玉生烟"概括更好。学生说，像李商隐这么好的人才，却不被朝廷重用。看那神态，有如怨如慕、如泣如诉的感觉。那回头，那眼神蕴藏着苦闷与无奈之情。

最后一名学生说，这幅画配这首诗，绝妙。仔细看，其实，诗歌中的每一句话都可以对应描摹李商隐画像的神韵。

仔细观察，确实有道理，我通过诗文去配画像这个悬念设计，极大地调动了学生学习《锦瑟》的积极性，避免了逐字逐句由老师翻译串讲的呆板的"满堂灌"教学模式。

一个富有创意的教学设计，是驱动学生深度解读文本的一个有力引擎。在教材内容相同的情况下，课堂设计与不设计，教学效果是完全不同的。一篇课文，如果这位老师这样讲，那位老师也这样讲，学生会感到单调疲劳；

如果一位老师经过精心设计，讲法不同，就会给人带来一种耳目一新的震撼力。悉尼歌剧院、北京奥运会鸟巢之所以给人以独特感、震撼力，是因为工程师的精心设计；同样，高效有趣的课堂教学之所以给学生以独特感、震撼力，也是因为老师的精于设计。悬念教学法理念下的课堂教学充满设计感。

（二）课堂充满故事力

悬念与故事，有着天然的联系。可以说，没有悬念，就构不成故事。故事，尤其是好的故事，一般都会用到悬念。运用语文悬念教学法授课，课堂充满着故事力。故事，能不断激发学生的学习兴趣，提高学生的课堂参与度。因此，在课堂教学中，适当插入故事，可以使枯燥乏味的课堂充满悬念，充满生机与活力，更能引起学生注意，激发学生的学习兴趣。

2016年4月12日何泗忠给新疆名师传授语文悬念教学法

一些教育名家都擅长在课堂教学过程中穿插一些故事。不单是语文教师，就连一些很有成就的理科教师，上课也会讲故事。

数学一般是抽象难懂的，枯燥的，很多学生都不喜欢数学课。但深圳市教研员、数学特级教师黄爱华的数学课，却上得妙趣横生、悬念迭出，学生十分喜欢上他的数学课。其中一个重要的原因就是黄老师十分喜欢在教学过程中讲故事，用故事吸引学生参与他的课堂。在《名师最吸引学生的课堂切入点》一书中记载，有一次，黄老师教"循环小数"一课时就是从讲故事开始的。上课伊始，黄爱华没有直接奔入主题讲什么是循环小数，而是问道："同学们喜欢听故事吗？"

"喜欢。"学生们大声地回答。

"那你们一定听过这样的故事。从前有座山，山里有座庙，庙里有个老和尚在给小和尚讲故事。讲的什么故事呢？从前有座山，山里有座庙，庙里有个老和尚在给小和尚讲故事……"黄老师把这个小故事不停地重复着。

重复几遍后，黄老师问："你们能讲吗？"

"可以，从前有座山，山里有座庙……"学生们兴致高昂地回答，也重复了五六遍。

"好，就到这儿吧！"黄老师笑着问："如果老师不喊停止，想一想，你们要讲多少遍？"

"要讲无数遍。"

"故事能讲完吗？"

"不能。"

"为什么？"

"因为故事是重复循环出现的。"

"对，同学们说得非常好，你们说了一个很关键的词——循环。"黄老师一边说着一边转身在黑板上写下"循环"一词，然后接着讲道："在数学王国里就有一种数，这种数的小数部分的数字也会像这个故事里的几句话一样循环不断地重复出现，同学们想认识它吗？"

"想。"学生们齐声回答。

"好，今天这节课我们就来学习循环小数。"

这样，黄老师以一个有趣而又与教材相关的小故事为切入点引出了新课。

理科课堂，都能穿插故事，语文课堂，更是与故事有天然联系，更好穿插故事。

笔者在讲《滕王阁序》时就采用了讲述故事法来提高学生的课堂参与度，激发学生学习文本的兴趣。

上课开始，我先问同学们，今天，我来到江西，你们江西南昌有一座名楼，与湖南的岳阳楼、湖北的黄鹤楼齐名，你们知道是什么楼吗？（学生齐答：滕王阁），是的，滕王阁。其实，这几大名楼，为什么这么有名，还与它的文化有关。岳阳楼，因范仲淹的《岳阳楼记》而闻名，《岳阳楼记》有名句"先天下之忧而忧，后天下之乐而乐"；黄鹤楼，因崔颢的《黄鹤楼》诗而闻名，《黄鹤楼》有名句"昔人已乘黄鹤去，此地空余黄鹤楼"；那么，滕王阁呢？（生答：因《滕王阁序》而闻名）对啦，今天，我们就来学习《滕王阁序》，《滕王阁序》的作者是谁呢？（生答：王勃）你们知道王勃写《滕王阁序》时，多大年纪吗？就是你们这个年龄（学生十分惊讶），而且是一气呵成（学生瞪大了眼睛），关于王勃写《滕王阁序》至今还流传着一个神奇而又美妙的故事（学生露出神往的表情），你们想听吗？（生答：想）于是，我开始讲故事。

话说唐朝年间，即公元675年，王勃从山西动身，千里迢迢去看望自己的父亲。因为他父亲此时被贬谪到南海的交趾为官。因此王勃先走陆路，后坐船逆长江而上，有一天，来到江西与安徽的交界地马当山，突遇风浪，不得已船就停在了这里。王勃便下船上岸，来到附近的一座庙里观瞻了一番，然后又赏玩江景。尽兴游玩之后回船时，看见一位老者端坐在一巨型石块之上，老人须眉皓白，仙风道骨，一看就知道不是凡人。王勃整衣向前，向老人作揖行礼。老人问道："来的可是王勃？"（老师讲得绘声绘色，学生听得津津有味）王勃十分惊讶，回答说："正是，敢问长者何以得知在下？"老者说："明日重九滕王阁有宴会，如能前往参加，写作诗文，便可以名垂千古。"王勃笑着说："此地离洪都六七百里的路程，一夜岂能赶到？"老人说："你如决定去，我可帮助你。"王勃于是拱手致谢。老人忽然不见了。依照老人的指引，王勃立即登船起帆，一路上顺风吹送。第二天便到达南昌，并按时赴会。

话说洪州阎都督重修滕王阁落成，于是在重阳节这一天在滕王阁上大宴宾客，表示庆贺。阎都督有一位女婿，名叫吴子章，也擅长文章，阎都督让他事先写好了一篇序文，以便当众夸耀。在宴会上，阎都督命人取出纸笔，遍请在座宾客为滕王阁写作序文。大家因知道他的意图，纷纷推辞。轮到年岁最轻的王勃，他却不谦让，毫不犹豫地接过纸笔写起来。阎都督开始很不高兴，"看你小子有什么能耐，敢抢我女婿的风头"，于是他退回到屏风后，让一个仆人报送王勃所写的序文。当报到"豫章故郡，洪都新府"时，阎都督说："这是老生常谈，谁人不会！"接着又报："星分翼轸，地接衡庐。"阎都督说"无非是些旧事罢了。"又报："襟三江而带五湖，控蛮荆而引瓯越。"阎都督听后便沉吟不语了。随着侍从们不断来报，阎都督心情越来越不平静。当报到"落霞与孤鹜齐飞，秋水共长天一色"时，阎都督不禁拍案叫绝："这个人下笔如有神助，真是天才啊！"说完，便走出来，邀王勃喝酒，趁着酒兴，阎都督说："这滕王阁，有了你的好文章，一定能够流传千古，我赏你千金！"

此刻，有人大喝一声：且慢！众人惊愕之余定睛一看，原来是阎公的乘龙快婿吴子章。吴子章走过来说："此乃旧文，并非新作，连三岁小童也可背诵如流。"说着，便朗朗上口，把一篇《滕王阁序》一字不差地背了出来。众人满脸疑惑，看王勃何言以对。

王勃拱手抱拳道：阁都督，此公过目成诵之能可比杨修、曹子建！请问这位先生，可知序文后面有诗否？吴子章胸脯一挺：无诗！说话间，王勃挥毫写下四韵八句：藤王高阁临江渚，佩玉鸣鸾罢歌舞。画栋朝飞南浦云，珠帘暮卷西山雨。闲云潭影日悠悠，物换星移几度秋。阁中帝子今何在，槛外长江空自流。一篇千古杰作就这样诞生了。

同学们，你们想不想学习这篇文章？（生齐答：想，好想）好，请同学们打开书，先在下面自由朗读这篇文章，于是，学生兴趣盎然地读起来。

就这样，我采用故事法，引起学生对学习《滕王阁序》的强烈兴趣。当然，我们上课不能为讲故事而讲故事，所选故事要与课文内容紧密相关。悬念教学法理念下的课堂教学应充满故事力。

（三）课堂充满交响力

传统"满堂灌"的课堂，教学是一种单向传授，课堂教学往往是教师按预定计划执行"教案"的过程，教师高高在上，照本宣科，每一个字、每一句话都是"金口玉言"，根本不顾及学生的反应、学生的感受。这种"独白""强势""霸道"，甚至"暴力"式教学，使学生不敢有自己的思维，长此以往，他们不介入、不怀疑、不反思教师的教学，学生成为教学过程中的冷眼人、旁观者，课堂只能听到教师的一种声音，是教师的独奏。

语文悬念教学法理念下的课堂教学，则是一种多声部多层次的对话。课堂上，既能听到教师的声音，也能听到学生的声音；既有学生与自己、与文本、与作者、与编者之间产生的碰撞声，也有学生与学生、学生与老师之间的交流与对话声。课堂仿佛一部交响乐，充满交响力。

笔者曾经上过一堂公开课《念奴娇·赤壁怀古》，因采用了故错教学法，充分调动了学生的学习积极性和主动参与性，使课堂教学充满交响力。

三国周瑜，不仅是位军事家，而且精通音乐。相传那些弹古筝的女艺人为了博得他的青睐，故意把筝弹错，以逗引周瑜注意，周瑜知道后，必定过来纠正。故意错误以引人注意的妙法，用心良苦，高人一筹。在杭州讲公开课的那一次，我采用的就是这种故错教学法。

上课伊始，我把这首词朗读了一遍。学生静静地听。

"大江东流，浪淘尽，千古风流人物。故垒西边，人道是，三国周瑜赤壁。乱石穿空，惊涛拍岸，卷起千堆雪。江山如画，一时多少豪杰。遥想公瑾当年，小乔初嫁了，雄姿英发。羽扇纶巾，谈笑间，樯橹灰飞烟灭。故国神游，多情应笑我，早生华发。人生如梦，一樽还酹江月。"

由于我读得抑扬顿挫、声情并茂，赢得了满堂喝彩。读完以后，我问学生："老师读得好不好？"同学们回答："好！""老师读得妙不妙？"正当同学们回答"妙"时，却有一名学生高声说："谬误！"听课师生都吃了一惊。我镇静地问这名学生为什么说"谬误"，学生说："老师读得妙是妙，但有些地方读错了！""是的，老师有些地方读错了！"这名学生一说，其他同学纷纷附和，我的朗读"错误"引来了学生们的围攻。面对学生的围攻，我很自信地说：我没有读错。

这时，一名学生站起来说：有，"大江东去"一句，老师把它读成了"大江东流"。

学生一指出来，我就说：哦！"去"与"流"都是动词，都写出了水的流动，在这里换一下，没有关系。

这名学生反驳说：怎么没关系呢？"去"，显得有力度，写出了长江水一去不复返的气势，显出一种壮美，用"流"字就没有这种气势了，给人一种"小桥流水人家"的感觉。老师，大江东去的"去"字，在这里绝对不能换成"流"字，就好像李煜的"问君能有几多愁？恰似一江春水向东流"中的"流"字绝对不能换成"去"字一样。

这名学生刚说完，另一名学生又站起来说："为人性僻耽佳句，语不惊人死不休。"古人写诗是很讲究炼字的。王安石的"春风又绿江南岸，明月何时照我还"，诗中的"绿"字用得巧妙，自古以来广为称道。但王安石最初用的不是"绿"字，王安石先后用了"到"、"过"、"入"、"满"等十多个字，最后才选定这个"绿"字。一个"绿"字既有动态美，又有视觉美，把整个江南生机勃勃、春意盎然的动人景象立体地呈现在了读者的面前。老师，我也觉得"去"字不能换成"流"字，这是由诗歌的感情基调与意境决定的。其实，苏轼整个这首词在选词炼字方面是很讲究的，如"乱石穿空"的"穿"字，"惊涛拍岸"的"拍"字，"卷起千堆雪"的"卷"字，都写出了江山的险峻与壮美。

这两名学生一说完，我就有点招架不住了，我说：哦，有道理，老师认错了。

接着我又说：我读的第一句诗就有错误，刚才同学们都更正了，我想后面应该没读错了吧？

这时，又一名学生站起来，理直气壮地说：有！"故垒西边，人道是，三国周郎赤壁"一句，您把"周郎"读成了"周瑜"？

学生一说完，我笑着说：这算什么错误，"周郎"不就是"周瑜"，"周瑜"不就是"周公瑾"吗？

学生马上反驳：那可不一样，"人道是，三国周郎赤壁"（学生带有感情地摇头晃脑地读着这句），在这里用"周郎"比"周瑜"显得更有情调。

我说：为什么更有情调？

学生说：我们称呼刚刚结婚的男子为"新郎"，这个"郎"字让我想到周瑜是那样的年轻、英俊、潇洒、风流倜傥、一表人才。作者在这里不用"周瑜"而用"周郎"，更好地给我们展现出了一位"千古风流人物"、"雄姿英发，羽扇纶巾"的风度翩翩的儒将形象。

学生说完，我说，我真佩服同学们，你们能够发现老师这些错误，并且能够说出老师为什么错了，苏轼为什么是对的。但是，这首词中苏轼犯了一个错误却是铁证如山的，不知你们发现没有？

学生十分惊讶，停了一会儿，我接着说：我查了一下史料，赤壁之战中周瑜34岁；而他与小乔结婚时年仅24岁。照此算来，赤壁之战发生时，周瑜与小乔已经结婚十年了。为什么作者还说是"小乔初嫁"呢？我认为苏轼在这里犯了一个明显的错误。我觉得要把"小乔初嫁了"改成"小乔出嫁了"这样才符合情理。

学生沉思，不一会儿，有学生举手说，老师这样改，固然符合史实，但却失去了文学的韵味。苏轼在这里不是写历史，他是文学创作，他在这里是为了表现人物。"初嫁"，即刚刚出嫁，他这么说主要是为了用刚刚出嫁的年轻貌美的小乔来衬托周瑜的丰姿潇洒、韶华似锦、年轻有为。苏轼总不能说，遥想公瑾当年，周瑜20岁了。这是写词，不是写历史啊！在这里，苏轼犯的是一个美丽的错误。

学生慷慨激昂的陈词赢得了师生的掌声。我感到十分委屈，苏轼总是对的，而我总是错的。可学生更来劲了。

整堂课，我就是在这样的"错误"中进行的。这堂课，由教师讲的话语不多，与我过去采用串讲法不同，这堂课，我的心思主要花在学生身上。我只是紧紧抓住学生"好奇"的心理特点，给学生抛出一个接一个的"错误"，引导学生"纠错"，千方百计引导学生在课堂上阅读、分析、讨论、质疑、答疑，使学生产生浓厚的兴趣，自觉地加入学习中。运用语文悬念教学法授课，课堂充满交响力。

（四）课堂充满共情力

共情力，就是师生在课堂教学中表现出来的一种生命激情。传统的"满堂灌"课堂教学，教师不苟言笑，在教学过程中，支配、控制着学生，学生则唯唯诺诺，亦步亦趋，俯首帖耳，师生都不能表现自己的真性情、真个性、真感情。师生沦为知识的奴隶，课堂没有生命活力，没有情感共鸣。语文悬念教学法理念下的课堂，既有知识线索，又有情趣线索。运用语文悬念教学法授课，千方百计唤起师生的生命个性，师生手舞足蹈地（身体自由）、浮想联翩地（精神自由）、兴趣盎然地（生命自由）共同演绎课堂教学，教师充满教学激情，学生充满学习激情，师生情感形成共鸣，课堂充满共情力。

2005年11月26日，著名语文教育专家、语文味教学流派创始人程少堂赴香港讲学。在香港香岛中学讲授"用优美的汉语描绘优美的人性：〈诗经·子衿〉欣赏"一课。课堂教学一开始，程老师让学生以"风"组词，新颖地导入课文，把学生巧妙地带入到中国诗歌的鼻祖——诗经的意象中去。在完全陌生的师生默契中，程老师施展自己一贯的幽默和博学的魅力，带领学生和听课老师一起朗读、品味、欣赏、创造。课堂的高潮是程老师要求学生根据自己的体会，创造性地给这首诗谱曲。香岛中学的学生充分展示了他们在中国语文方面的素养，有的借来《水调歌头》的曲子现场吟唱起来，有的结合流行的爱情曲吟唱，有的对诗歌中的句子进行创造加工，博得了满堂喝彩。课堂教学过程中，师生和谐互动：

师：以前的课本学过是吧？"蒹葭苍苍，白露为霜。所谓伊人，在水一方。"琼瑶写过一首歌，你们听过没有？琼瑶是中国台湾的作家，写过一个电影，后来拍成电视剧了。谁知道？

生：是《还珠格格》吗？

师：不是《还珠格格》。（生笑）《在水一方》啊！有没有同学知道那首歌？哪位女同学给我们唱几句？

生：老师唱一下。

师：你们鼓鼓掌，我就来哼两句。（生笑）

（生热烈鼓掌）

（师唱）

在这里，老师放下了自己的架子，学生忘却了老师的威严，一起笑啊，唱啊，跳啊！手之舞之足之蹈之。老师、学生与听课老师忘情投入，教学充满共情力。

（五）课堂充满娱乐感

丹尼尔：平克在他的《全新思维：决胜未来的6大能力》一书中指出：游戏、欢笑、愉悦的心情和幽默感有益于身心健康和事业发展。因此，他主张，无论是工作还是生活，不仅要严肃，还要有娱乐感。语文课堂教学也同样要充满娱乐感。调查表明，学生喜欢幽默和充满娱乐感的老师，喜欢幽默和充满娱乐感的课堂。语文悬念教学法理念下的课堂教学就是一个快乐学习语文的课堂。在这样的课堂里，师生放飞个性，幽默风趣，沉浸在自由、轻松、愉快、美妙的学习氛围中，课堂充满娱乐感。

某年某月，我在某地讲的一堂《离骚》公开课，就是一堂充满娱乐感的课。上课伊始，我拿着四样道具走进教室，两块手帕，两把宝剑，两支画眉笔，两顶高高的帽子。学生看到我拿的这四样东西十分好奇。我说，《离骚》这首诗歌很难读，但是，教材上有很详细的注释。请同学们对着注释，认真阅读《离骚》，在读的过程中，这四样道具可以根据《离骚》中的句子意思用得到。请同学们仔细揣摩，看哪个句子可以用到手帕，哪个句子可以用到宝剑，哪个句子可以用到画眉笔，哪个句子可以用到帽子。学生听了我这个教学创意后，觉得十分新奇有趣，他们仔细研读《离骚》，大约过了8分钟后，我叫一名同学读《离骚》，两名同学上台拿着道具表演。"长太息以掩涕兮"，当同学读到这一句时，两位同学都拿起了手帕，但其中一名同学是往鼻子上抹，一名同学则往眼睛上抹。"众女嫉余之蛾眉兮"，当同学读到这一句诗时，两位同学都拿起了画眉笔往眉毛上画。"伏清白以死直兮"，当同学读到这一句诗时，一名同学拿起了宝剑往脖子上一抹，另一位没动。"进不入以离尤兮，退将复修吾初服"，当同学读到这两句诗时，抹脖子的同学拿起了帽子往头上一戴，另一个还是没动。"高余冠之岌岌兮，长余佩之陆离。"当同学读到这两句诗时，台上那个没动的同学戴起了帽子，佩上了宝剑。台下同学边看表演，边听朗读，忍俊不禁。生读完后，我请同学来评判，看两位同学哪个表演得更准确。

2019年10月24日，何泗忠给广东省强师工程
指导教师应用语文悬念教学法讲《离骚》

以"长太息以掩涕兮"一句为例，学生们说，拿手帕往眼睛上抹的同学正确。学生认为，往鼻子上抹的同学，把"涕"字，理解成现在的"鼻涕"了。这个"涕"应该是古今异义字，是"眼泪"的意思。接着学生举了陈子昂的《登幽州台歌》"独怆然而涕下"的"涕"为例，也是"流泪"的意思。

这个教学设计让学生真正参与了教学，使学生对诗句理解印象深刻，同时又充满趣味性，充满娱乐感。为进一步让学生理解诗句，接下来，我又让学生把《离骚》改成五言诗，甚至四言诗。

将"长太息以掩涕兮"改成五言诗"长太息掩涕"，甚至变成四言诗"太息掩涕"，要做好这个工作，学生必须仔细研读诗歌每一句、每个字，学生对这个充满挑战性的教学环节也是觉得既有趣又来劲。后面我还用了好几个方法，让整个《离骚》教学妙趣横生，课堂充满娱乐感。

（六）课堂充满文化感

笔者曾在一本书上，看过两则幽默短文。从这两则幽默短文，可以看出不同的民族性格与心态。

其一，据说国际联盟曾在数十年前以"大象"为题悬赏征文。

英国人写的是《英国统治下非洲的猎象事业》，见其殖民主义者的扩张性；

法国人写的是《大象的情爱》，见其爱情至上的主导思想；

德国人写的是《大象的思维》，见其长于思辨性的特点；

俄国人写的是《俄罗斯之象——世界之最》，见其强烈的民族自主性；

波兰人写的是《波兰的主权与象的关系》，见其突出的民主性；

美国人写的是《象与驴之战》，"象"为共和党的象征，"驴"为民主党的象征，见其明显的竞争性；

意大利人写《象啊，象啊……》，见其开放的浪漫性；

中国人写的是《象群的"伦理纲常"》，见其深刻的文化道德性。

其二，一幢各族杂居的大楼失火，各族人的态度会怎样呢？犹太人首先抢钱袋，重金钱；法国人立即抢救情人，重情爱；中国人则奋不顾身地寻觅老母亲，重孝亲。

从这两则幽默中可以看出，中国人是重视文化道德修养的，有人认为，中国文化以"尊祖宗、重人伦、崇道德、尚礼义"为特征，这话不无道理。而且在我看来，这些优秀传统文化，更是积淀在我们的教材文本中的。所谓"文以载道""文以显道""文以明道""文以贯道"是也，因此，在教学中我们要注意文道统一，课堂要有文化感。

《语文课程标准》有教学的三维目标：知识与技能，过程与方法，情感、态度与价值观。意在告诉我们，教学，既要注重知识与技能、过程与方法，还要注意情感、态度与价值观的教育，说到底，就是既要教书，还要育人，在教学过程中，还要有人生观、价值观、文化方面的推送。《语文课程标准》指出：引导学生通过阅读中华传统文化经典作品，积累文言阅读经验，培养民族审美趣味，增进对中华优秀传统文化的理解，提升对中华民族文化的认同感、自豪感，增强文化自信，更好地继承和弘扬中华优秀传统文化。

著名特级教师程红兵在《教师的文化自觉决定了课改的成功》的报告中指出：文化赋予一切活动以生命和意义，文化的缺失就意味着生命的贬值与枯萎。教育就是文化的传承，课程改革就是要更好地实现文化的传承。真正意义上的教育实际上就是一个文化过程。教育一旦失去文化，所剩的只是知识的位移、技能的训练和应试的准备。程老师的这段话明白无误地告诉我们：教育不能缺失文化。课堂教学最重要的目的应该是文化的传承与批判。

语文悬念教学法，借鉴了著名语文教育专家程少堂创立的"语文味"。在教学内容上，对文本从语言、文章、文学、文化四个维度进行立体扫描，并且从文化的角度进行价值推送，使语文教学充满文化感。

例如我教授陶渊明的《桃花源记》时，采用悬念教学法，从语言、文章、文学、文化四个维度展开：

初读课文，采用倒叙追问法设置悬念，从语言角度探究文本语义之丰。

再读课文，采用补叙内容法设置悬念，从文章角度体会文本构思之妙。

三读课文，采用添加虚词法设置悬念，从文学角度品味文本意境之美。

四读课文，采用花样朗读法设置悬念，从文化角度享受文本文化之精。

在课堂结尾的最后5分钟，我集中进行了价值推送。

我说，《桃花源记》，从文化角度来看，体现了陶渊明的文化理想。陶渊明的文化理想是大同世界。

人与大自然和谐：芳草鲜美，落英缤纷；

人与人之间和谐：阡陌交通，鸡犬相闻；

人与自身的和谐：黄发垂髫，怡然自乐。

文中的渔人，是陶渊明，他做了一个"中国梦"。

寻梦：缘溪行，忘路之远近；

入梦：便舍船，从口入；

酣梦：余人各复延至其家，皆出酒食；

出梦：既出，得其船；

失梦：遂迷，不复得路；

寻梦：欣然规往。未果，后遂无问津者。

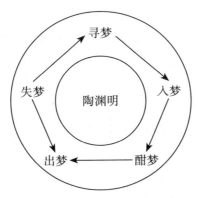

《桃花源记》陶渊明的文化理想的大同世界图

接下来，让学生美读课文：（教师出示经过艺术化处理的《桃花源记》一文幻灯片）

（单读）晋太元中，武陵人捕鱼为业。缘溪行，忘路之远近。

忽逢桃花林，

夹岸数百步。

中无杂树，

芳草鲜美，

（齐读）落英缤纷。

落英缤纷。

落英缤纷。

（单读）渔人甚异之。复前行，欲穷其林。

林尽水源，便得一山，山有小口，仿佛若有光。便舍船，从口入。初极狭，才通人。

复行数十步，豁然开朗。

（齐读）啊！土地平旷，屋舍俨然，有良田、美池、桑竹之属。

阡陌交通，鸡犬相闻。

阡陌交通，鸡犬相闻。

阡陌交通，鸡犬相闻。

（单读）其中往来种作，男女衣着，悉如外人。黄发垂髫，并怡然自乐。

（齐读）怡然自乐。

怡然自乐。

怡然自乐。

学生按照教师要求美读文本，感情真挚，波澜起伏，将课堂教学气氛推向高潮。学生的情感得到了升华，这样的课堂充满文化感。

总之，运用语文悬念教学法授课，课堂教学具有设计感、故事力、交响力、共情力、娱乐感、文化感六个方面的个性特征。

五、语文悬念教学法的衡量标准

要实施语文悬念教学法，就要有课堂文化环境作保证。基于此，语文悬念教学法的课堂文化环境必须是轻松的、自由的、平等的。语文悬念教学法实施的文化环境必须做到如下五条标准。

第一条：在教学环境上，教师必须留给学生足够的空间和时间。

衡量指标：立体、开放、探究、留白。

第二条：在教学态度上，教师要由衷地真诚地关注每一位学生。

衡量指标：体态、人道、亲切、安全。

第三条：在教学语言上，师生间、生生间有理性的情感的交融。

衡量指标：双向、真诚、尊重、鼓励、欣赏。

第四条：在教学手段上，要充分调动学生以多种方式参与教学。

衡量指标：会听、会读、会闻、会思、会说、会写、会演。

第五条：在教学内容上，课堂渗透核心素养充满浓浓的语文味。

衡量指标：语言建构与运用、思维发展与提升、审美鉴赏与创造、文化传承与理解。

也就是，语言、文章、文学、文化、人生。

我们需要悬念教学法，我们需要有悬念的课堂教学。尤其是中小学课堂，我们的接受对象是青少年，青少年学生的好奇心和求知欲尤为旺盛，面对悬而无答的问题，他们自然会跃跃欲试，去探究答案。语文悬念教学法，因采用多种方式设置悬念，正好能满足学生的好奇心和求知欲，从而能使学生深度卷入到我们的语文课堂教学中来。

新课程理念背景下的语文课堂教学已经不是教师单方面的表演，教师必须摒弃从头到尾滔滔不绝的习惯。一堂课只有适时创设悬念，让课堂存在足够的"未定点"和"不确定性"，才会有效地吸引学生的注意力、激发学生的思维，才会成功地将学生引入一个个"引人入胜"的境地。因而，教学艺术高明的教师在教学过程中总是会巧妙地设置悬念，让学生去思考、去想象、去质疑、去批判、去发现、去求证、去发挥。他们的课堂教学总是有虚有实、有疏有密、跌宕多姿、妙趣横生。

那么，怎样将语文悬念教学法运用于《红楼梦》导读实践呢？请看第三章。

第三章
语文悬念教学法在《红楼梦》导读中的运用

一、《红楼梦》的导读价值

《语文课程标准》指出：指定阅读的作品，应语言典范，内涵丰富，具有较高的思想水平和文化价值。《红楼梦》完全符合这个课标精神。《红楼梦》作为伟大的文学作品，经得起从各种角度进行密集的检验，无论从语言视角、文章视角、文学视角，还是文化视角，我们都可以在《红楼梦》中开掘出极其丰富的内涵。《红楼梦》在语言、文章、文学、文化方面，堪称典范。

《红楼梦》在语言运用方面炉火纯青。

曹雪芹是语言大师。在《红楼梦》中，文学的各种形式：诗、词、赋、曲，无一不精通，无一不精彩。

《红楼梦》的人物语言高度个性化，他笔下塑造的每一个典型形象的语言，都切合其身份、教养、心情，一闻其声，似见其人，如宝玉的天真怪癖、熙凤的争强好胜、黛玉的冷嘲热讽、湘云的快言快语、宝钗的八面玲珑、晴雯的锋芒毕露、袭人的温柔体贴、探春的有胆有识。

《红楼梦》中语言的"双关"运用得也非常成功，人物姓名、人物对话中含有大量的双关修辞，使小说具有一种丰富的意蕴美和含蓄美。

《红楼梦》在文章结构方面鬼斧神工。

伟大的作品往往有独具匠心的结构，《红楼梦》彻底地突破了中国古典小说的单一结构方式，采取了多条线索齐头并进、交相联结的网状结构，大小事件前后起伏、相互勾连的波状结构，千头万绪纵横交错、目眩神摇的建筑结构，顽石入世悲欢离合、顿悟出世的圆形结构。这种结构，最有利于表现人物、情节的丰富性、立体性，生活的真实性、复杂性。

著名特级教师邓彤将《红楼梦》比作一颗南方的榕树。他说："南方的榕树，不是孤零零的一根主干，而是在树干上、树枝上生长着许许多多的气根，这些气根伸展蔓延，丰富了榕树，扩展了榕树，使得一株榕树有时就像一片茂密的森林，增添了许多的内涵和风韵。"《红楼梦》一书就具有这样的特征。

《红楼梦》的结构行文，不但在我国其他古典长篇小说中所未有，即便是近代小说也不多见。

《红楼梦》在文学艺术方面登峰造极。

《红楼梦》的文学艺术成就当然是多方面的，其中，人物塑造艺术特别成功。鲁迅在《中国小说史》中评价《红楼梦》时也关注到了这一点："至于说到《红楼梦》的价值，可是在中国小说中实在是不可多得的。"其要点在敢于如实描写，并无讳饰，和从前的小说叙好人完全是好，坏人完全是坏的，大不相同，所以其中所叙的人物，都是真的人物。总之自有《红楼梦》以来，传统的思想和写法都打破了。

的确，《红楼梦》的人物塑造艺术是空前的。

一是《红楼梦》中出现的人物有各色人等。有人统计，《红楼梦》中出现的有名有姓的人物就有400多个，有妃子、王爷、老爷、太太、公子、小姐、丫鬟、小厮、仆人、村女、村妪、塾师、太医、太监、兵丁、伶人、尼姑、道士、和尚、强盗……更为可贵的是，这些人物一出场，一举手，一投足，一句话，就能展示其鲜明个性。著名《红楼梦》研究专家、中国红楼梦学会常务理事、山东大学教授马瑞芳说过，"欧洲文化的高峰是莎士比亚，莎士比亚三十多部戏剧创造四百多个人物，曹雪芹一部没写完，或者是写完没完全传下来的小说，也创造四百多个人物。其中二百多个女性，从贵族夫人贾母到农村老太太刘姥姥，从千金小姐林黛玉、薛宝钗，到粗使丫鬟傻大姐，一个一个活灵活现，好像能从纸上走下来"。

二是真实地再现了人物性格的复杂性，如《红楼梦》中的一号主角贾宝玉"说不得贤，说不得愚，说不得不肖，说不得善，说不得恶，说不得正大光明，说不得混账恶赖，……说不得聪明才俊，说不得好色好淫，说不得情痴情种"，是一个"说不清"的人物；另一位主人公王熙凤，也是一个在"可爱"之中交织着某些"可恶"的因子的复杂典型，这些复杂性已有人做了概括，如聪明美丽、独立果断、自信坚强、活泼可爱、具有很强的领导力，这是王熙凤可爱的一面；如杀伐决断、争强好胜、贪得无厌、阴狠毒辣，明是一把火，暗是一把刀，这是王熙凤"可恶"的一面。这种性格矛盾的对立统一，形成了王熙凤性格"迷人的真实"。像这样有着复杂性格的人物，在《红楼梦》中有不下20个，如贾母、黛玉、宝钗、袭人、贾政等。

《红楼梦》在文化内涵方面博大精深。

著名学者王蒙曾说："其实《红楼梦》就是中国文化，谈《红楼梦》就是谈中国文化，《红楼梦》就是中国文化的一个代表，是中国文化的一个窗口。"书中对服饰、饮食、茶道、养生、美容、医药、建筑、园林、经济、民俗、宗教等各方面的文化描写都经得起专业化解读。

总之，《红楼梦》是可以读一辈子的书。正如安徽师范大学教授俞晓红所说："《红楼梦》作为中国古代章回小说的集大成之作，代表了古代小说艺术的高峰，它就是名著，名著中的经典。这样一部超过100万字的古典名著，需要的是完整的阅读和有深度的阅读，而不是片言只语就鉴赏了它的语言之美，一回两回就了解了它的情节之好，浮光掠影就通晓了它的主题之深。"因此，《红楼梦》需要导读，并且是一部值得导读的文学名著。早在20世纪80年代，上海育才中学校长段力佩"敢为天下先"，他把《红楼梦》等经典名著作为语文教材，至于语文课本，学生只用一学期的三分之一略多一些的时间完成，其余时间让学生全部用来阅读整本《红楼梦》等经典名著，结果学生的语文水平大大提升。《红楼梦》是整本书阅读的最好教材。新的人教版部编本语文教材已将《红楼梦》作为"整本书阅读"单元编入必修下册。

二、《红楼梦》的导读流程

中国古代的诗歌戏曲创作，十分讲究"凤头、猪肚、豹尾"。所谓"凤头"是指开端部分要光彩夺目，引人入胜，如同凤头一样俊美精彩，使人耳目一新；所谓"猪肚"是指情节主体部分要言之有物，紧凑而有气势，如同猪肚一样充实丰满；而"豹尾"是指结尾部分要转出别意，要如同豹尾一样刚劲有力。诗歌戏曲如此，整本书阅读教学亦要如此。

王家伦教授认为课堂教学是一门艺术，把它称作"写诗作文"，我们可以把诗文"起""承""转""合"的写作结构章法借用到整本书阅读教学过程中来。根据这一特点，笔者把《红楼梦》整本书的导读流程设计如下。

起，促读与激趣：《红楼梦》牵动我的心；

承，初读与感悟：《红楼梦》让我们着迷；

转，细读与分享：《红楼梦》读书检阅台；

合，研读与表达：《红楼梦》研究与写作。

（一）起，促读与激趣：《红楼梦》牵动我的心

起，是整本书阅读的起始阶段。这个起，如同"凤头"，要起得漂亮，如同"昨夜西风凋碧树"，要让学生"独上高楼望断天涯路"。大凡经典之作，无不在如何开头上煞费苦心，诚如清代李笠翁《闲情偶记》中所说："开卷之初，当以奇句夺目，使之一见而惊，不敢弃去。"整本书阅读教学活动，起始阶段，也要让学生"一见而惊，不忍弃去"，这就得煞费苦心。

笔者多年来的做法是设置导入型悬念，引诱学生进入文本，欲罢不能。导入型悬念，说到底，就是一种"驱动"，是把学生驱动到整本书阅读教学情境中的悬念。导入型悬念对整本书阅读教学十分重要，就好像我们去电影院观赏电影一样，电影的开头十分重要。在好莱坞电影中，大多数成功的电影都在其前十分钟表现出色。悉德·菲尔德在其书《电影剧本写作基础》中这样写道："在这个戏剧性动作的单元内，即第一幕，剧作家需要建置故事、人物、戏剧性前提……作为一个作家，你必须在10分钟内创建这些。"

为何剧本的前10分钟如此之重要？菲尔德给出了解释："这是因为观众通常只需要10分钟左右就会做出是否喜欢这部影片的决定——无论是有意识或无意识地产生这样的决定。"为吸引观众，好莱坞的许多电影，开头都会设置导入型悬念。如果把整本书阅读看作欣赏一部电影，也要注意起始阶段的悬念设置。起始阶段的主要任务是让学生对即将开始的阅读旅程充满期待，兴致盎然。阅读期待是一种迫切求知的心理状态，我们可以通过导入型悬念，激起学生对将要阅读的新书产生体验和探究的欲望。

具体到《红楼梦》，近几年我主要采用了如下几种方法设置导入型悬念来激发学生阅读《红楼梦》的兴趣。

1. 以烘托渲染设置悬念激发学生阅读《红楼梦》兴趣

例如2015年我是这样来烘托渲染设置导入型悬念的。

同学们，世界文学史上为一位作家专门成立的文学研究会只有两个：一个是莎学会，一个就是红学会。莎学会就是研究莎士比亚的学会。红学会就是专门研究《红楼梦》及其作者的学会。

用烘托渲染法设置悬念，果然激发起学生浓厚的兴趣，使学生对《红楼梦》及作者充满敬意、憧憬之情。课后，有学生跑来对我说，《红楼梦》这么重要，这么有地位，我一定要买来看看。

2. 以名人名言设置悬念激发学生阅读《红楼梦》兴趣

例如2016年我是用毛泽东主席的名言来设置导入型悬念的。

毛泽东喜欢读《红楼梦》，也喜欢向人推荐《红楼梦》。毛泽东常说："作为一个中国人，既然有阅读能力，不可不读《红楼梦》，不读就不懂中国封建社会。读一遍也不行，最少看三遍，不看三遍没有发言权。"1956年毛泽东在《论十大关系》中，谈到中国和外国的差距，不经意间说了一句话："除了地大物博、人口众多、历史悠久以及在文学上有部《红楼梦》等以外，很多地方不如人家，骄傲不起来。"称它是"中国封建社会的百科全书"，还称赞它是"中国的第五大发明"。

伟人毛泽东如此热爱、推崇《红楼梦》，那《红楼梦》到底是一部怎样的书呢？教师以名人名言设置悬念，使学生对《红楼梦》产生了强烈的好奇心，撩拨起学生阅读《红楼梦》的冲动。

3. 以评论争议设置悬念激发学生阅读《红楼梦》兴趣

例如2017年我是用如下一段红楼争议来设置导入型悬念的。

（教师手拿一本《红楼梦》）同学们，我们现在看到的《红楼梦》，是一百二十回本，上面标注曹雪芹、高鹗著。这是怎么回事呢？原来曹雪芹生前没有写完《红楼梦》，只写了前八十回就去世了，当然也有人说后四十回的手稿遗失了。前八十回在民间流传，影响越来越大，于是，引发众多文人才子的遐想，并纷纷续写《红楼梦》，出现了好几十种《红楼梦》续写小说。（学生听说后，纷纷引颈伸头，兴趣大增，并要求老师说说有哪些续作，教师趁势往下叙说）你们真想知道吗？（生：想）好，我告诉你们，（教师出示幻灯片），如《后〈红楼梦〉》《续〈红楼梦〉》《绮楼重梦》《红楼复梦》《红楼圆梦》《〈红楼梦〉补》《补〈红楼梦〉》《增补〈红楼梦〉》《红楼幻梦》《新〈石头记〉》《红楼残梦》《红楼余梦》《红楼真梦》《〈红楼梦〉别本》《新续〈红楼梦〉》《红楼三梦》《红楼后梦》《红楼再梦》《红楼续梦》《再续〈红楼梦〉》《三续〈红楼梦〉》《红楼补梦》《红楼梦醒》《疑〈红楼梦〉》《大〈红梦〉》《红楼翻梦》《林黛玉笔记》等。其中，高鹗也续写了《红楼梦》，是目前最流行的。对于高鹗的续写，有持肯定态度的，认为他的续写跟原著最吻合，如著名小说家林语堂、著名红学家胡适、俞平伯、刘再复等都持肯定态度。然而，也有人认为，高鹗的续写不仅无功，而且有罪，糟蹋了原著。例如著名红学家周汝昌、著名小说家张爱玲。张爱玲甚至说，人生"三大恨事"：一恨鲥鱼多刺，二恨海棠无香，三恨红楼未完。

在这里以著名学者、专家、作家对《红楼梦》评论争议设悬，果然激起学生好奇心，学生迫不及待地提出问题：老师，您认为哪一方有道理呢？笔者不加以评说，不下结论，只说，到底谁说得有道理，你们自己去看看《红楼梦》就知道了，于是笔者布置一个作业：高鹗的续写是狗尾续貂还是锦上添花？请同学们读完《红楼梦》后得出结论，学生问给多长时间读《红楼梦》，笔者回答两个月，学生会心地笑了，笔者也笑了。

4. 以名人爱红趣事设悬念激发学生阅读《红楼梦》兴趣

例如2018年我是用如下名人爱红的趣事来设置导入型悬念的。

据著名红学专家马瑞芳说，毛泽东在万里长征的时候，因为条件艰苦曾经将所有的文学书籍丢掉，只保留了《红楼梦》。

1948年，解放军围住了北京，十二月十五日，蒋介石派专机到北京接运围城中的胡适，当时胡有一百多箱书。但由于飞机容量有限，只从那一二万册书中，挑选了两部书，带到了台湾，其中一部书就是《红楼梦》。

1989年，著名文学评论家、作家刘再复离开北京而移居海外，揣着两部心爱之书浪迹天涯，其中一部就是《红楼梦》。刘再复说："德国天才诗人海涅曾把《圣经》比喻成犹太人的'袖珍祖国'，我也把《红楼梦》视为自己的袖珍祖国与袖珍故乡。有这部小说在，我的灵魂永远不会缺少温馨。"

讲述有关毛泽东、胡适与刘再复酷爱《红楼梦》的这些轶事，有助于培养学生对《红楼梦》一书的情感。有学生课后跑来问我，《红楼梦》真这么有魅力、令人着迷吗？从中看出这激发起了学生阅读《红楼梦》的兴趣。

5. 以书名含义设置悬念激发学生阅读《红楼梦》兴趣

例如2019年我是这样用书名来设置导入型悬念的。

《红楼梦》是一部奇书，它的各个方面与其他的小说有许多的不同。别的且不说，单说它的书名就有好几个，你们知道它除了叫《红楼梦》之外，还叫其他什么名字吗？学生兴趣来了，于是发生了下面的对话。

生：《石头记》。

师：哎，对了《石头记》。为什么叫《石头记》呢？

生：不知道。

师：因为贾宝玉出生的时候嘴里衔着一块石头，是吧，这块石头是女娲补天的时候，一块不用的最后遗落在青埂峰下的石头，经过风雨的洗礼，最后变为一块通灵的宝玉。但是，这块玉是无才补天的，没有多大的用处，不是真正的玉，而是假的宝玉。

（学生听到这里发出笑声。）

师：这就是《红楼梦》又叫《石头记》的来历，除了叫《石头记》以外，还有其他的叫法，知道吗？

生：一个男人和两个女人的故事。（生笑）

师：你这个说法挺有意思，为什么叫这样的名字呢？

生：因为《红楼梦》是写贾宝玉这个男人和林黛玉、薛宝钗两个女人的三角恋爱。

（师生大笑。）

师：《红楼梦》中确实有这个内容。而且是小说中的一个最重要的内容，但没有这个书名，这是你的发明创造。那么《红楼梦》还叫什么名字呢？

生：不知道。

师：你们想不想知道？

生：想。

于是教师接着说，《红楼梦》还叫《情僧录》《风月宝鉴》《金陵十二钗》《金玉缘》等，但著名点评家脂砚斋认为，"红楼梦"这个书名最好，是"总其全部之名"，其他的书名，有的仅指小说的出处，有的只说明故事中的人物和出生地，有的归结为情物的纠葛等，都很片面。而"红楼梦"，整个小说写的就是红楼一梦。同学们，你们知道"红楼"是什么意思吗？

（生：不知道，老师，你说说好吗？）"红楼"，指富家闺阁，梦是人生感受。曹雪芹所谓梦幻，是梦幻样的人生，家庭从繁华到贫寒，个人从锦衣纨绔到草房陋室，人生原来是一场大梦，曹雪芹从繁华旧梦中醒来，认真思考人生写下《红楼梦》。此外，书中确实也写了许多梦，从故事情节来看，起于梦，结于梦，它是贯穿全书，揭示主题的重要情节。（生迫不及待地问：老师，作者到底写了多少梦？）这个我也没有统计过。我布置个作业给大家，我们一起来完成，我们一起看看《红楼梦》，统计一下，《红楼梦》到底写了多少个梦？梦的主人是谁？梦的内容是什么？好不好？（生响亮地回答：好）什么时候完成？（生伸伸舌头，一个月后行吗？）好的，一个月后我们来看统计结果。

在这里，教师以书名设置导入型悬念，果然吊起学生胃口。一个月后，学生纷纷交来统计结果，有说15个梦的，有说19个梦的，有说25个梦的，有说30个梦的。其实我不在乎学生统计结果是否准确，关键是通过这个导入型悬念，引诱学生去阅读原著，深入文本。

6. 以穿越时空法设置悬念，激发学生阅读《红楼梦》兴趣

例如2020年春节，我是让贾宝玉穿越时空来设置导入型悬念的。

贾宝玉是《红楼梦》中最重要的中心人物，是曹雪芹笔下塑造的性格最复杂的人物。著名点评家脂砚斋是这样评价贾宝玉的：说不得贤，说不得愚，说不得不肖，说不得善，说不得恶，说不得正大光明，说不得混账恶赖，……说不得聪明才俊，说不得好色好淫，说不得情痴情种。我曾经给上一届同学出过一道题目，假如贾宝玉活在今天，就在我们学校读书，表现如何？能顺利毕业吗？一部分同学认为，贾宝玉的表现是好打扮，会早恋，成绩差，被开除，结果是成为混混。另一部分同学则认为，贾宝玉衣着得体，人缘特好，思想独立，拥有特长，自主招生，成为诗人。你们同意哪一种意见？或谈谈你们的看法？

这一穿越时空的设计，贴近学生生活，学生兴趣大增。有学生说，老师，我们没有系统阅读《红楼梦》，还不好回答。这个问题，能让我们看完《红楼梦》再回答吗？学生的询问正中笔者下怀，于是我反问学生，你们需要多长时间看完《红楼梦》？学生回答，这个寒假看完，笔者会心微笑，爽快答应学生要求。

导入型悬念是教学过程中的重要起始环节，对整本书阅读的教学效果起着重要的奠基作用。有经验的教师非常注意在这一环节上下功夫，以便尽快把学生的注意力牵引到学习上来。孔子说过，知之者不如好之者，好之者不如乐之者。整本书阅读，若要引起学生的兴趣，就要在起始阶段，尽可能地贴近学生的生活和心理。导入型悬念常常能造成学生心理上的好奇、焦虑和渴望，是整本书阅读教学中驱动学生阅读兴趣的一个最直接、最有效的办法。

总之，起始阶段，笔者采用种种方法设置导入型悬念，设悬促读，激发起学生阅读《红楼梦》的兴趣。在这之前，学生可能对《红楼梦》一无所知，或知之甚少，或毫无兴趣，或兴趣不大，通过设悬激趣，使学生产生了迫切的阅读期待——我真的很想去看《红楼梦》了。

（二）承，初读与感悟：《红楼梦》让我们着迷

"承"即"承接"，是整本书阅读的"承前启后"阶段。这个"承"，如同"猪肚"，要充实丰满，有料有趣，要让学生"衣带渐宽终不悔，为伊消得人憔悴"。优秀的诗文作者，都十分重视"承"的环节，因为"承"在作品中不仅起到"承前启后"的过渡作用，更重要的是它为作品后面的进一步展开起到一种铺垫和蓄势的作用。整本书阅读的"承"这一环节，既要做好"承前"的工作，更要"启后"，做好铺垫和蓄势的工作，即通过起始阶段的导入型悬念激发起学生的阅读兴趣以后，接下来就要进行可持续性发展的推进阅读，始终维持学生的阅读兴趣。

美国在文学创作中有一种"钩子理论"，强调故事在叙述过程中要不断伸出"钩子"挑起观众的兴趣，要在适当的间隔里安插"兴奋点"；这些兴奋点要像过山车一样起伏错落，富有刺激性，能够始终调动观众的兴趣，一直到故事结束。在整本书阅读教学过程中，仅仅依靠起始阶段的导入型悬念，很难撑起整本书阅读教学的框架，很难维持学生探究的情绪和兴趣，为增强学生的探究期待，使之兴奋起来，就必须在课堂教学过程中不断设置悬念，从头到尾始终扣人心弦。因此整本书阅读教学，也要不断伸出"钩子"，安插"兴奋点"。怎样伸出"钩子"，安插"兴奋点"呢？笔者的做法是设置过渡型悬念。

承接阶段，笔者充分利用阅读期待，从语言、文章、文学、文化的角度，或截取小说中的人物对话，或从书中选取典型情节，或选取几个鲜明的人物形象，或抓住书中的环境描写（含自然环境、社会环境），或利用书中的插图，等等，提出一些重要话题，激起学生对文本的进一步的阅读、探究兴趣，让学生带着话题进行阅读、对话。

具体到《红楼梦》整本书阅读，本阶段的主要任务就是以各种方法设置过渡型悬念激发学生通读《红楼梦》，进而达到让学生了解本书的主要内容、品味小说的语言艺术、鉴赏小说的人物形象、探究小说的文化意蕴、把握小说的主题思想，并能在阅读过程中不断提出自己的疑问的目的。

《红楼梦》这部书，是不容易看懂的。毛泽东说："《红楼梦》最少看三遍，不看三遍没有发言权。"著名红学家俞平伯说："《红楼梦》这部书在中国文坛上是一个梦魇。你越研究便越糊涂。"既然《红楼梦》这部书如此难读，我们就要千方百计设计过渡型悬念去吸引学生阅读《红楼梦》。

著名特级教师陈继英所言，一是为了引发学生将整本书阅读与现实生活结合思考，激发学生阅读和探究兴趣；二是为整本书阅读与教学拓展一条新思路，解决学生一直误解的"老古董"于今没什么意义的肤浅思想认知；三是当下流感是学生谈虎色变的严峻疫情，让孩子们结合名著思考，是不得不面对的现实，人生需克服和战胜诸多困境，而不只是温暖和鲜花。

题目从网上推送给学生，果然激发起学生强烈的好奇心，学生们兴趣盎然地研读《红楼梦》，纷纷参与此次整本书阅读活动，写出了属于自己的答案，取得了令人满意的效果。有好奇者将试卷上传到网上，结果在短短七天时间内，就突破100万阅读量，并以排山倒海之势继续在全国各地燎原。出现了人不分职业，无论老幼，地不分南北，无论东西，大家争相传阅这样的奇观。

以上题目的设计意图重在引导学生初涉《红楼梦》。当学生的兴趣激发起来以后，引导学生从头至尾一页一页地认真通读《红楼梦》就成为整本书阅读与研讨的关键。当然，要读懂《红楼梦》，就需更全面细致地引导，如重点抓前五回。前五回具有纲领性作用，第六回起始的许多情节、事件、线索都在前五回中"埋下了根蒂"。正确解读前五回，有益于理解整本书的主体内容和情节走向。前五回的主要内容和情节如下。

第一回，甄士隐梦幻识通灵，贾雨村风尘怀闺秀。以"女娲补天"、"木石前盟"两个神话故事道出贾宝玉和林黛玉的前世因缘，是后面写贾宝玉、林黛玉爱情悲剧的引线。

第二回，贾夫人仙逝扬州城，冷子兴演说荣国府。主要是以冷子兴的口吻，讲述贾家家谱，介绍贾府人物，是后面写家族悲剧的引线。

第三回，托内兄如海酬训教，接外孙贾母惜孤女。写林黛玉进贾府，以林黛玉行踪交代贾府环境，向读者展示了宝黛爱情悲剧及贾府家族悲剧的舞台。

第四回，薄命女偏逢薄命郎，葫芦僧乱判葫芦案。写门子判案，以薛蟠案牵出贾史王薛关系，是后面写封建末世社会悲剧的引线。

第五回，游幻境指迷十二钗，饮仙醪曲演红楼梦。写贾宝玉梦游太虚幻境，以贾宝玉梦境隐喻红楼女儿悲剧人生，是后面写众女儿悲剧的引线。

总之，《红楼梦》前五回给人的印象是：主题上，由小到大，从悲欢离合儿女情长的宝玉黛玉个人悲剧，写到豪族百年兴衰五世而斩的家族悲剧，写到官场盘根错节荣损与共的封建末世的社会悲剧，写到千红一哭、万艳同悲的众女儿的集体悲剧；空间上，由远到近，曹雪芹导引我们，从天上走来，从远处走来，从青埂峰、三生石畔走近贾府、认识贾府中的人、熟悉贾府中的环境、弄清四大家族的关系、看到众多女儿上演的人生悲剧，千红一哭、万艳同悲。曹雪芹通过前五回，巧妙地引领读者走进《红楼梦》艺术的殿堂。

为全面细致地引导学生阅读，我们对前五回，每回都采用量身定制阅读单的办法设置过渡型悬念激发学生阅读兴趣，每个阅读单的题目都是从语言建构与运用、思维发展与提升、审美鉴赏与创造、文化传承与理解四个维度来考查学生阅读鉴赏《红楼梦》情况的。以第一回阅读单为例。

《红楼梦》 阅读单 第一回 学号____ 姓名_____

一、用整洁规范的字体抄写这一回中你最喜欢的诗词名句。（20分）

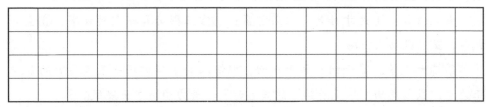

二、内容概括（300字左右）（40分）

_____
_____

三、填空题：《红楼梦》构思之巧，无处不在，即使是人名或物名，也会采用谐音表达出丰富的含义。请写出对应的谐音。（10分）

（1）甄士隐_____ （2）贾雨村_____

四、简答题（30分）

1.《红楼梦》还有另外几个名字，请指出来。＿＿＿＿＿＿＿＿＿＿＿＿＿

2.绛珠仙草和神瑛侍者下凡后的真身是谁？＿＿＿＿＿＿＿＿＿＿＿＿

以上阅读单的第一题，抄写，侧重于语言建构与运用，语言的梳理与积累。第二题侧重于思维发展与提升，考查内容的概括，主要从文章的角度，厘清作者选材、用材及情节结构思路（木石前盟、宝玉黛玉来历）；第三题，侧重于审美鉴赏与创造，从文学角度考查作品的谐音艺术；第四题，侧重于文化传承与理解，从文化的角度探究《红楼梦》主题的丰富性及神话传说。第二、第三、第四、第五回阅读单结构类似，不再列举。

前五回阅读单的题目，切入角度小，且有趣味性，对《红楼梦》整本书阅读与研讨起着一种芝麻开门式的引导作用。

下面我们将一步一个脚印地扎扎实实地推进前五回的导读。

为了推进阅读速度，后面我们就没有设计每回的阅读单了，而是根据他人划分的绝大多数读者认同的《红楼梦》的五大段落，设计了另外的阅读单。

附：

《红楼梦》五大段落

有人认为，《红楼梦》全书可以分为五大段落。

第一大段落：第一回至第五回，是全书的"序幕"，交代小说创作的主张、结构、主要人物出场，预示众多女性的命运。

重点情节：①无才补天、木石前盟；②宝玉得名和抓周的故事；③宝黛初会、王熙凤初次出场。

第二大段落：第六回至第十八回，以惊人的豪华排场来表现当时的贾府正处于"烈火烹油，鲜花着锦"的兴盛时期，着力塑造了王熙凤。

重点情节：④刘姥姥初进荣国府；⑤探宝钗互看金玉；⑥王熙凤毒设相思局；⑦王熙凤协理宁国府；⑧王熙凤弄权铁槛寺；⑨元妃省亲。

第三大段落：第十九回至第五十四回，这一大段，是在秦可卿之死和元妃省亲之后，即在极力渲染了贾府的奢华富贵之后，从多个侧面来展示贾府的生活画卷。

重点情节：⑩花袭人良宵花解语；⑪共读西厢花纷纷；⑫宝钗扑蝶；⑬黛玉葬花；⑭金钏投井自杀；⑮晴雯撕扇；⑯诉肺腑心迷活宝玉；⑰宝玉挨打；

⑱宝玉挨打后众人反应；⑲宝玉对宝钗的评价；⑳海棠诗社；㉑林潇湘魁夺菊花诗；㉒钗黛互吐剖心语；㉓鸳鸯抗婚；㉔香菱学诗；㉕芦雪庵赏梅啖膻；㉖晴雯补裘。

第四大段落：第五十五回至第七十八回，第五十五回，是这一大段的开端，也是全书的一个转折点。读者可以清楚地感受到，此后的贾府已经走上了无可挽救的衰败之路。

重点情节：㉗探春勇斗赵姨娘；㉘探春理家；㉙紫鹃试玉；㉚宝玉瞒赃；㉛憨湘云醉眠芍药裀；㉜尤三姐殉情；㉝王熙凤计害尤二姐；㉞抄检大观园；㉟晴雯之死；㊱宝玉杜撰芙蓉诔。

第五大段落：第七十九回至第一百二十回，这一大段主要写了四个方面的内容：一是黛玉之死和宝玉、宝钗完婚；二是写贾府被抄的前前后后；三是写了主要人物的命运结局；四是写宝玉出家后贾府的"复兴"。

重点情节：㊲钗黛调包；㊳黛玉焚稿断痴情；㊴黛玉之死；㊵锦衣军查抄宁国府；㊶凤姐托孤；㊷宝玉出家。

我们以每一个大的段落为单元来设计阅读单。如第六至第十八回阅读单。

《红楼梦》第六回至第十八回阅读单　学号____姓名_____

一、用整洁规范的字体抄写这几回中你最喜欢的诗词名句（20分）

二、阅读第六回至第十八回，用最简练的语言概括各章节内容

回目	内容概括
第6回	
第7回	
第8回	
第9回	
第10回	
第11回	
第12回	

回目	内容概括
第13回	
第14回	
第15回	
第16回	
第17回	
第18回	

三、请用最简练的语言给主要人物下评语

回目	评语
贾宝玉	
林黛玉	
薛宝钗	
刘姥姥	
王熙凤	
贾　政	
贾　珍	
贾　琏	

四、请以大观园报记者的身份，报道贾政一行在大观园观景题对额事件。

过渡型悬念，对《红楼梦》的初读与感悟阶段非常重要。我们通过不断设悬—解悬—再设悬—再解悬，如此反复递进，吊足胃口，让学生欲罢不能。如当学生读到第三十三回"手足眈眈小动唇舌，不肖种种大承笞挞"后，我又向学生伸出"钩子"，设计了一个过渡型悬念，以激发学生继续研读《红楼梦》的兴趣。《红楼梦》第三十三回写得非常成功。这一回可以说是牵一发而动全身，窥一斑而见全豹：一是在语言层面上，能充分显示人物语言的个性，在探视挨打后的宝玉的过程中，贾母、王夫人、薛宝钗、林黛玉的语言都打上了鲜明的个人烙印；二是在文章层面上，情节波澜起伏，悬念迭生，扣人心弦；三是在文学层面上，人物性格丰富复杂，形象丰满，是圆形的人物，尤其是贾政的形象，得到了进一步的丰满；四是在文化层面上，体现了中国传统文化中父亲望子成龙、恨铁不成钢的延续几千年一直至今的文化心理。我们通过它，可以引导学生品读《红楼梦》的语言之美、文章之美、文学之美和文化之美。那么要怎样激发引导学生去品味这样的美呢？笔者采用问题诱导法设计了一个过渡型悬念。

宝玉挨打是《红楼梦》中最重要的事件，宝玉挨打牵动了很多人的心。围绕着贾宝玉的挨打，贾府上上下下的人物悉数登场，心态各异，请研读第三十三回、第三十四回，并通观全书，说说贾母、贾政、王夫人、薛姨妈、王熙凤、薛宝钗、林黛玉、袭人、李纨、香菱、史湘云等这些人物中，谁才是真正最关心宝玉、心疼宝玉之人？请说出理由。

以上这个悬念设置，具有很强的辐射性，又具有很强的包孕性。学生要简单地答出这个问题，当然只看三十三、三十四回也可以，但要答得全面而有深度，还得通观全书，尤其得关注《红楼梦》中第一回的"木石前盟"、第三回的"宝黛初会"、第二十五回的"宝玉中邪"、第九十四回的"宝玉失通灵"等情节。

面对这个悬念设置，学生兴趣盎然地继续研读文本，两周后，在《红楼梦》整本书导读课堂上，纷纷回答老师提出的问题。

有学生认为王夫人最心疼宝玉。宝玉是她的亲骨肉，唯一的儿子。因此，当贾政打宝玉时，王夫人采用哀兵必胜之计，三"哭"救宝玉。但有学生反对，同样列出了几条理由。

有人说是贾母最心疼宝玉。当贾政打宝玉时，贾母采用泰山压顶之策，三"逼"救宝玉。但有人反对，而且理由十分充分。

又有人说是贾政最心疼宝玉。贾政打宝玉表现出一个"狠"字，但骨子里却还是"爱"。贾政在打宝玉的过程中，多次流泪。打在儿子身上，疼在父亲的心里。但有人反对，理由似乎不容辩驳。

还有人认为薛姨妈、薛宝钗、林黛玉最心疼宝玉，但只要出现了一种类似于结论的意见，立即就会遭来同样力度的反驳。从学生的回答与争辩可以看出，显然，他们不是走马观花式地阅读《红楼梦》。

当学生读到《红楼梦》第九十八回时，我又向学生伸出"钩子"，设计一个过渡型悬念，以刺激学生的可持续性阅读兴趣。其设计如下。

阅读下面文字，完成后面题目。

探春过来，摸了摸黛玉的手已经凉了，连目光也都散了。探春紫鹃正哭着叫人端水来给黛玉擦洗，李纨赶忙进来了。三个人才见了，不及说话。刚擦着，猛听黛玉直声叫道："宝玉，宝玉，你好……"说到"好"字，便浑身冷汗，不作声了。紫鹃等急忙扶住，那汗愈出，身子便渐渐的冷了。探春李纨叫人乱着拢头穿衣，只见黛玉两眼一翻，呜呼，香魂一缕随风散，愁绪三更入梦遥！

以上这段文字，出自《红楼梦》第九十八回，是写林黛玉去世的情景。黛玉死时，年仅16岁左右。关于黛玉死因，众说纷纭，甚至有研究《红楼梦》的专家认为，黛玉死于"谋杀"（此说见《老夫子诠释〈红楼梦〉》）。为了弄清黛玉的确切死因，我们成立一个"林黛玉之死"专案调查组，假如你就是专案组成员，请你说说黛玉的死因。

以上采用倒叙追问法设置过渡型悬念，让黛玉之死有了侦探色彩，造成了一种非常神秘的效果，自然激发起学生阅读的兴趣。学生果然好奇地阅读起《红楼梦》，探究黛玉的死亡原因。

确实，倒叙追问法是一种非常成功的悬念设计。一些著名作家也都非常看重倒叙手法。法国18世纪启蒙运动的代表人物狄德罗很看重悬念。他在《论戏剧艺术》一文中说过，戏剧有两种写法：一是守密，把故事后面的情节瞒住观众；二是把故事后面的情节先透露给观众。他把这两种写法进行了比较，认为后一种写法的效果更好。

俄国19世纪文艺理论家、作家车尔尼雪夫斯基在他的长篇小说《怎么办？》的序言中写道："我援引了小说家所常用的诡计：从小说的中央或结尾抽出几个卖弄玄虚的场面来，将它们放在开头的地方，并且给装上一层迷雾。"狄德罗和车尔尼雪夫斯基所说的实际就是布置疑团，也就是我们所说的设置悬念，而且是以倒叙法设置悬念。的确，叙述一件事情，采用倒叙法能给人造成悬念。例如英国福斯特在《小说面面观》中，对下面几种说法做过比较分析。

（1）国王死了，不久王后也死去。

（2）国王死了，不久王后也因伤心而死。

（3）王后死了，原因不详，后来才发现，她是因国王去世而悲伤过度致死的。

他认为第一种只是按时间顺序叙述，这种讲述故事的方法，十分平淡；而第二种讲述故事的方法就因多了一层因果关系而有了一些悬念，但悬念不强；第三种，把因果关系倒过来讲述，即采用一种倒叙法讲述，就有了一种神秘色彩，就给人带来了一种强烈的悬念。文学艺术如此，我们整本书阅读教学要取得好的效果，也可以采用倒叙法设置课堂悬念。讲黛玉之死时因采用倒叙追问法设置悬念，果然激发起学生强烈的好奇心，学生兴致勃勃，继续阅读《红楼梦》，在接下来的细读与分享中，学生纷纷得出自己的探究结论：有人认为，黛玉之死，贾母要负首要责任，因为贾母是宝玉宝钗婚姻的始作俑者；有人认为黛玉之死，王熙凤要负首要责任，因为王熙凤是调包计的设计者；有人认为黛玉之死，王夫人要负首要责任，因为王夫人是宝钗的姨妈，是宝玉宝钗婚姻的支持者；还有人认为薛姨妈、薛宝钗、袭人，甚至宝玉应负主要责任。

当学生读到小说第一百零六回时，我又伸出"钩子"，设计一个过渡性悬念，继续推动学生的《红楼梦》阅读之旅。

《红楼梦》是一部人生大悲剧。小说中的人物，因种种原因，平均寿命很短。或"机关算尽太聪明，反误了卿卿性命"，或"荡悠悠芳魂消耗"，或"寿夭多因毁谤生"，然而也有例外，有人也活得很长。请问《红楼梦》中人物寿命最长的是谁？为什么会是这个人？请阐释原因。

学生对这个悬念设计非常好奇，于是继续乐此不疲地阅读《红楼梦》。

我们就是这样通过设置过渡型悬念，去引导学生研读《红楼梦》的。面对悬念诱惑，学生欲罢不能。学生通过一段时间的阅读，终于从头至尾读完了《红楼梦》。

在初读与感悟的基础上，接下来就进入了转，细读与分享阶段。

附：

《红楼梦》其他过渡性悬念设计题目

1. 1995年，联合国教科文组织宣布4月23日为"世界读书日"。读书日的主旨宣言为："希望散居在全球各地的人们，无论你是年老还是年轻，无论你是贫穷还是富有，无论你是患病还是健康，都能享受阅读带来的乐趣。"2020年4月23日是第25个世界读书日。请你在这一天，根据《红楼梦》中人物的知识结构、性格志趣为下列人物每人推荐两部书籍，并说出为何将此书推荐给他（她）的理由。

（1）给贾代儒推荐的书籍_____，推荐理由_____。

（2）给贾政推荐的书籍_____，推荐理由_____。

（3）给贾雨村推荐的书籍_____，推荐理由_____。

（4）给冷子兴推荐的书籍_____，推荐理由_____。

（5）给贾宝玉推荐的书籍_____，推荐理由_____。

（6）给甄宝玉推荐的书籍_____，推荐理由_____。

（7）给林黛玉推荐的书籍_____，推荐理由_____。

（8）给薛宝钗推荐的书籍_____，推荐理由_____。

（9）给贾探春推荐的书籍_____，推荐理由_____。

（10）给史湘云推荐的书籍_____，推荐理由_____。

（11）给贾兰推荐的书籍_____，推荐理由_____。

2. 如果有可能，你愿意跟《红楼梦》中的谁同桌？请说明理由。

3. 请男同学思考，假如要你娶《红楼梦》中年轻女子为妻，你愿意让谁作为你的终身伴侣？请说明理由。

4.《红楼梦》第五回，关于贾迎春的判词是"子系中山狼，得志便猖狂，金闺花柳质，一载赴黄粱"，说的是贾迎春嫁给中山狼孙绍祖，结果"一载荡悠悠"，只不过一年就被活活折磨而死。假如嫁给孙绍祖的是探春，结果又会如何呢？

5. 曾看过一个中国历史上最高水平的36首诗词排行榜，排名分别是，第一李白的《将进酒》；第二苏轼的《水调歌头·明月几时有》；《红楼梦》中，也有许多脍炙人口的诗词，如果让你给《红楼梦》中的这些诗词排行，你认为哪些诗词可以进入排行榜前三名？请说明理由。

6. 林黛玉刚进贾府时，小心谨慎，入乡随俗，"不敢多说一句话，不敢多行一步路"，后来却变得放肆任性。为什么会发生这种变化，发生这种变化的标志性事件是什么？

（三）转，细读与分享：《红楼梦》读书检阅台

转，是"转折"。转要转得奇妙，要让学生在整本书阅读过程中"山重水复疑无路"之时，却见"柳暗花明又一村"。我们有一个成语叫"升堂入室"，比喻学识或技能由浅入深，循序渐进，整本书阅读教学也是一个"升堂入室"的过程。如果说，起和承是整本书阅读的"升堂"阶段；那么，"转"即是开始"入室"，起承是必要的，不升堂何以入室；然而，转，更为必要，如只停留在起承阶段，可能会导致碎片化、浅表化的快餐式阅读。正如著名特级教师陈继英所说，整本书阅读怎样开展才好，引发兴趣只是一

个开始，真正的整本书阅读，要引导学生全身心地进入书中，还要有基于名著本身的深层次引发。"转"就是一种深层次的引发，"转"能使整本书阅读教学"峰回路转"，曲径通幽，进入新的境界。如果"转"得巧妙，还会给人以回环往复、摇曳多姿之感，会将整本书阅读教学推向高潮。

《红楼梦》的细读与分享，我主要设计了四种课型：课型一：阅读知识竞赛课；课型二：学生分享阅读课；课型三：师生共享鉴赏课；课型四：教师专题讲座课。

课型一：阅读知识竞赛课

竞赛，是一种最好的设置悬念激发兴趣的方式。它能激发人的好胜心、竞争欲、探究欲。

例如，《星光大道》栏目制定淘汰制和竞争的规则，选手每一期都要表现才艺进行竞争，周冠军、月冠军以及年冠军层层筛选。选手的才艺多种多样，选手的经历和身份也是五花八门、各种各样的，这就构成了观众对参赛者身份的好奇，甚至感同身受地联想到平民的大舞台，自己是否也可以登台一亮身手。同时，在参赛者表演过程中，会有各种表演形式，每个参赛者会表演什么样的才艺，这些才艺会有什么样的效果，又会成为萦绕观众心头的一个悬念。随着竞争环节的激烈加剧，草根选手与专业选手的竞争，周冠军与月冠军的竞争，年度冠军之间的巅峰对决，每个阶段的胜者是谁？最终胜者又是谁？规则设置环环相扣，使得观众不断地对节目产生期待和疑问，规则引发的悬念十分成功。我们为了激发学生阅读《红楼梦》的兴趣，也制定规则，开展竞赛，果然学生学习的兴趣大增。

竞赛题有以问答和选择题为内容的抢答题，如：

一、问答和选择题（抢答题，规则：答对加3分，答错扣3分）

《红楼梦》描写人物外貌的语言十分精彩且符合人物个性，根据你的阅读体验，请说出下列描写的人物是谁？

1. 肌肤微丰，合中身材，腮凝新荔，鼻腻鹅脂，温柔沉默，观之可亲。请问描写的是谁？

2. 削肩细腰，长挑身材，鸭蛋脸面，俊眼修眉，顾盼神飞，文彩精华，见之忘俗。请问描写的是谁？

3. 面若中秋之月，色如春晓之花，鬓若刀裁，眉如墨画。请问描写的是谁？

4. 粉面含春威不露，丹唇未启笑先闻。请问描写的是谁？

5. 心较比干多一窍，病如西子胜三分。请问描写的是谁？

6. 她穿着"不见奢华，惟觉淡雅"，她"罕言寡语，安分随时"，她"品格端方，容貌美丽"，"唇不点而红，眉不画而翠，脸若银盆，眼如水杏。"她是（　　　　）

A. 袭人　　　　　B. 黛玉　　　　　C. 宝钗　　　　　D. 探春

7. 黛玉是贾母的（　　　　）

A. 孙女　　　　　B. 女儿　　　　　C. 外甥女　　　　　D. 外孙女

8. 王夫人是黛玉的（　　　　）

A. 舅妈　　　　　B. 嫂子　　　　　C. 姑妈　　　　　D. 外婆

9. 黛玉和宝钗是（　　　　）

A. 表姐妹　　　　B. 没有血缘关系　　C. 堂姐妹　　　　D. 亲姐妹

10. 在大观园里，宝玉、黛玉共同为一本书吸引，两人一同欣赏，这本书是（　　　　）

A.《牡丹亭》　　B.《西厢记》　　C.《诗经》　　　D.《唐诗三百首》

11. "一语未了，只听后院有人笑声：'我来迟了，不曾迎接远客！'黛玉纳罕道：'这些人个个皆敛声屏气，恭肃严整如此，这来者系谁，这样放诞无礼？'"请判断，来人是（　　　　）

A. 王夫人　　　　B. 贾探春　　　　C. 贾宝玉　　　　D. 王熙凤

12. 第二十二回，制灯谜贾政悲谶语。其中探春制的灯谜是：阶下儿童仰面时，清明妆点最堪宜。游丝一断浑无力，莫向东风怨别离。打一物，谜底是（　　　　）

A. 镜子　　　　　B. 更香　　　　　C. 竹夫人　　　　D. 风筝

这些抢答题，看似简单，其实不简单，在内容上分别从语言建构与运用（1~6题）、思维发展与提升（7～10题）、审美鉴赏与创造（11题）、文化传承与理解（12题）四个语文核心素养方面加以考查。要答出这些题目，必须要阅读《红楼梦》整本书，要梳理情节、厘清人物关系、鉴赏人物形象。

竞赛题有以填空题为形式的必答题，如：

二、填空题（必答题。规则：答对加3分，答错不扣分）

1. 宝玉梦游太虚幻境时，闻到的奇香叫＿＿＿＿＿＿，饮的仙茶叫_____，品的仙酒是_____，分别指_____，_____，_____的隐义，听的歌曲名叫_____。

2. 第十五回，秦可卿出殡，贾政携宝玉拜谒北静王。北静王向贾政赞宝玉："令郎真乃龙驹凤雏，非小王在世翁前唐突，将来'雏凤清于老凤声'，未可量也。"其中的"雏凤清于老凤声"是李商隐的诗句，用《荀子·劝学》中提炼出的成语来解释，就是"_____"。

3.《红楼梦》中最热闹的情节是_____，最有趣的情节是_____，最凄惨的情节是_____。

4. 贾宝玉佩戴的玉叫_____，薛宝钗佩戴的是_____，史湘云佩戴的是_____。

5.《红楼梦》中最卑躬屈膝的丫鬟是_____；最有反抗性格的丫鬟是_____，涉及她的经典情节有_____；性格最刚烈的丫鬟是_____。

6. "开谈不说《红楼梦》，读尽诗书也枉然。"一曲红楼多少梦？在爱情这条主线上，作品主要塑造了三个悲剧人物：一个是为爱情熬尽最后一滴眼泪，含恨而死的_____，一个是"终于离弃温柔富贵之乡"而遁入空门的_____，一个是虽成了荣府的"二奶奶"却没有赢得真正的爱情，陪伴她的是终生凄凉孤苦的_____。

7. "一个是阆苑仙葩，一个是美玉无瑕。若说没奇缘，今生偏又遇着他；若说有奇缘，如何心事终虚化？"这首诗提示了《红楼梦》中一对青年男女的爱情悲剧。其中"阆苑仙葩"指的是_____，"美玉无瑕"指的是_____。关于他们的神话故事是_____。

以上的填空题，在内容上，也是遵循语言建构与运用（1、2题）、思维发展与提升（3题）、审美鉴赏与创造（5、6题）、文化传承与理解（7题）四个语文核心素养来加以考查的。要答出这些题目，必须细读《红楼梦》。

竞赛题也有以简答题为形式的逆袭题，如：

三、简答题：（逆袭题。规则：答对加相应分，答错扣相应分）

1. "宝黛初会"时宝玉有一个摔玉的举动，请结合作品说明宝玉为什么摔玉？这表明了他怎样的性格特征？（5分）

2.《红楼梦》中"潇湘馆"名称有着怎样的内涵？（8分）

逆袭题是对《红楼梦》语言、文章、文学、文化进行的综合考查。

以上抢答题、必答题、逆袭题都是分别从语言建构与运用、思维发展与提升、审美鉴赏与创造、文化传承与理解四个层面对《红楼梦》整本书阅读情况进行考查的，采用竞赛形式设置悬念，极大地激发了学生阅读鉴赏《红楼梦》的兴趣，提高了学生《红楼梦》导读的参与度。

课型二：学生分享阅读课

分享阅读课，以学生活动为主，我们这些活动因采用多种方法设置悬念，极大地激发了学生的兴趣，学生参与热情高，活动效果好。现列举部分活动如下。

活动一：推介红楼梦

有人为《红楼梦》一书设计了一个腰封，腰封上需要一段文字介绍此书，请你用一段话，在腰封上向你的同学推介这本书。（200字左右）

活动二：众里寻他千百度

一部《红楼梦》，塑造了众多栩栩如生的人物形象。请你用最简短的话说出《红楼梦》中你最喜欢的人物，不超过150字。若超过了150字，唱《红楼梦》中一首歌。

格式：我最喜欢某某，因为他的什么什么。

这个挑战性的悬念设置，极大地激发了学生的兴趣，学生纷纷说出自己喜欢的人物，且有理有据。

附：

学生部分答案

1. 我最喜欢探春，因为探春有组织才能。大观园中众钗展示自己才华的舞台——诗社，就是由探春发起的。因为探春有管理才能。王熙凤生病后，贾府交由探春管理。连王熙凤都说三丫头又识字，比她更厉害了几分。

2. 我最喜欢林黛玉，因为她那颗敏感聪慧的心不愿意委曲求全、摧眉折腰，说哭就哭，说恼就恼，将那一腔"孤高自许"、"目下无尘"的高傲坦荡于世人。

3. 我最喜欢史湘云，因为她无忧无虑，浑朴天成。林黛玉拈酸吃醋，卖弄小聪明，刻薄自恋，比不上她的豪爽洒脱；薛宝钗谨慎冷淡、规行矩步不及她的热心肠和阳光气质。我喜欢她的割腥啖膻、饮酒作诗的放达。

4. 我最喜欢薛宝钗。拥有宝钗这样的朋友是荣幸。因为她不会在你难堪时嘲笑你（黛玉的作为），也不会大大咧咧像个男子（如湘云），她对上对下都有自己的分寸，能忍则忍，但违反原则的事情，绝对不会善罢甘休。她是一个恰到好处的人。

5. 我最喜欢刘姥姥。她的幽默、善良、知恩图报，一次次地让我开心、感动，她不介意自己成为贾府中人的开心果，并且，不论在贾府富贵之时还是在他们遭受危难之日，她都以自己的一颗感恩之心去回报曾经帮助过她的人。

6. 我最喜欢贾宝玉，因为他有一颗最纯粹的心灵。这颗心灵没有仇恨功能，没有嫉妒功能，没有报复功能，没有算计功能。

7. 我最喜欢晴雯，因为她很有个性，不惧权贵，心直口快，古道热肠。

活动三：人物评点接龙

仿照下列例句，采用接龙方式，用8个字一句话评点《红楼梦》中某一人物，要求评点准确，接龙间隔时间不能超过30秒。否则罚讲《红楼梦》中有关人物的一个故事。

评点例句：

贾雨村，见识不凡的攀爬者；

焦大，嬉笑怒骂的抗争者；

……

附：

学生人物形象评点接龙答案

贾雨村，见识不凡的攀爬者；

焦　大，嬉笑怒骂的抗争者；

刘姥姥，大智若愚的公关者；

贾　珍，禽兽不如的主事者；

赵姨娘，头脑简单的受辱者；

贾　琏，下流无耻的办差者；

贾　赦，为非作歹的好色者；

贾　政，独木难支的卫道者；

平　儿，心地善良的助人者；

薛宝钗，八面玲珑的贤淑者；

花袭人，顾全大局的维稳者；

晴　雯，口无遮拦的针砭者；

林黛玉，才思敏捷的感伤者；

王熙凤，争强好胜的当家者；

史湘云，快人快语的磊落者；

贾　母，慈祥宽厚的掌控者；

贾宝玉，天真怪癖的泛爱者；

薛　蟠，懵懂无知的玩乐者；

王夫人，心机难测的指挥者；

邢夫人，不明事理的帮凶者；

贾　蓉，厚颜无耻的乱伦者；

薛姨妈，宽容慈祥的仁爱者；

鸳　鸯，坚定不屈的殉道者；

贾　环，屡受歧视的报复者；

妙　玉，目下无尘的孤高者；

尤三姐，性情刚烈的殉情者；

柳湘莲，侠骨柔肠的仗义者；

香　菱，命运多舛的薄命者；

贾　敬，虔心求道的追仙者；

秋　桐，争风吃醋的愚昧者；

尤二姐，水性杨花的不幸者；

夏金桂，专横跋扈的泼辣者；

尤　氏，毫无主见的迁就者；

探　春，胆识兼具的精明者；

元　春，孤独寂寞的苦闷者；

李　纨，息事宁人的和谐者；

秦可卿，神出鬼没的警幻者；

迎　春，任人摆布的牺牲者；

惜　春，不问是非的冷眼者；

巧　姐，体弱多病的幸存者；

马道婆，唯利是图的忽悠者；

贾　瑞，至死不渝的相思者；

贾代儒，一本正经的教育者；

甄士隐，人生悲剧的彻悟者；

秦　钟，不谙世事的多情者；

活动四：开展辩论擂台赛

教师要做好引领，提出一些重要话题，让学生去辩论。我在《红楼梦》整本书导读过程中，采用问题诱导法设置悬念，提出一些话题让学生去辩论，如：

（1）花袭人是个工于心计的告密者还是个顾全大局的维稳者？

（2）有人说，高鹗续写的后四十回《红楼梦》将"贾宝玉"变成了"假宝玉"，你是否同意这个说法？请展开辩论。

（3）贾雨村和贾宝玉如果活到现在，谁更适应当代社会？

（4）如何看待贾环这个人物，贾环同学的遭遇是否值得人们同情？

（5）以局外人的身份看，贾宝玉和林黛玉如果结婚，是否会幸福？

（6）小说第三十三回《手足耽耽小动唇舌，不肖种种大承笞挞》，写贾政痛打贾宝玉，贾宝玉到底应不应该挨打？

（7）林黛玉进贾府，衣食住行是否全部是由贾府负担？

（8）有人说，贾政是"假正"，即假正经，做人虚伪；也有人说，贾政是"真正"，为人端方正直，有情有义，你怎么看？

（9）《红楼梦》中荣宁二府由兴盛走向衰亡，这种衰亡是否是必然的？有没有措施挽救？

以上这些话题，每一题都牵涉到语言、文章、文学、文化方面的内容，但第一题倾向于语言方面的，我们可以通过分析袭人的话语表达系统去得出结论，第二题倾向于情节结构方面的，我们仔细梳理《红楼梦》前八十回与后四十回情节结构走向可以看出端倪，第三、四题倾向于文学方面，意在鉴赏人物形象，第五、六、七、八题倾向于文化方面，意在引导学生关注封建伦理文化。以上这些悬念设置，总的目的是驱动学生深入探究、独立思考，不人云亦云。辩论时，学生由于阅读深入、准备充分、理由充足，故唇枪舌剑、互不相让，高潮迭起、悬念迭出。这很好地培养训练了《语文课程标准》提出的直觉思维、形象思维、逻辑思维、辩证思维和创造思维的能力，学生思维的深刻性、敏捷性、灵活性、批判性和独创性等思维品质得到明显提升。

下面，展示一下"林黛玉进贾府，衣食住行是否全部是由贾府负担"辩论实录。

　　主持人：林黛玉进贾府，衣食住行全部是由贾府负担吗？

　　在许多读者的心目中，生活在贾府的林黛玉是一个寄人篱下、孤苦伶仃、一无所有的女孩子，衣食住行全部是由贾府负担。但也有人说，林黛玉进贾府，其实带来了自己的财产，完全可以保障她的衣食住行，她的衣食住行其实为自家所供。同学们带着这个问题已认真研读了《红楼梦》，下面我们就此问题展开辩论。

　　正方：黛玉一无所有，衣食住行全由贾府提供。

　　反方：黛玉拥有财产，衣食住行实为自家所供。

　　首先请正方一辩发言。

　　正方一辩：我方认为，黛玉一无所有，衣食住行全由贾府提供。我们所持观点，可以从黛玉的言行和心理找到依据。例如小说第三回，写林黛玉进贾府，那是"步步留心，时时在意，不肯轻易多说一句话，多行一步路"，为什么会这样？因为此时的黛玉母亲去世，父亲多病，孤苦无依，只好来到外祖母家，即将过着寄人篱下的生活。随着故事情节的展开，黛玉的孤苦无依给我们更深的印象。小说中黛玉多次吐露心声，诉说自己在贾府的境遇与感受。例如第二十六回，黛玉去怡红院探望贾宝玉，因晴雯使性子而吃了闭门羹，原想继续敲门弄个明白，最后是宁可忍受委屈也不愿认真计较，因为她清醒地知道，"虽说是舅母家如同自己家一样，到底是客边。如今父母双亡，无依无靠，现在他家依栖。如今认真淘气，也觉没趣"。于是便悲悲戚戚呜咽起来。林黛玉为什么会有这样的心理，因为此时的她是一个一无所有、无依无靠、衣食住行全由贾府提供的孤儿。

　　主持人：刚才正方陈述了他们的观点，下面请反方一辩发言。

　　反方一辩：我方认为，黛玉拥有财产，衣食住行实为自家所供。我们持有这样的观点，是有依据的。首先从护官符看，四大家族都是权钱结合。古代，尤其是像贾府这样的大家族，在婚姻问题上是十分讲究门当户对的。

　　贾不假，白玉为堂金作马，说明贾家高贵；

　　阿房宫，三百里，住不下金陵一个史，说明史家势大；

　　东海缺少白玉床，龙王来请金陵王，说明王家富有；

　　丰年好大雪（薛），珍珠如土金如铁，说明薛家富可敌国；

　　四大家族，有权有势，盘根错节，形成一荣俱荣、一损俱损的紧密联盟，这是婚姻门当户对的结果。贾母将女儿贾敏即林黛玉的母亲嫁给林如海，林家不可能是无权无势的家族，关于林家有没有财产，我们后面还会做进一步论证。总之，黛玉是拥有财产的，衣食住行实为自家所供。至于黛玉感叹自己一无所有，无依无靠，那是她年纪还小，不一定知道自己拥有财产。因此，这并不能作为黛玉没有财产的依据。

主持人：好，下面请正方二辩发言。

正方二辩：我们也不否认封建大家族联姻讲究门当户对，林家在林如海之前确实是四代为侯，但这并不能保证林家传到第五代林如海时仍然非常有钱。孟子就曾说过："君子之泽，五世而斩。"《红楼梦》中贾母的娘家史家也是这样的实例，当年曾有"阿房宫，三百里，住不下金陵一个史"之称，可是到了史湘云时，这个侯爵家的生活就相当拮据。宝钗在第三十二回里就告诉袭人："那云丫头在家里竟一点儿做不得主。他们家嫌费用大，竟不用那些针线上的人，差不多的东西多是他们娘儿们动手"，有时史湘云"在家里做活做到三更天"。可见史家不如先前了。林家到林如海已是第五代，不能保证林家传到第五代林如海时仍然非常有钱。我们可以肯定，林黛玉父亲死去时，是没有什么财产的。

主持人：好，下面请反方二辩发言。

反方二辩："君子之泽，五世而斩。"这是一个普遍规律，但并不等于所有家族都是如此，林家就是个例外。林家到了林如海这一代，依然还是有权有势之家。我们可以从小说第二回"贾夫人仙逝扬州城，冷子兴演说荣国府"中有关林如海的身世介绍中看出这一点来。林家是钟鼎之家，在林如海之前是四代为侯，林如海本人是"前科的探花"，且又身居要职，这应该是个有权势的人家。此外，林如海出任巡盐御史，盐是国家统一管理的特殊商品，这在当时的官场上是个公认的肥缺，可见林家又是有钱的。总之，到了林如海这一代，林家依然是有权有势的。

主持人：下面请正方三辩发言。

正方三辩：刚才反方三辩说林如海出任巡盐御史，就有钱，照她的说法，中国人民银行行长就会最有钱啰，或在银行上班，就一定最有钱啰，这是什么逻辑？林如海固然出任巡盐御史，但林如海不是贪官啊。书中没有说他贪污受贿。我方坚持认为，林黛玉进贾府只是孤身一人，没有带来财产。小说第四十五回里的"金兰契互剖金兰语"，宝钗建议黛玉以药膳进补，但黛玉对宝钗说："我是一无所有，吃穿用度，一草一纸，皆是和他们家的姑娘一样，那起小人岂有不多嫌的。"在这段对话中，黛玉明示自己是一无所有，吃穿用度皆由贾府提供。

主持人：下面请反方三辩发言。

反方三辩：对方三辩说，林如海是个清官，这也未免太武断。其实，林如海还是懂得官场规则的。贾雨村因贪酷而被革职，后到林家做了黛玉的老师，林如海应该是知道贾雨村的为人的，可就是这样一个人，林如海竟推荐他复职，并想到花费钱财去打通各种关节，表明他很熟悉官场上的潜规则。读者由此也可联想到，林如海在巡盐御史任上，也会是按官场上的各种潜规则行事的，即便他不敲诈勒索，只遵循历来的惯例，盐商们也会拿钱去孝敬他，更何况林家的家底本来就甚为厚实。因此，我方认为，林家有权有势。

主持人：刚才正、反双方针对林家是否有钱，黛玉进贾府衣食住行是否自家负担进行了充分的发言，下面展开自由辩论，双方自由辩论的总时间不得超过6分钟。下面由反方首先开始发言。

反方一辩：我方认为，黛玉拥有财产，衣食住行实为自家所供。林黛玉的母亲贾敏是贾母最钟爱的孩子，贾府世袭公爵，在为最疼爱的孩子挑选女婿时，对方的门第、模样、性格脾气与家产是一定会认真考虑的。林家如果不是"书香"之家，"钟鼎"之族，林如海怎会进入贾母的视线？

正方四辩：贾府在婚姻上，也并非一味讲求门当户对。秦可卿出身就相对贫寒，小说第八回透露，秦可卿是一个养生堂的弃婴。她的养父秦业，也不过是一个营缮郎的小官。弟弟秦钟进贾家家学，需要24两银子的学费，也要东拼西凑，由此可见，秦可卿的出身并不高贵，只因与贾家有些瓜葛，故结了亲，许与贾蓉为妻。

反方一辩：这只是假象，其实秦可卿的出身十分高贵。小说中有多处暗示。例如从她的居室看，透出的信息就不一般。作者在描绘秦可卿居室时，提到武则天、赵飞燕、杨贵妃，这些历史上的人物固然都很风流，但同时也是血统最为高贵的。这里其实暗示秦可卿真实的出身也十分高贵。

正方四辩：这是宝玉眼中由秦可卿居室用品联想到的人物，是青春萌动的贾宝玉的臆想，这和秦可卿的身世有何关联？

反方一辩：好，我们再看秦可卿的葬礼，《红楼梦》中描写了好几场葬礼，但数秦可卿的葬礼规格最高。用上了忠亲王的棺木，送葬的队伍浩浩荡荡，白茫茫一片，达官贵人纷纷到场，北静王亲自祭奠，用现在的话说，党政军要员全部来了，贾母去世也没有这么高的规格啊。为什么这样？我们认为，她出身高贵。

正方四辩：你完全是凭想象推测。我们要以事实为依据。

反方一辩：小说不是写议论文，它更多的是用暗示，如秦可卿出身低贱，她在贾府就会受到歧视，但贾母这个荣国府至高无上的权威把她视为"重孙媳中第一个得意之人"，王熙凤视她为知己，这里也是暗示秦可卿出身不一般。还有，能够进入金陵十二钗正册的人物，都是出自豪门。黛玉、宝钗、元春、探春、湘云、熙凤哪个不是，难道唯独她就会出自寒门吗？这里也是暗示。可见贾府在婚姻上还是坚持门当户对的，黛玉的母亲嫁给林如海，林如海，如海如海，侯门深似海，自然也是门当户对的。

正方四辩：我方认为，贾府在婚姻问题上并非一味讲求门当户对，小说第二十九回，当张道士在贾母面前给宝玉提亲时，贾母说了这么一番话："你可如今打听着，不管她根基富贵，只要模样配的上就好"贾母的话表明，贾府在婚姻问题上，是比较开明的。秦可卿能嫁入贾府，也主要是模样儿好，性格好，"长得袅娜纤巧，性格风流，行事温柔和平"。

反方一辩：我们说，看一个人，不仅要看他怎么说，更要看他怎么做。贾府最后给宝玉订婚，还不是选择了有钱有势的薛宝钗，而且还是由贾母提议的。

正方四辩，那又为什么没有选择林黛玉呢？你不是说黛玉家也有权有势吗？

反方一辩：黛玉家是有钱，但宝钗家更有钱，何况宝钗模样儿不输黛玉，性格更是比黛玉好。但我们也不要因为贾母选择了宝钗，就断定黛玉家没权没势。

正方四辩：好，就按对方辩友说林如海出身高贵，家中有钱，也不能断定钱就进入了贾家。林黛玉只是一个女孩子，年纪又小，林如海会考虑从林家家族里找一个监护人和继承人来继承林家产业，财产不可能流入贾府。

反方一辩：你这个思路当然是对的，但凡都有例外。只要你认真读小说，就会得出这样的结论，林家财产流入了贾府。

正方四辩：我们怎么没看出来？

反方一辩：那是因为你们没认真读小说。我们认为，黛玉是林家唯一的财产继承人。小说中明明写到，林家没有什么亲属，林黛玉也无兄弟姐妹，林如海死后，林家的财产自然归黛玉所有。

正方二辩：林如海死后，林家的财产自当归黛玉所有，这只是你的猜测，像交接财产这样重要的大事，为什么曹雪芹在小说中没有只言片语，我们得出一个结论总要基于事实吧。

反方三辩：我不知道你看懂了没有，林家财产移交问题，小说还是有巧妙交代的。《红楼梦》故事展开后不久，林如海就死了，林如海的后事是由贾府派的贾琏去料理的。

正方一辩：林如海是贾府的姑爷，他去世，贾府派人去悼念，也在情理之中，不派人去，才不正常。况且黛玉也要回去奔丧，年纪小，也需要一个人护送。

反方三辩：你说的都没错，但关键是贾琏是贾府的外当家，与外界联系，贾府多半离不开他，但贾琏这回居然一去就是几个月，从头至尾都在那儿料理，为何？是为了接受临终嘱托。毫无疑问，林如海的巨额遗产就是经过贾琏的处理而流入了荣国府的。

正方四辩：照你所说，如果林家财产流入了贾府，那林黛玉就拥有巨额财产，我们知道，黛玉是贾敏的女儿，贾母的外孙女，贾母又非常疼爱她，那为何贾府在黛玉与宝钗之间，选择了薛宝钗与宝玉成婚，而放弃林黛玉呢？请对方辩友解释。

反方三辩：问得好，我们又回到前面这个问题了，薛宝钗家里是皇商，比黛玉家更有钱。这一点，前面我们已经做了解释，在这里，我还想再补充一点，古代讲究不肖有三，无后为大，婚姻是为了传宗接代，贾府选择宝钗，还因为宝钗比黛玉身体要好，贾府怕宝玉娶了黛玉后无子嗣。

正方一辩：宝钗身体也不是很好啊，她也长期吃药，要吃冷香丸。

反方三辩：反正比黛玉身体要好。另外，我还可以从更重要的方面回答你的提问。

正方一辩：请详细说来，我们愿意洗耳恭听。

反方三辩：小说中，写了元妃省亲这个事情是不是？

正方一辩：是的，元妃省亲，排场很大，很精彩。

反方三辩：元妃省亲，盖了一个大观园是不是？

正方一辩：是的。

反方三辩：这大观园盖得怎么样？

正方一辩：巧夺天工。

反方三辩：盖这园子，需不需要花钱？

正方一辩：需要花钱，要花很多钱。

反方三辩：钱从何来？

正方一辩：贾府有钱啊？

反方三辩：贾府这时有那么大一笔钱吗？从《红楼梦》第二回冷子兴演说荣国府可知，这时的贾府已经入不敷出了。"如今外面的架子虽未甚倒，内囊却也尽上来了"，显然，按目前贾府的经济实力，是没有这笔钱来盖大观园的。

正方一辩：我们不能静止看问题啊，这时的贾府困难，它后面的经济会有改善啊。

反方三辩：我们也是这么想的，关键是贾府经济一直就没有改善的迹象，坐吃山空。秦可卿临死前，给王熙凤托梦，"三春去后诸芳尽，各自需寻各自门"，就是看到贾府无可挽回的衰败而发出的警告。那此时要盖大观园，钱从何来？就是林家流入贾府的钱。

正方一辩：好的，就算你这个猜测正确，那动用林家的财产并不是一件小事，很显然，没有贾母的同意，谁敢动这笔钱？

反方三辩：是的，肯定要征得贾母同意。

正方一辩：可是，贾母最疼爱的子女是黛玉的母亲贾敏，贾敏死了，她把全部的爱转移到了黛玉身上，同时贾母实际上成了黛玉的监护人，她能同意挪用这笔财产去盖大观园吗？

反方三辩：可是，元妃省亲是贾家天大的事情，关系家族的最高利益。贾母虽然疼爱外孙女，但家族利益更须优先考虑，老太太是会明白孰轻孰重的。

主持人：好，双方自由辩论时间到，下面进入辩论最后阶段，总结陈词，首先有请反方四辩总结陈词。

反方四辩：我方认为，黛玉拥有财产，衣食住行实为自家所供。理由如下。

第一，从护官符看，四大家族都是权钱结合，婚姻讲究门当户对。贾母将女儿贾敏即林黛玉的母亲嫁给林如海，绝对会考虑门第的，林家不可能是无权无势的家族。

第二，从作者对林家的介绍看，林家也的确是有权有势之家。林如海之前是四代为侯，林如海本人是"前科的探花"，且又身居要职，这应该是个有权有势的人家。此外，林如海出任巡盐御史，这在当时的官场是个公认的肥缺，可见林家有钱。

第三，黛玉是林家唯一的财产继承人。林如海没有其他儿女，只有黛玉一人，林家又没有什么亲属，黛玉也没有兄弟姐妹，林如海死后，林家的财产自当归黛玉所有。因此，黛玉拥有财产，衣食住行实为自家所供。

主持人：好，刚才反方四辩进行了总结陈词，下面请正方四辩总结陈词。

正方四辩：主持人好！我方认为，黛玉在荣国府确实是孤苦伶仃、一无所有、寄人篱下的。理由如下。

一是林家在林如海之前确实是四代为侯，但这并不能保证林家传到第五代林如海时仍然非常有钱，孟子就曾说过："君子之泽，五世而斩。"《红楼梦》中贾母的娘家史家就是这样的实例，从小说中描写来看，林家此时也是不算有钱的了，否则，林如海是不会让自己的独女去寄人篱下的。

二是黛玉进入贾府，步步留心，时时在意，为什么会有这样的表现，因为无依无靠，一无所有，心中没底。

三是黛玉进入贾府后，多次流露自己孤苦无依的苦楚。

四是贾府为什么选择宝钗嫁给宝玉，就是因为宝钗家有钱，而黛玉却一无所有，无依无靠。

总之，黛玉在荣国府度日不易，"一年三百六十日，风刀霜剑严相逼"，结论是黛玉在荣国府确实是孤苦伶仃、一无所有、寄人篱下，衣食住行全由贾府供给。

主持人：此次辩论到此为止，下面请评委去裁决亮分。在结果出前，请我们老师对此次辩论赛做一个点评。

老师：这次辩论，非常成功，双方都论据充分，说明认真研读了《红楼梦》。尤其是在自由辩论阶段，双方唇枪舌剑，机智灵活。在辩论过程中，似乎反方更有锋芒，理由好像更充分。总结陈词阶段，似乎正方理由更充分。无论哪方赢了，我都认为，今天大家都是胜利者，因为你们通过这次辩论，对《红楼梦》有了更进一步的理解。其实，今天大家争论的话题，是很有价值的。早在清代，有一个叫涂瀛的人，在其著述的《红楼梦论赞》中，就提出了林家财产问题。（教师出示幻灯片）

或问："凤姐之死黛玉，似乎利之，则何也？"曰："不独凤姐利之，即老太太亦利之。何言乎利之也？林黛玉葬父来归，数百万家资尽归贾氏，凤姐领之。脱为贾氏妇，则凤姐应算还也；不为贾氏妇，而为他姓妇，则贾氏应算还也。而得不死之耶？然则黛玉之死，死于其才，亦死于其财也。"

或问："林黛玉数百万家资尽归贾氏，有明征与？"曰："有。当贾琏发急时，自恨何处再发二三百万银子财，一'再'字知之。夫再者，二之名也，不有一也，而何以再耶？"

或问："林黛玉聪明绝世，何以如许家资而乃一无所知也？"曰："此其所以为名贵也，此其所以为宝玉之知心也。若好歹将数百万家资横据胸中，便全身烟火气矣，尚得为黛玉哉！然使在宝钗，必有以处此。"

涂瀛也认为林家是有财产的，而且认为这个财产流入了贾家，并且指出了林家财产归贾家的依据。好了，今天这个问题，我们就探究到这里，下面，最激动人心的时刻到了，由主持人宣布结果。

主持人：下面我宣布反方获胜。

课型三：师生共享鉴赏课

师生共享鉴赏课，重在教师导，教师循循善诱，学生跃跃欲试。语文悬念教学法理念下的整本书导读，不是教师讲、学生听的单向传播过程，而是教师巧设悬念，引导学生思维，师生彼此交流阅读体验的过程，下面展示几个师生共享鉴赏课的实录。

附：

《红楼梦》第一回鉴赏课课堂实录

师：同学们，上一周，我们要求大家细读《红楼梦》第一回，并要大家做好《红楼梦》第一回阅读单。（教师出示第一回阅读单的幻灯片）

《红楼梦》 阅读单 第一回 学号____ 姓名_____

一、用整洁规范的字体抄写这一回中你最喜欢的诗词名句。（20分）

二、内容概括（300字左右）（40分）

_____

_____

三、填空题：《红楼梦》构思之巧，无处不在，即使是人名或物名，也会采用谐音表达出丰富的含义。请写出对应的谐音。（10分）

（1）甄士隐_____　　（2）贾雨村_____

四、简答题（30分）

1.《红楼梦》还有另外几个名字，请指出来。_____

2. 绛株仙草和神瑛侍者下凡后的真身是谁？_____

师（指着幻灯片）：同学们做完了吗？

生：完成了。

师：好，那我们来看第一题，抄写《红楼梦》第一回你最喜欢的诗词名句。下面，请同学们说一说，你到底抄写了哪一句，你为什么喜欢这一句。

（学生跃跃欲试，纷纷举手回答）

生1：我抄写了"满纸荒唐言，一把辛酸泪！都云作者痴，谁解其中味"这首诗。

师：你为什么喜欢这首诗？

生1：我对诗中的"痴"十分感兴趣。这里的"痴"不是"痴呆"的"痴"，而是一种执着，是曹雪芹对艺术的一种执着，也是对情的一种执着。

师：解读不错，字字看来皆是血，十年辛苦不寻常。曹雪芹花了十年时间写成《红楼梦》，其间增删五次，确实对艺术有一种"痴"。其实，生活中要有所成就，也要有曹雪芹的这种"痴"。

生1：谁解其中味？其实是说这部小说每个人都有自己的读法，数百年来，《红楼梦》有那么多人研究它、评论它，但是，一千个读者就有一千部《红楼梦》。

师：说得真好，还化用了"一千个读者就有一千个哈姆雷特"。《红楼梦》就像一个谜，不同的人能读出不同的《红楼梦》。就是同一个人，在不同的时期、不同的心境下，也能读出不同的人生感悟来。

生2：我抄写了"假作真时真亦假，无为有处有还无"。

师：为什么抄这句？

生2：这句话很有哲理。世人认为的"真"并不一定是真正的真，世人认为的"假"并不一定是真正的假，不要迷失在常人之中，忘了自己真正的家，"反认他乡是故乡"。而且这副对联回应了标题"甄士隐""贾雨村"，红楼梦就是将真事隐去，用假语村言。

师：是的，《红楼梦》中，还有一个甄宝玉，一个贾宝玉，是两个人物，但其实是一体两面，是一个人的两面。正如蒋勋教授所说，我们每一个人，其实生命里可能都有两个"我"，一个是在人世间跟大家做朋友，去读书、考试、做官的"我"，一个是永远藏在自己内心真正的我。

生3：我抄写了"玉在椟中求善价，钗于奁内待时飞"这两句。

师：为何选抄这两句？

生3：这两句话中镶嵌了贾雨村的名字，"价"，谐音"贾"，"时飞"，贾雨村的字是"时飞"；更妙的是贾雨村借这两句话抒发了自己怀才不遇、等待腾飞的心境；当然，生活中的我们，其实也要有一种雄心壮志。

师：很好，既说出了这两句话的艺术手法，又指出了其内涵。的确，这两句话表现了贾雨村的野心。还有谁来说说？

生4：我抄写了《好了歌》。

师：你把《好了歌》读一下。读完后，大家评一评，看他读得怎样？

生4：（非常投入地读起来）

> 世人都晓神仙好，惟有功名忘不了！
> 古今将相在何方？荒冢一堆草没了。
> 世人都晓神仙好，只有金银忘不了！
> 终朝只恨聚无多，及到多时眼闭了。
> 世人都晓神仙好，只有娇妻忘不了！
> 君生日日说恩情，君死又随人去了。
> 世人都晓神仙好，只有儿孙忘不了！
> 痴心父母古来多，孝顺儿孙谁见了？

师：谁来评一下，他读得怎样？

生5：总的来说，读得不错。但节奏还是快了些，语调还可以再低沉一些。因为这是一首挽歌，我认为，每句话的后面三字要拖长。神——仙——好——，忘——不——了。这样就读出了一种幻灭感。

师：评价不错。我们全体同学按刚才这位同学说的读法齐读一遍，读到每句后面三字把脑袋摇起来，好不好？

（学生觉得这个创意悬念设置十分有兴趣，全体学生摇头晃脑地读起来。）

师：同学们读出了《好了歌》的味道。（教师指着生4）下面，请你说说《好了歌》的味道，好不好？

生4：这首《好了歌》，意思是说，每个人都想做神仙，希望活得很快乐幸福，可是忘不了功名，忘不了金钱，忘不了妻儿，整天劳碌、奔忙。可是，最终不免一死，都得放下。

师：《好了歌》告诉我们，人世间的东西，权力也好，财富也好，爱情也好，亲情也好，到头来，都是一场空。《好了歌》充满空虚感、悲凉感、幻灭感，这种空虚感、悲凉感和幻灭感，是非常感人、刺人和伤人的，它预告了整个封建社会末日的即将来临。好，阅读单第一题我们分享到这里，接下来，我们看阅读单第二题：概括第一回内容。在讲这个题目之前，我先让同学们用自己的语言复述一下第一回的内容，看谁复述得生动有细节，好不好？

（这个悬念设计，意在考查学生阅读文本是否深入细致，学生积极响应，纷纷上台复述《红楼梦》第一回内容，学生讲得绘声绘色。）

师：刚才，同学们复述了《红楼梦》第一回的内容，下面，我让同学用最简略的语言，概述一下第一回的内容，看谁概括准确？

生6：这一回主要讲了宝玉和黛玉的来历。女娲炼五彩石补天，有一块石头弃之不用，这块通了灵气却无运补天的石头，经过两位仙人点化变成一块大如雀卵且镌刻有文字的玉坠，随神瑛侍者下凡，就是贾宝玉降生时候口里含的那块宝玉。神瑛侍者在天上时，曾精心浇灌绛珠仙草，绛珠仙草听说神瑛侍者下凡，于是她也要下凡，每日以泪水还他，报神瑛侍者的浇灌之恩，就是后来整天哭哭啼啼的林黛玉。

师：他概括得怎么样？

生7：还算简洁，但不够全面。

师：少了什么内容？

生7：这一回的标题叫"甄士隐梦幻识通灵　贾雨村风尘怀闺秀"，概括应该还要涉及这两个人物。

师：你来概括一下，可以吗？

生7：这一回主要讲了三件事，一是贾宝玉和林黛玉的来历，木石前盟，神瑛侍者、绛珠仙草下凡；二是甄士隐女儿英莲丢失，士隐解"好了歌"出家；三是甄士隐与贾雨村结识，资助贾雨村中举而做官。

师：不错，概括得非常全面而简洁。我们通过详细复述、简要概括这个环节，熟悉了《红楼梦》第一回的内容，锻炼了我们梳理文本、筛选信息、概括信息的能力，这是思维发展与提升的训练。下面，我们来看第三题，这一题是从文学角度考查作品的谐音双关艺术。双关是汉语中有着悠久历史传统的修辞方式，这种"明修栈道，暗度陈仓"的修辞方式，可以使语言幽默风趣、生动活泼、含蓄有力、意味深长。在中国文学史上很少有一部小说像《红楼梦》一样，运用了如此大量的双关修辞手法，而且运用得那样娴熟，那样新颖别致，那样恰到好处。其中谐音双关是《红楼梦》运用得最多的辞格。阅读单第三题就是考查谐音双关的。（教师出示幻灯片）

《红楼梦》构思之巧，无处不在，即使是人名或物名，也会采用谐音表达出丰富的含义。请写出对应的谐音。（10分）

（1）甄士隐_____　　（2）贾雨村_____

师（教师指着幻灯片）：谁来说说这个问题？

（有十多个学生举手，教师指其中一男生回答。）

生8：甄士隐谐真事隐，贾雨村谐假语存，意思是将真实隐去，用假语村言。

师：回答正确。这是作者的一种写作技巧，一种障眼法，在历史的真实与小说的虚构之间，寻求一种平衡。

生8：作者为什么要将真事隐去，用假语村言呢？

师：问得好。清代是有文字狱的，文人在文字中略露不满，或皇帝怀疑文字中有毁谤朝廷的内容，就会抓去坐牢，常常株连很多人。鉴于此，作者有意将真事隐去，将假语存留，也就不足为奇了。好，除了这两处谐音之外，《红楼梦》中还有大量谐音。你们已在假期通读了《红楼梦》，对书中的谐音双关应该有所了解了。下面，我们对书中谐音双关手法来一个发现比赛，看哪一组的人发现最多？

生9：贾政，谐"假正"，是说贾政过于迂腐，假正经。贾赦谐"假设"，是说他在贾府是个摆设，不被贾母看好。

生10：贾琏谐"假廉""假脸"，是讽刺他是个不知廉耻的荒淫之徒。

师：很好，说明你们这段时间还是看了《红楼梦》的一些研究书籍，这些都是人名的谐音。

生11：老师，我读了《红楼梦》，发现地名也有谐音。

师：哦，说说看？

生11：潇湘馆谐音"消香馆"，大观园中黛玉住处，黛玉有潇湘妃子的美称。

师：黛玉还有"红消香断有谁怜"的诗句，暗含黛玉在潇湘馆泪尽而亡的悲剧结局。

生11：蘅芜苑谐音"恨无缘"，薛宝钗住的地方，是说宝玉与宝钗没有爱情的缘分。

师：这也是一种说法，当然，蘅芜也是一种香草，暗喻宝钗遍体生香之意。宝钗吃的药叫什么？

生11："冷香丸。"

师：暗喻宝钗是一个冷美人。

生12：元春、迎春、探春、惜春四姐妹：谐音"原应叹息"，叹息她们短暂的青春年华。

师：同时也暗含贾府由盛转衰的命运。其实贾王薛史也是谐音"家亡血史"，暗示小说情节，揭示封建家族最终走向灭亡的命运。（教师出示幻灯片）

清人张新之谈及《红楼梦》人物姓名字号时评价道："是书名姓，无大无小，无巨无细，皆有寓言。甄士隐、贾雨村自揭出矣，其余令读者自得之。有正用，有反用，有庄言，有戏言，有照应全部，有隐括本回，有即此一事，而信手拈来。从无有随口杂凑者。可谓妙手灵心，指挥如意。"张新之的这段话道出了谐音双关手法在《红楼梦》中的普遍运用及艺术效果。好，《红楼梦》的谐音艺术我们暂且探究到这里。下面看第四题，这一题目是从文化的角度探究《红楼梦》主题的丰富性及神话传说。（教师出示幻灯片）

四、简答题（30分）

1.《红楼梦》还有另外几个名字，请指出来。

2. 绛珠仙草和神瑛侍者下凡后的真身是谁？

（教师指着幻灯）先看第一题，谁来说说《红楼梦》的另外几个名字。

生13：《红楼梦》还叫《石头记》。

师：为什么又叫《石头记》呢？

生13：从通灵宝玉的来历取名为《石头记》。

师：你能说详细一点吗？

生13：《红楼梦》是从女娲补天开始的。女娲为了补天，炼了36501块石头，补天时，用了36500块，剩下一块石头没用，丢在大荒山无稽崖青梗峰下，那石头已通灵性，为自己无才补天非常惭愧感伤。后来有两位仙师经过此地谈论红尘富贵，石头动了凡心，央求两人带他去人间经历。两仙师答应了它，把它化为一块美玉，随神瑛侍者投胎贾府变成贾宝玉。来到凡间，恋爱也恋了，吃喝玩乐也享受了，悲欢离合也经历了，绕了一圈，最后又回到青梗峰下，并在石头上记录了这一番经历，因此又叫《石头记》。

师：这块石头从大荒山无稽崖而来，最后又回到大荒山无稽崖去。你曾阔气，花钱如流水，你曾吃喝玩乐，眠花醉柳，悲欢离合都经历过了，最后什么都没有，还是一块石头，从哪里来到哪里去。这是一个轮回，这是一种悲哀。你看《红楼梦》看得很仔细，对《石头记》书名的来历理解得不错。还有其他名字吗？

生13：《情僧录》。

师：为什么又叫《情僧录》呢？

生13：因为贾宝玉这个多情人最后做了和尚。

师：贾宝玉最后出家了，开篇空空道人说"因空见色，由色生情，传情入色，自色入空"，遂易名为《情僧录》。而空空道人后来易名情僧，所以《情僧录》指宝玉这个多情人做了和尚。《红楼梦》还有其他名字吗？

生13：还有《风月宝鉴》《金陵十二钗》《金玉缘》等。

师：看来你还懂得不少啊。但这些名字中，《红楼梦》最好。脂砚斋认为，"红楼梦"是"总其全部之名"。"红楼梦"意思是说，整部小说写的就是红楼一梦。（教师出示幻灯片）

一部大书起是梦，宝玉情是梦，贾瑞淫又是梦，秦之家计长策又是梦，今作诗也是梦，一并'风月鉴'亦从梦中所有，故"红楼梦"也。

的确，从故事情节来看，起于梦，结于梦，中间写了不少梦。它是贯穿全书，揭示主题的重要情节。再看最后一道题。（教师出示幻灯片）

2. 绛珠仙草和神瑛侍者下凡后的真身是谁?

生14:林黛玉和贾宝玉。

师:你为什么得出这个结论?

生14:小说中有这么一段:西方灵河岸上三生石畔,有绛珠草一株,时有赤瑕宫神瑛侍者,日以甘露灌溉,这绛珠草始得久延岁月。后来,神瑛侍者想下凡到尘世经历一番荣华富贵,于是,他投胎到贾家,出生时,口里衔着一块美玉,于是取名为贾宝玉。听说神瑛侍者下凡,那绛珠仙草为了报恩,于是修成一个女体,也下凡到了尘世,她就是林黛玉。那绛珠仙子下凡之时,曾说:"他是甘露之惠,我并无此水可还。他既下世为人,我也去下世为人,但把我一生所有的眼泪还他。"因此,林黛玉一生最爱流泪,最爱哭。

师:贾宝玉和林黛玉在天上就有缘啊。这真是一个美丽的神话。这节课,我们就导读到这里。

《红楼梦》人名谐音艺术

(引自百度文库)

《红楼梦》中人物众多,关系复杂。曹雪芹对于这些人物塑造倾注了大量心血,就连起名也颇费了一番心思。

甄士隐,贾雨村:真事隐,假语存(假语村言)。

贾宝玉:"假宝玉",具有反叛精神的"真顽石"。

林黛玉:林黛玉之姓林,隐喻之意甚多。其一,黛玉前身为绛珠仙草,草为木质也;其二,其有"林下之风",以才女目之,又谓其"月明林下",以美人属之尊之;其三,林遇雪(薛)则无欣欣向荣之兆,而有萧萧枯萎之忧,命运之象征。

薛宝钗:薛谐雪,雪有阴冷之象,故宝钗有冷美人之称,其对林(黛玉)有侵袭之虞;而且,雪易消融,宝钗易分,最终命运是"金钗雪里埋"。

妙玉:"庙"中之玉,表明了她的身份,原是出家人。

史湘云:水涸湘江,云散高唐。

(黛玉和宝玉同为"玉",都是"石头",其"材质"相同决定了他们有相同的思想和认识,故她和宝玉能做到心灵相通。但因为贾宝玉是"石头",林黛玉这个"林"终究是不能在石头中扎下根的,这也就预示了二人婚姻的不能成功。薛宝钗是"雪"，"雪"的性质决定了她的特质是"冷"，"雪"可以包裹"石头"、覆盖"石头"，但最终是不能给"石头"任何影响的，它既不能改变"石头"，也不能影响"石头"。也就是说，"雪"是可以和石头结合的，但这种结合绝不会长久，天晴了，太阳一出来雪就化了。史湘云就不同了，史湘云是"云"，"云"虽然也不能走进贾宝玉这块"石头"的心里，但"云"是可以陪伴在"石头"的身边的。所谓：青山相看，白云相伴。她还是可以陪伴贾宝玉的，但和贾宝玉是不能结婚的。）

元春、迎春、探春、惜春："原应叹息"，叹息她们短暂的青春年华；也有人认为是"原因探析"，探析封建社会衰败、灭亡的原因。元春得春气之先，占尽春光，故有椒房之贵，但春光（盛景）易逝（早亡），春光即逝，则秋冬（衰败）不远也。既有个人命运的预示，又有家族败落之暗喻；迎春是当春花木，迎其气则开，过其时则谢，其性类木，故又谓其"二木头"；探春是有春则赏，无春则探，不肯虚掷春光，故其为人果敢有为；惜春谓辜负春光，青灯古佛伴其一生。

王熙凤：凤为雄性神鸟，喻意凤姐像个才干卓越、犀利锋快的男人；也谐音"枉是凤"，虽然才干出众，但免不了香消玉殒。

李纨：纨，有纨扇之喻，少寡如秋扇之见捐，但有令德，故能奉扬仁风，其最终应了"春风桃李结子完"的结局。

花袭人：花的姿色俱佳且香气迷人，却在背后给你温柔的一刀；也喻示了袭人是"戏"子（蒋玉函）的"人"。

秦可卿：亲可情，滥情。秦可卿一家的名字都是为了说明"情的罪孽"；太虚幻境判词、红楼梦曲规定她因淫自杀；焦大骂出她与贾珍、贾蔷乱伦；她卧室的香艳描写，暗示她是风月人物。作者在现实中选择了秦可卿这个因风月之事败露而死亡的人，作为"情"的象征，让她在贾宝玉梦中"幻"为"情身"，还让那个也叫"可卿"的仙姬与钗、黛的形象混为一体，最后与贾宝玉一起堕入"迷津"，暗示这是后来情节发展的影子，以自圆其"宿孽因情"之说。

晴雯：晴天的云霞，只是"彩云易散"；也有说就是"情文"。晴雯是与林黛玉相关的人物，薛（雪）侵林而有晴雯照于林间，有和煦之景，晴雯死而林无生气，不久即亡。

贾政：假正，迂腐，假正经，满嘴仁义道德的伪君子。

贾赦：假设，是说他在贾府是个摆设，不被贾母看好。

贾蓉：蓉者，"容"也，"容"到了其妻与其父通奸的地步。

贾瑞，字天祥：瑞者，天欲赐福之喜兆也，但是前面加了个"贾（假）"字，意思就全反了，所以书中贾瑞是第一个死了的人，可见这是个假的喜兆。蔡元培认为贾瑞就是"假文天祥"，因为贾瑞正好字天祥，而文天祥刚好字宋瑞，所以蔡元培认为这个人物是用来讥讽那些投降清朝的明朝人，暗指他们没骨气。

贾琏：假廉，假脸，是个不知廉耻的荒淫之徒。

贾敬：假静，他好静搬到郊外居住，作者讽刺他是假喜清静。

贾蔷：比起那些只知道吃喝玩乐的贾家子弟，贾蔷稍微"强"点。

薛蟠：薛蟠字"文龙"，"蟠龙"是传说中八龙里最为凶恶的一个。

娇杏：侥幸，因回头多看雨村两眼后来成为雨村正室，何等侥幸，正是"偶因一回顾，便为人上人"。

冷子兴：强调一个"冷"字，书中把此人安排为"冷眼人"，不仅借他之口"演说荣国府"，使读者对后边展开的情节有思想准备，而且很早就看出了豪门的破败之相，可见冷子兴的"冷眼"够厉害的。

四春的丫鬟（抱琴、司棋、侍书、入画）：寓"琴棋书画"四艺，同时也暗喻她们主人的特点、爱好和艺术修养。

四大郡王（东平王、南安王、西宁王、北静王）：比喻"东南西北，平安宁静"，是作者有意为当朝者粉饰太平、歌功颂德的一个假语。

秦钟：情种，与能儿偷情害死其父，也害死了自己。

鸳鸯：一个反喻的名字，鸳鸯鸟本来是成双成对的，是爱情的吉祥物，但是"鸳鸯女"却不能拥有自己的爱情，被贾赦逼死。

贾环："贾环"即"坏"。

紫鹃：杜鹃既是名花，又是善解人意的"亲人鸟"。第七十四回中黛玉写了一首《桃花行》，最后二句"一声杜宇春归尽，寂寞帘栊空月痕"，更加突现了紫鹃名字的隐喻之意，由杜宇哀鸣来体现自己最后的归宿，同时表达自己的落寞愁苦和执着坚贞。

雪雁："雪雁"者"厌薛"也。

孙绍祖：孙臊祖，给祖先丢人。本是靠贾府的势力腾达的，却恩将仇报，害死迎春。

夏金桂：下金龟，此名足见曹雪芹对这只河东狮的鄙视。

平儿：瓶儿，摆设。

戴权："大"也读dài，"戴权"即"大权"，专管买官卖官。

焦大：骄傲自大，倚仗自己救过太爷的命，在新主子面前就骄傲自大，不服管束。

甄英莲：真应怜，本生在官宦人家，却从小被拐卖，又被金桂害死，一生命运实在坎坷，让人可怜。

霍启：祸起，甄士隐的家仆，是他将小香菱走丢，彻底改变了香菱一生的命运。

封肃：又疯又俗，此人是甄士隐的岳丈，为人奸险小气，贪慕权贵。

冯渊：逢冤，因为英莲，被薛蟠活活打死，其冤深似海。

詹光、来升、吴新登、程日兴、单聘人：贾府门下的一帮酸腐清客和管事，分别谐音"沾光""来升（官）""无星戥""乘日兴""善骗人"。

《红楼梦》第二回鉴赏课课堂实录

（《红楼梦》第二回阅读提示：这一回的回目是"贾夫人仙逝扬州城　冷子兴演说荣国府"。本回一开始，就是一首诗：一局输赢料不真，香消茶尽尚逡巡。欲知目下兴衰兆，须问旁观冷眼人。冷子兴，就是旁观冷眼人，他冷眼看人世间的兴亡。冷子兴是做古董生意的，这样的生意人，一般会跟有钱人打交道。收藏古董的人，一般都很有钱；那些卖古董的人，多半曾经是有钱人家，因衰落而卖古董。因此，像冷子兴这样的人才会知道这个时代里面哪些人发达了，哪些人衰落了。"欲知目下兴衰兆，须问旁观冷眼人。"）

师：同学们，上一周，我要求同学们细读《红楼梦》第二回，并要大家做好《红楼梦》第二回阅读单。（教师出示第二回阅读单幻灯片）

《红楼梦》　阅读单　第二回　学号____　姓名_____

一、用整洁规范的字体抄写这一回中你最喜欢的诗词名句。（20分）

二、内容概括（300字左右）（40分）

_____

_____

三、请用思维导图画出贾府人物关系图。（20分）

四、简答题（20分）

1. 贾宝玉为何取名为贾宝玉？请联系第一回简要叙述其缘由。

2. 这一回"冷子兴演说荣国府"提到了贾宝玉抓周，为《红楼梦》这个主要人物情节的推进定下了基调。请简要叙述抓周一事。

师（指着幻灯片）：同学们完成任务了吗？

生：完成了。

师：好，那我们来看第一题：抄写《红楼梦》第一回你最喜欢的诗词名句。曹雪芹是一代文学大家，同时也是一位语言艺术大师。《红楼梦》是我国文学史上璀璨的明珠，也是语言艺术宝库里难得的瑰宝。《红楼梦》中有大量的诗词名句，可供我们积累运用。下面，请同学们说一说，在第二回中，你到底抄写了哪些诗词名句，你为什么喜欢这一句？（学生跃跃欲试，纷纷举手回答）

生1：我抄写了"身后有余忘缩手，眼前无路想回头"这副对联。

师：这副对联是贴在哪儿的呢？

生1：智通寺，是一个寺庙。

师：书中人物谁看到了这副对联？

生1：贾雨村。

师：此时的贾雨村有着怎样的遭际？

生1：贾雨村中举升官，接着就因贪赃徇私被革职，在林如海家给林黛玉做老师。一日外出郊游，看见一座破庙，名叫"智通寺"，贾雨村就是在"智通寺"看到了这副对联。

师：我把贾雨村看到这副对联的一段描写摘录出来了。（教师出示幻灯片）

看看又是一载有余，不料女学生之母贾氏夫人一病而亡。女学生侍奉汤药，守丧尽礼，过于哀痛，素本怯弱，因此旧病复发，有好些时不曾上学。雨村闲居无聊，每当风日晴和，饭后便出来闲步。这一日，偶至郊外，意欲赏鉴那村野风光。信步至一山环水漩茂林修竹之处，隐隐有座庙宇，门巷倾颓，墙垣剥落，有额题曰"智通寺"。门旁又有一副旧破的对联云："身后有余忘缩手，眼前无路想回头"。雨村看了，因想道："这两句，文虽甚浅，其意则深。也曾游过些名山大刹，倒不曾见过这话头。其中想必有个翻过筋斗来的也未可知，何不进去一访？"走入看时，只有一个龙钟老僧在那里煮粥。雨村见了，却不在意，及至问他两句话，那老僧既聋且昏，又齿落舌钝，所答非所问。

雨村不耐烦，仍退出来，意欲到那村肆中沽饮三杯，以助野趣，于是移步行来。

师（指着幻灯）：你把这段话读给大家听听？

（生1读。）

师：谈谈你对"身后有余忘缩手，眼前无路想回头"这副对联的理解，好吗？

生1：大概是要人不要太过贪婪，回头是岸，知足常乐吧。

师：贾雨村看懂了这副对联没有？

生1：只知字面意思，没有真正读懂，小说写贾雨村不耐烦地出去了。

师：是的，这个细节，你倒是真正看懂了。凡是《红楼梦》里出现庙宇的时候，其实都有一些点化人的意思。此时的贾雨村尽管在仕途上受挫，但他还是一心想着做官，根本看不懂。所以他眼中看到的只是一个脏兮兮的、懵懂的、既聋且昏的、答非所问的老和尚。他很失望。

生2：老师，我有一个疑问，《红楼梦》中有好几个地方，写那些点化世人的人不是癞头和尚，就是跛足道人，或是既聋且昏的脏兮兮的人，为什么？

师：你很爱动脑筋。你这个问题挺有意思。确实，《红楼梦》中点化别人的人，总是有些身体残缺，其实，八仙里面也有一个瘸子，他就是——

生：铁拐李。

师：民间一直相信，真正点醒你的人其实其貌不扬，朴素得很，绝对不是你想象的光鲜亮丽高颜值。大家看过金庸的武侠小说《天龙八部》没有？

生：看过，看过电视连续剧。

师：还记不记得少林寺里那个扫地僧？

生3：记得，武功非常高强，秒杀并点拨了慕容博和萧远山这两个武林顶尖高手。

师：是的，扫地僧是第一高手，武功已达到炉火纯青的境界。但他身穿青袍，形容枯瘦，其貌不扬，只在少林寺默默地拿着一把扫帚扫地。其实《红楼梦》里的这个既聋且昏的老僧想必也是悟出禅机之人，聋且昏难道不是两耳不闻、四大皆空吗？齿落舌钝难道不是不说不问两相忘吗？答非所问，可能老僧说的恰恰都是一些高深的偈语，此时一心求官的贾雨村根本听不懂或者没有领悟。曹雪芹把这些高人写得脏兮兮又四肢不全，也是受了庄子的影响。庄子笔下那些讲道和悟道的高人往往也是五官四肢不全的怪人。他们的残缺代表人世的沧桑、人间的苦难，他们早已看透人生、领悟人生。好，刚才同学抄的是"身后有余忘缩手，眼前无路想回头"这副对联。谁还来说说？

生3：我抄的是"百足之虫死而不僵"这句。

师：这句话，在小说中是谁说的？

生3：冷子兴。

师：那冷子兴在这里说这句话的意思是什么呢？

生3：比喻贾府这种大家族虽在败落，可外面看不出来。

师：是的，这里是讲贾府经历了第三代、第四代，已经有点撑不住了，但它外表上还必须维持一个体面的样子。一般人看不出来，可是倒卖古董的冷子兴，就知道这个家族已经不行了。你们看《红楼梦》后面就会知道，贾府处于衰落之中，但还要硬撑着摆门面，不管是丧事，还是婚宴，还是生日，都要摆出很大的排场，花费也比一般人更多。儿孙更是一代不如一代，加速了贾府的衰落。以上我们对《红楼梦》第二回的语言进行了赏析。曹雪芹是一代语言大师，《红楼梦》是民族语言的一座丰富的宝库，我们需要反复学习。由于时间关系，我们对《红楼梦》的语言就赏析到这里。接下来，我们来看第二题，内容概括。我们先请一位同学用一句话概括一下第二回的内容，看哪个同学能做到？

（面对这个挑战性的悬念设置，学生跃跃欲试，纷纷响应。）

生4：冷子兴演说荣国府。

生5：冷子兴评贾府人物。

生6：冷子兴和贾雨村谈论贾府危机及原因。

师：三位同学概括简练，你们说，哪个概括最好。

生7：我认为第三位同学概括得最好。第一个，太笼统；第二个，概括不全面；第三个，既有人物，同时确实是谈了贾府危机，导致危机的是一代不如一代。

师：我也同意你的看法。下面，请你对第二回的内容再稍稍说详细一点，把人物、事件、情节都概括进去，不要超过100字。

生7：士隐丫头娇杏被雨村看中。雨村发迹后先娶娇杏为二房，不久扶正；雨村因贪酷被革职，后到巡盐御史林如海家做家庭教师。有一次外出郊游，贾雨村遇到冷子兴，冷子兴和贾雨村谈论贾府危机，谈论邪正二气及大仁大恶之人。

师：概括比较全面，梳理也很有条理，说明你认真看了《红楼梦》。下面，我们来看第三题：请用思维导图画出贾府人物关系图，梳理贾府人物相互之间的关系。

（学生认真阅读文本，时而相互讨论，时而在作业本上写写画画，几分钟后，教师要学生出示贾府人物关系思维导图，并进行解说，在学生充分解说后，教师出示自己的思维导图。）

师：下面我来展示一下贾府人物关系思维导图。

贾府主要人物关系表

（在思维导图的基础上，教师进一步补充。）

师：中国人取名字是很讲究的，贾府也如此。贾府每一代人的名字还是有特点或有规律可循的。下面，请同学们对着思维导图讨论一下，看贾府人取名字有什么特点或规律？

（学生热烈响应教师的提议，在下面展开讨论，不一会儿，有学生举手回答问题。）

生8：男性名字的偏旁有相同的地方。

师：你这个发现有意思，举例说说看。

生8：例如宁国公这一代，是"水"字辈，故贾演的"演"和贾源的"源"都带"水"字，贾母这一代，他们的男性都是代字辈——贾代化、贾代善。

师：你这个发现很准，你只要看他的名字就知道他是哪一辈，从水字辈到代字辈到文字辈，到玉字辈，再到草字辈，古代人取名，代与代之间，是有排行的。从排行可以看出辈分，区分长幼。不错，你看出了贾府取名的第一个特点。同学们还有发现吗？

生9：第一代、第三代、第四代、第五代的男性，除贾宝玉外，都是两个字。

师：不错，两个字的居多，这也是个大发现。

生9：老师，我就不明白，贾宝玉这一代的男性都是两个字，为什么贾宝玉不取两个字呢？

师：你这个问题问得挺有意思的。我想，第四代，男性都是两个字，而女性都是三个字：贾元春、贾迎春、贾探春、贾惜春，贾宝玉也是三个字，宝玉有一句名言，男人是泥做的骨肉，浊臭逼人，女儿是水做的骨肉，极为清净。我想，曹雪芹把宝玉取名三个字，是把宝玉区别于他们这一代的男性，书中的宝玉也确实是一个女性化的男人，宝玉也是大观园女性世界的唯一的男性公民。另外，贾宝玉这一代，其他男性尽管都带"玉"，但"玉"的内涵和特质都不够纯粹完整，贾珍、贾琏等名字中的"玉"所占的比例大为降低，只剩下偏旁的边缘位置，因此，这些人都是卑鄙下流的纨绔子弟。而贾宝玉，"玉"字在他的名中得到了完整的呈现，因此，他与贾珍之流相比，要脱俗优雅得多。

生10：受老师讲解的启发，我感觉他们取名也有寓意。第一代贾演、贾源是"水"字辈，为贾家开基创业，是告诉子孙后代要饮水思源。第二代是"代"字辈，是不是有代代相传之意呢？

师：嗯，那第三代是文字辈，又有什么寓意呢？

生10：可能是希望子子孙孙有文化吧。

师：你这个发现挺有价值。命名是一种社会动员，名字隐含着文化信息和社会观念。确实，中国人取名，往往包含父母长辈对下一代的殷殷关切之情和美好祝福。同学们对《红楼梦》文本的探究，还是挺有深度的。说到取名，就又涉及第四大题中的第一小题：贾宝玉为何取名为贾宝玉？请结合第二回并联系第一回简要叙述其缘由。谁来说？

生11：贾宝玉之所以取名为贾宝玉，是因为他出生的时候嘴里衔着一块玉。

师：你把有关这事的内容读一下。

（生11读：这政老爹的夫人王氏，头胎生的公子，名唤贾珠，十四岁进学，不到二十岁就娶了妻生了子，后病死了。第二胎生了一位小姐，生在大年初一，这就奇了；不想后来又生一位公子，说来更奇，一落胎胞，嘴里便衔下一块五彩晶莹的玉来，上面还有许多字迹，就取名叫作宝玉。你道是新奇异事不是？）

师：那你知道这块五彩晶莹的玉的来历吗？

生11：就是第一回提到的女娲补天剩下的一块顽石，因无才补天而随神瑛侍者入世，幻化为贾宝玉落胎时口衔的美玉。

师：对了，作者为了塑造贾宝玉这一独特的人物，动用了"女娲补天""神瑛侍者""通灵宝玉""衔玉而生"这些超现实的素材与观念，宝玉从石头下凡、游历人间仙境到悟道出家，最终形成"神界—俗界—神界"的三阶段模式，由石头幻人最终又回归石头，回归自然。以上一题，我们从文学角度初步认识了贾宝玉这个人物形象的特点。下面，我们再来看第四题的第二小题，"冷子兴演说荣国府"提到了贾宝玉的抓周，为《红楼梦》的这个主要人物情节的推进定下了基调。请简要叙述抓周一事。谁来叙述？

生12：贾宝玉一出世，嘴里就衔着一块五彩晶莹的玉，大家都觉得这孩子来历不小，便起名叫"宝玉"。一年后抓周时，贾政摆上各种东西让宝玉抓，可是他什么都不取，只抓脂粉钗环。贾政大怒，说将来"定是个酒色之徒"。

师：叙述得很准确简练。同学们，抓周，是中国传统风俗，它是小孩周岁时举行的一种预测前途和性情的仪式，是第一个生日纪念日的庆祝方式。具体做法是将各种物品如弓、矢、笔、墨、纸、砚、书籍、印章、算盘、钱币、账册、首饰、花朵、胭脂、炊具、吃食等摆放在小孩面前，不做任何诱导暗示，任小孩挑选，看小孩先抓什么东西，后抓什么东西，以此来预测小孩的志趣、前途和将要从事的职业。如小孩先抓了印章，则意味着以后会当官；如先抓了文具，则意味着以后好学甚至考状元。大家知道钱钟书这个人吗？

生：知道，我们在高一时还读过他写的《围城》呢！

师：那你们知道他这个名字的来历吗？

生13：我们以前不知道，现在，我能猜到了，估计是钱钟书周岁时，按照当地的风俗"抓周"抓了一本书。

师：猜得不错，钟书钟书，就是对书一见钟情啊！

生13：老师，那么我们如何看待宝玉抓周钟情于脂粉钗环这个事呢？

师：确实，宝玉一生果然钟情于女儿，专在女儿身上下功夫，但与贾珍、贾琏不同，他并非酒色之徒。宝玉对女儿的用情，分三个层次：肌肤之情爱，如与袭人初试云雨；精神之情爱，如梦游太虚幻境；审美之情爱，宝黛之情超越一般男女，是心灵的契合，是神魂的交融，是一段仙缘，是一则爱情神话。宝玉对女儿的用情更多的是精神之情爱与审美之情爱，更多的是意淫。因此，警幻仙姑称宝玉是天下第一淫人。好了，《红楼梦》第二回我们就导读到这里，还有什么问题，随时欢迎大家问老师。

《红楼梦》第三回师生共享鉴赏课课堂实录

（第三回阅读提示：《红楼梦》第三回目录是"托内兄如海酬训教，接外孙贾母惜孤女"。这一回讲到比较重要的几个人物和事件。一是林黛玉进贾府，作者通过黛玉的视角介绍贾府的环境；二是宝玉黛玉初会，小说中的主要人物纷纷登场亮相。

《红楼梦》真正故事的开始是林黛玉来到了贾府——用越剧唱词，就是"天上掉下个林妹妹"。作者借林黛玉的眼睛来为读者展示贾府这个典型环境是很有匠心的，一来黛玉不是府中之人，一眼就能看到不同之处；二来林黛玉出身世家，也是见过世面的人物，所以这种不同从她的眼中心里透露出来就显得更有说服力。通过黛玉的眼睛读者看到了贾府主人的尊贵、建筑的宏大、陈设以及生活的奢华，还有森严的等级制度。

阅读这一回，我们还会惊奇地发现，曹雪芹不仅有条不紊地把贾母、林黛玉、贾宝玉、王熙凤等十二个人物展现出来，而且更令人叫绝的是作者给每个人物的出场方式安排都不同，每一个人物的出场都给我们留下深刻的印象：捧出的黛玉。黛玉初来乍到，众人好奇打量黛玉，先是贾母、王夫人、邢夫人以及三姐妹等众人的远观，然后是王熙凤、贾宝玉二人的近观；

笑出的王熙凤，王熙凤是不请自到，笑语盈盈，她还没进来就在那儿喊叫起来了，"我来迟了，不曾迎接远客"。宝玉的出场又与前面人物出场方式不同，石破天惊，别具一格，一见黛玉，就说这个妹妹我曾见过，还问黛玉有没有玉，接下来就摔玉。）

师：（出示阅读单幻灯片）

《红楼梦》 阅读单 第三回 学号____ 姓名_____

一、用整洁规范的字体抄写这一回中你最喜欢的诗词名句。（20分）

二、内容概括（300字左右）（40分）

三、请用思维导图画出贾府环境布局图。（10分）

四、简答题（30分）

1. 假如林黛玉进贾府时，你跟在她的身边，你看到的贾府会给你什么样的感觉？请你将贾府介绍给你最好的朋友。

2. 林黛玉进贾府初见宝玉，两人都觉得似曾相识，为什么会这样？

师（指着阅读单幻灯片）：《红楼梦》是我国小说语言艺术的典范，对其语言的研究是永远没有止境的，这一回，也有许多值得我们积累的语言。下面，我们来说一说，这一回，你抄写了哪些好词好句，你为什么喜欢那些好词好句。谁先说？

生1：我抄写了"座上珠玑昭日月，堂前黼黻焕烟霞"这副对联。

师：你为什么喜欢这副对联？

生1：因为作者借这副对联写出了贾府的官家气派。

师：对了，贾府很豪华，座中人所佩饰的珠玉，光彩可与日月争辉；贾府很高贵，堂上人所穿着的官服，色泽犹如云霞绚烂。《红楼梦》里的这副对联，可以说是我们了解贾府的一把钥匙。

生2：我抄写了《西江月》二词。

师：你把《西江月》二词读给大家听听？

（生2读：无故寻愁觅恨，有时似傻如狂；纵然生得好皮囊，腹内原来草莽。潦倒不通世务，愚顽怕读文章；行为偏僻性乖张，哪管世人诽谤！

富贵不知乐业，贫穷难耐凄凉；可怜辜负好时光，于国于家无望。天下无能第一，古今不肖无双；寄言纨绔与膏粱，莫效此儿形状！）

师：贾宝玉是整部石头故事的主轴，从前生到今世，一共在红尘中度过十九年。与黛玉相见时，年龄还不超过15岁，也就是你们现在这个年纪。我觉得《西江月》好像我们老师给学生写的评语。假如宝玉生活在今天，就在我们学校读书，就在我们的身边，他会有怎样的表现，能顺利毕业吗？

（一石激起千层浪，这个穿越时空的悬念设计，激发起学生的探究欲望，学生议论纷纷，2分钟后，有学生发言。）

生3：贾宝玉如果就在我们学校读书，我想，他的表现是好打扮，会早恋，成绩差，被开除，结果会成为混混。

师：为什么这样认为？

生3：因为根据《西江月》一词"纵然生得好皮囊"，"皮囊"是指外表，长相，说明这个人长得好，这种长得好，除天生相貌外，当然与打扮相关。俗话说，三分人才，七分打扮。

师：你从小说中能找出宝玉好打扮的证据吗？

生3：是宝黛初会时，从黛玉的眼中看出来的。

师：你把有关段落读给大家听听？

（生3读：头上戴着束发嵌宝紫金冠，齐眉勒着二龙抢珠金抹额，穿一件二色金百蝶穿花大红箭袖，束着五彩丝攒花结长穗宫绦，外罩石青起花八团倭锻排穗褂，登着青缎粉底小朝靴。面若中秋之月，色如春晓之花，鬓若刀裁，眉如墨画，面如桃瓣，目若秋波。虽怒时而若笑，即瞋视而有情。项上金螭璎珞，又有一根五色丝绦，系着一块美玉。）

师：这身打扮有什么特点，给我们什么感觉？

生3：布料是绫罗绸缎，衣服的颜色是金色和红色，很华丽；项上系着一块美玉，脚上登着青缎粉底小朝靴，给我们一种从头到脚的公子哥儿的富贵气。从这里也可以看出，宝玉是十分注重打扮的。关键是，他这种打扮，是别人给他穿戴的，不能自食其力。

师：是的，作为贾府的金凤凰，他的衣食住行，只求最好最贵最精。贾宝玉作为《红楼梦》中的男一号，其服饰在书中被描写的次数最多，有正式的、休闲的，华贵的、普通的，多彩的、朴素的，可谓是多种多样。

生3：因此，像贾宝玉这样的人，活在今天，好打扮是无疑的。像这样整天沉醉在梳妆打扮中的贵族公子哥，哪有心思读书，又如何能读得好书？另外，此人一定会早恋。

师：有依据吗？

生：宝玉天生就是一个多情种。虽怒时而若笑，即瞋视而有情。他每天穿梭、流连于黛玉的"潇湘馆"、宝钗的"蘅芜苑"、妙玉的"栊翠庵"等地，痴迷沉溺于酒色，谈情说爱，此时的贾宝玉，还是一个十二三岁的小男孩，这是早恋。早恋，这在当今学校可是犯大忌的，很有可能被开除。

师：他的观点比较独特，他还说得有理有据的，其他人同意他的看法吗？

生3：老师，我还没有说完呢？

师：好好，你继续说。

生3：宝玉成绩不会太好，"潦倒不通世务，愚顽怕读文章"，他不读书，尤其不读教科书，参加考试，恐怕不行，小说中多次写到诗歌比赛，他总是位列最末。最后一名也就罢了，他还甘居最后，毫无上进心，这样的人若是参加我们深圳市模拟考试和高考，成绩绝对不会靠前。可怜辜负好时光，于国于家无望啊！总之，《西江月》一词，写出了宝玉的富贵气、纨绔气、游戏气。因此，我的结论是贾宝玉如果穿越到今天，就在我们学校读书，他的表现是好打扮，会早恋，成绩差，被开除，因为他的衣来伸手饭来张口、四体不勤五谷不分，最后结果会成为混混。

师：说完了，是吗？你的口才很好，而且有自己独到的看法，其实，有些著名学者、专家也持你的这种观点。例如著名作家王蒙就说过："贾宝玉的性格丰富，说不胜说，但勉强总括之可以说有两个方面，一个是多爱多情多忧思，一个是无用无事无信念。"好，有没有不同意刚才这位同学的看法的？

生4：我不同意他的看法，假如贾宝玉活在今天，就在我们深圳二高读书，我认为，他会是一个衣着得体、人缘特好、思想独立、拥有特长的人，他能考上大学，或如果参加自主招生，很有可能成为一位诗人。

（师生为他的与众不同的见解而鼓掌。）

师：哦，你的看法与他的看法截然相反啊！说说你的理由。

生4：宝玉的确有一副"好皮囊"，"面若中秋之月，色如春晓之花"，可以说是一个大帅哥。一个人注重衣着仪表，在当今飞速发展的时代，是一大优势。

师：为什么说长得好是一大优势呢？

生4：因为仪表是一个人最先呈现在他人面前的外在形象。这第一印象，往往让人一见钟情。当今时代，社会生活节奏加快，人们之间的交往也在加快。人们没有更多的时间去理解。有一项调查显示，58%的人对交流的第一印象是通过视觉传递的，也就是说，通过外表来传递。再者，宝玉并非"腹内草莽"，他还是有学问的。

师：宝玉有学问，书上能找到依据吗？

生4：《红楼梦》第十七回，元春省亲，贾府修了一个大观园，大观园修成后，各个风景区或有房子的地方，要题上对额，贾政为了考查宝玉的才能，领着一批人走一处让宝玉题写一处，宝玉引经据典，所对对联十分出彩，充分体现了宝玉的非凡才华与机敏。"愚顽怕读文章"，他怕读的只是四书五经而已，凭他的聪明，他一旦钻研这些东西，是很快能够掌握的，宝玉后来参加科举，不是考了个第七名吗？

师：你的这个看法倒是与宝玉的父亲贾政不谋而合了。小说第一百二十回，当贾政得知宝玉中举后，宝玉却去做和尚了，于是说了这么一段话："你们哪里知道。大凡天上的星宿，山中老僧，洞里的精灵，他自具一种性情。你看宝玉何尝肯念书，他若略一经心，无有不能的。"

生4：只是他对这些功名利禄一直不感兴趣，他去考试，只是为了给他父母家人一个交代，最后他还是出家了。要是宝玉穿越到现在，在我们学校读书，他是大有用武之地的，现在不是提倡整本书阅读吗？其实宝玉对《西厢记》《牡丹亭》这些名著早就整本书阅读了。宝玉是一个思想独立、拥有特长的人，如果参加自主招生，很有可能成为一位诗人。

师：我们的同学真是厉害呀，每个人有自己的观点，我好像又被你说服了。的确，贾宝玉读书多，知识博，文思快，才情大，他在大观园试才题对额时一套一套有根有据的议论，使包括贾政在内的所有在场的人都相形见绌。他并不是"腹内原来草莽""不通世务"，而是厌恶贾雨村之流的政客。不愿读的文章也只是那些"圣贤"的说教和一文不值的科举时文。"哪管世人诽谤"，正表现了贾宝玉不苟且、不随俗、独立不迁的个性。

生5：老师，我们对宝玉的看法截然不同、大相径庭，那贾宝玉到底是一个怎样的人呢？

师：一句话，还真有点说不清。凡是阅读过《红楼梦》的人都会问你这个问题：贾宝玉是谁？他到底是一个怎样的人？小说里的人物，给贾宝玉的评价也是多种多样。父亲贾政认为，他是个"不肖的孽障"；母亲王夫人认为，他是个永远的"孩子"；警幻仙姑认为，他是个"天下第一淫人"；探春认为，他是个"卤人"；宝钗认为，他是个"富贵闲人"；在林黛玉看来，他是个"知音"。过去说一千个读者心中就有一千个哈姆雷特，今天我们也可以说，有一千个读者，就有一千个贾宝玉。我只能说宝玉是一个十分丰富复杂的形象。好，前面我让同学们说了自己抄写的好词好句，顺带讨论了贾宝玉这个形象，由于时间关系，我们第二题关于内容概括就跳过去，直接进入第三题。这是考查空间思维的一个题目，同学们用思维导图画出贾府环境布局图。大家把自己的贾府环境布局图晒出来看看？

（同学们纷纷晒出自己的思维导图，之后教师出示思维导图。）

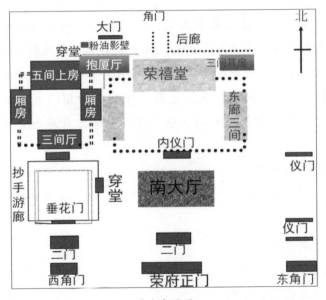

贾府布局图

师（指着思维导图解说）：中国古代建筑多以儒家文化为主体，凸显家国意识。这种建筑方方正正的，非常工整，十分对称，有秩序，体现了那个时代的伦理。过去男人如果娶好几房太太，原配常常叫正房，后娶的或者妾叫作偏房，用"房"这个字本身就表示人住的地方。因此，我们走进一个儒家建筑群，根据人所居住的房子的位置，就大体可以知道此人的身份和地位。很容易知道主人在哪里，客人在哪里。这是儒家定出来的规矩。贾府环境布局，反映了贾府的等级森严及封建礼仪。同学们，贾府的最高统治者是谁？

生6：应该是贾母。

师：是的，在贾府，绝对是贾母说了算，谁也不能违抗。那么贾母居住的地方，大家猜猜看？应该会住在哪儿？

生6：应该住在贾府的中心位置。

师：那贾府的中心位置在哪儿呢？

生6：南大厅。

师：大厅应该是不会住人的。谁家的大厅会住人呢？

生6：应该是大厅后的荣禧堂。这才是正室。

师：你这个猜想具有合理性，符合儒家伦理。但是，贾母并没有住在这儿。

生6：贾母不是贾府的最高统治者吗？她为什么没住在这儿？

师：因为此时，贾母丈夫不在了。封建社会，是男权社会，贾母尽管是贾府辈分最高的人，是最高统治者，但不能名正言顺地居于贾府的中心位置，只能偏于一方，也叫垂帘听政吧。封建社会，对女子要求要三从四德。三从就是"未嫁从父、既嫁从夫、夫死从子"，所谓"夫死从子"就是由长子接管家政，负担赡养全家的责任。这样看来，贾府的正室应该由谁来居住？

生6：那就是贾赦啦。

师：你这个推断合理，因为贾赦是长子嘛。但《红楼梦》中，贾赦也没住在这儿。

生6：难道是贾政？

师：对了，确实是贾政。

生6：为什么会是贾政呢？

师：因为贾赦就是"假设"，他只是个摆设，贾政就是"假正"，他尽管不是长子，但由于贾母的偏心，还是让贾政居于贾府中心位置。这就是贾府的权力结构。（教师出示幻灯片）

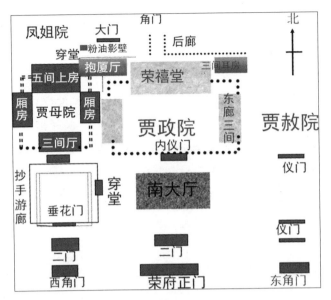

贾府人物居住图

师：那么，林黛玉进贾府，首先要拜见的人物会是谁呢？

生7：先去拜见贾政，因为贾政是权力中心。

师：是不是这么回事呢？你们看看《红楼梦》，仔细看看。

生8：呵，先去见的贾母。

师：对的，是先拜见贾母。因为黛玉是以亲戚身份进贾府的，假如她是官府中人，那她会先去见贾政。同学们，林黛玉进贾府，贾府有很多门，有正门、东角门、西角门，林黛玉眼中的贾府的门给人什么感觉？

生9：很大。

师：嗯，这个感觉很准。我们来看看曹雪芹对贾府大门的描写。（教师出示幻灯片）

又行了半日，忽见街北蹲着两个大石狮子，三间兽头大门，门前列坐着十来个华冠丽服之人。正门却不开，只有东西两角门有人出入。正门之上有一匾，匾上大书，"敕造宁国府"五个大字。黛玉想道：这必是外祖之长房了。想着，又往西行，不多远，照样也是三间大门，方是荣国府了。

师（教师指着幻灯片）：同学们数一数，这段文字中出现了几个"大"字？

（学生认真阅读文段，数着文中出现的"大"字。）

生10：五个"大"字。

师：分别是哪五个"大"字呢?

生10：大石狮子、兽头大门、大书、五个大字、大门。

师：所以前面那位同学抓得很准，贾府的大门，给我们的感觉就是大。为了突出"大"字，我对这段文字进行了一种艺术化处理，请同学们齐读这段文字，遇到"大"字，就放开嗓门大声读出来。（教师出示幻灯片）

又行了半日，忽见街北蹲着两个大石狮子，大，大，大，

三间兽头大门，大，大，大，

门前列坐着十来个华冠丽服之人。正门却不开，只有东西两角门有人出入。正门之上有一匾，匾上大书，大，大，大，

"敕造宁国府"五个大字，大，大，大。

黛玉想道：这必是外祖之长房了。想着，又往西行，不多远，照样也是三间大门，大，大，大，

方是荣国府了。

（这个悬念设置得有趣有味又好玩，学生兴致盎然地读起来，直观地感受贾府大门之大。）

师：这种大，其实就是体现贾府的威严。我们有一个成语叫"门当户对"，可见，门是建筑物的脸面，门是身份、地位的象征，贾府是大家族，普通人家的大门只是一扇，贾府却是三间兽头大门。

生11：老师，"兽头大门"是什么意思?

师：就是大门上面有门环，门环上是一个兽头，一个动物的嘴巴咬了一个环，这叫作"兽头大门"。这也是贾府尊贵地位的体现。古代住宅大门的建造是有严格规定的，一般人家是不可能有兽头大门的。

生12：老师，"敕造"又是什么意思呢?

师："敕"就是皇帝下令，"造"就是建造，原来贾府的宅院是皇帝亲自下令建造的。在封建社会里，"敕造"这两个字就足以说明贾家地位之尊贵。刚才说了，贾府有很多门，有正门、东角门、西角门，林黛玉是从哪个门进贾府的?

生13：从西角门。

师：为什么不从正门进去?

生13：可能是黛玉还没到那个级别吧。

师：对了，贾府的大门是为权贵开的。只为尊贵的客人打开，或是在重大节日、婚庆时才打开，如元妃省亲，就会开这个门。黛玉只是一个小辈，贾府的大门不会为她而开。黛玉只能从西角门进去。黛玉进贾府后，首先拜见的是贾母。那么，拜见了贾母后，会拜见谁呢？

生14：贾政。

师：为什么？

生14：有两个原因，一是贾政紧挨着贾母居住，这样，顺带就过来了；二是贾政是贾府的掌权者，所以先来看他。

师：但是不是这么回事呢？请同学们仔细看看。

生15：拜了贾母后，再从西角门出来，先去拜见了贾赦。拜见完贾赦后，才来拜见贾政。

师：对啦！（教师出示黛玉进贾府路线图）

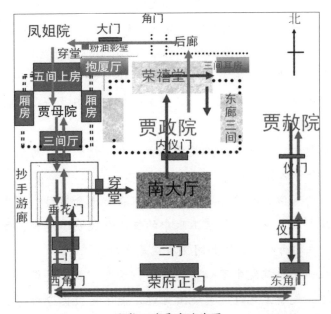

林黛玉进贾府路线图

师（教师指着路线图）：由此可以看出，黛玉进贾府，拜见的先后顺序是按家族伦理、长幼尊卑的顺序来的。从这里可以看出，黛玉还是很懂得礼节的。不能乱了这个伦理。

以上讲了贾府的环境布局及纲常伦理。贾府气象非凡，派头很大，又威风又豪华又等级森严。贾府，将是贾宝玉、林黛玉悲剧发生的重要场所。接下来，我们来看第四大题中的第一小题：林黛玉进贾府初见宝玉，两人都觉得似曾相识，为什么会这样？谁来回答这个问题？

生16：因为他们在天上见过面，林黛玉的前身是三生石畔的一颗绛珠仙草，而贾宝玉原是天上赤霞宫的神瑛侍者。一天，神瑛侍者无意看见了快枯死的绛珠仙草，便用仙水精心灌溉，后来绛珠仙草听说神瑛侍者要下凡入尘，于是她也投胎转世为一女子相随，就是林黛玉，决定用眼泪来偿还神瑛侍者的甘露之惠。所以贾宝玉与林黛玉第一次相见，就有似曾相识的感觉。

师：是的，他们曾经在天上见过面，现在只不过是"天上掉下个林妹妹"，天上的一株草与一块石头在贾府又相见了，似曾相识燕归来。除了这个原因之外，还有别的原因吗？

生16：没有了。

生17：我觉得他们气质相投。

师：哦，说说看？他们两人有什么气质？

生17：他们两人从对方的外貌中看到了自己心目中理想的那个样子。

师：好的，两人相遇，黛玉眼中的宝玉是个什么样子呢？

生17：黛玉眼中的宝玉是"转盼多情，语言常笑，天然一段风骚，全在眉梢，平生万种情思，悉堆眼角"。黛玉眼中的宝玉是一个很性感很多情的年轻公子。

师：也就是说，宝玉身上的气质在于一个"情"字，对不对？那么宝玉眼中的黛玉是个什么样子呢？

生17："两弯似蹙非蹙罥烟眉，一双似喜非喜含情目。态生两靥之愁，娇袭一身之病。泪光点点。"宝玉眼中的黛玉是聪明、灵秀、体弱、多情的女孩。可见，他们两人身上的共同气质就是多情。

师：两人一见面就发生了心灵的共振，于是"心有灵犀一点通"。他们在精神上见过，气质上见过，灵魂上见过，是不是？你分析得很有深度，还有其他原因吗？

（生17摇头。）

生18：我觉得这是一种缘分。有时候和一个人第一次见面会觉得面熟，其实就是有好感。所谓"一见钟情"是也。通常情况下，我们见一个生人，会有点不是这方面就是那方面别扭的感觉，但贾宝玉和林黛玉初次相见，却像触电一般，有一种相识感、认同感、亲切感、共鸣感，这大概就是有缘分吧。

师：你的感觉很准，这种缘分，很神秘，无法论证，也不需要论证，只可意会不可言传，宝玉与黛玉其实就是这样一种关系，两个人分不开，见了面又常会抱怨，正如贾母所说，是一对冤家。黛玉永远都在为宝玉哭，宝玉永远牵挂黛玉。宝黛的相会，是他们一生中最大的有幸，同时又是他们一生中最大的不幸。他们两人就好像月亮与海洋，月亮明明高悬在空中，似乎伸手即得，却又相隔万里。他们一个是水中月，一个是镜中花。（教师出示《枉凝眉》一词，同时播放其歌曲）

一个是阆苑仙葩，一个是美玉无瑕。

若说没奇缘，今生偏又遇着他；

若说有奇缘，如何心事终虚话？

一个枉自嗟呀，一个空劳牵挂；

一个是水中月，一个是镜中花。

想眼中能有多少泪珠儿，

怎禁得秋流到冬，春流到夏。

（学生边看歌词边听歌，有的情不自禁地跟着唱了起来，有的眼里饱含泪水。）

师：前文化部部长、著名作家、《红楼梦》研究专家王蒙说，宝黛相见，是不可思议的事儿。这是雷电，这是天旋地转，这是一切的悲、一切的喜、一切的情、一切的恨、一切的痛苦的开始，这是《红楼梦》的开始，这是开天辟地！好，这节课，我们就导读到这里！

李克英《林黛玉进贾府》之"熙凤出场"课堂实录

主持人：何泗忠

主持人：著名文艺评论家刘再复曾经说过，西方完成了两次"人的发现"，第一次是文艺复兴时期发现人的伟大，人的精彩，人的了不起。正如剧本中的哈姆雷特所说，人是万物的灵长，是宇宙的精英，是朝臣的眼睛，是学者的辩舌，是军人的利剑；第二次发现，那是19世纪，以叔本华、尼采、卡夫卡为代表，这是现代主义思潮的源头，这次是发现人没有那么好，发现人的荒诞、人的脆弱、人的黑暗。

刘再复的话启发了我，其实《红楼梦》也涵盖了两次人的发现。这两次人的发现，不仅体现在不同人的身上，如《红楼梦》发现女儿的美，外貌美，才华美，如林黛玉、薛宝钗；也发现男人的丑陋，荒淫无耻、贪得无厌，如贾赦、贾珍、贾琏之流；而且这两种发现也体现在同一个人物的身上，即一个人物既有美的一面，也有丑的一面，如王熙凤，就是一个一句话说不清的人物，著名文艺评论家王昆仑这样评价王熙凤，"恨凤姐骂凤姐不见凤姐想凤姐"。今天，我们就通过《红楼梦》第二回来看看王熙凤到底是一个怎样的人物。下面，我们有请湖南省资兴市立中学李克英老师来讲一节课。我们通过这节课，以一斑来窥全貌，初步认识王熙凤。下面有请李老师上课。

师：上课。

生：老师好。

师：同学们好。请坐。今天这节课，我们用一种新的方法来读《林黛玉进贾府》——评点法。评点法是一种传统的读书方法，古人有不动笔墨不读书的习惯，这习惯就是边读、边想、边记，这就是评点法。明清以来，对四大名著的评点可以说是异彩纷呈，流派众多。人们公认的比较好的四种评点本如下。（多媒体显示）

脂砚斋评点《红楼梦》，金圣叹评点《水浒传》，毛宗岗评点《三国演义》，李卓吾评点《西游记》。

师：从某种意义上说，他们的评点是另一种极具价值的名著。例如，脂砚斋评点《红楼梦》就为我们后人研究《红楼梦》提供了宝贵的线索，有着极高的价值。那么，什么是评点法呢？评点法是一种研究性的学习方法。在阅读过程中，圈圈点点，心有所感，笔墨追录，三言两语，生动传神。可以评点字词，也可评点句段；可以评点人物，也可评点情节、环境；等等。举一个例子。（多媒体显示）

1. 他近日所见的这几个三等仆妇，吃穿用度，已是不凡了，何况今至其家。因此步步留心，时时在意，不肯轻易多说一句话，多行一步路，惟恐被人耻笑了他去。

脂砚斋评点：写黛玉自幼之心机。

师（指着幻灯片）：这是从哪个角度来点评的？

生：人物性格。

师：再看一个例子。（多媒体显示）

2. 一时进入正室，早有许多盛妆丽服之姬妾丫鬟迎着，邢夫人让黛玉坐了，一面命人到外面书房去请贾赦。

脂砚斋评点：这一句都是写贾赦，妙在全是指东击西草惊蛇之笔。若看其写一人即作此一人看，先生便呆了。

师（指着幻灯片）：这又是从哪个角度来点评的？

生：写作方法。

师：不错。这节课我们来点评"王熙凤出场"这个片段。我们分成三个组，第一组点评王熙凤的服饰和容貌，第二组点评王熙凤的语言，第三组点评王熙凤的行为动作。先请同学们认真阅读"王熙凤出场"这个片段，边读边思考，一边听课文朗读，一边思考并下笔点评。

（学生阅读文本，并动笔在书上点评。）

师：现在给同学们2分钟的时间，与你旁边的同学互相讨论、整理点评，2分钟后，推荐一个代表发言。

（2分钟后，教师让学生点评。）

师：请第一组的同学点评王熙凤的服饰和容貌。有感要发的同学请举手。

生1：王熙凤穿戴华丽，满头的翡翠，满身的珠宝，给人一种高贵逼人的气势。

师：很高贵，是吗？她都有什么装饰啊？

生1：头上戴着金丝八宝攒珠髻，绾着朝阳五凤挂珠钗，项上戴着赤金盘螭璎珞圈，裙边系着豆绿宫绦，双衡比目玫瑰佩。

师：嗯，这么多的金银珠宝集于一身，一个珠光宝气，很敢表现自己的人忽然登场。

生2：王熙凤很勇敢，很外向，她一出场，头上、身上所有的配饰充满了颜色，而且颜色的主调是红色。

师：是呀！王熙凤的穿戴给人一种向外扩张的感觉。黛玉的身上没有颜色，黛玉是超凡脱俗的，王熙凤色彩斑斓，且以红色为主，王熙凤是开放闪烁的。

生3：王熙凤有现代女性气息。

师：同学们评点得很好，继续点评。

生3：王熙凤长得很美丽、很性感。

师：何以见得？

生3：一双丹凤三角眼，两弯柳叶吊梢眉，身量苗条，体格风骚。在黛玉的眼里恍若神妃仙子。

师：的确，王熙凤是个美人，是个有一点性感的女性，很敢展现自我的身体之美。还有要说的吗？

生："粉面含春威不露，丹唇未启笑先闻。""含春"是说长得很喜气，贾母特别喜欢王熙凤，一个重要的原因就是她到哪里都很热闹，大家会很开心。

师：是的，王熙凤是开心果。

生4：我从王熙凤的穿戴感觉到王熙凤在贾府的地位是与众不同的。

师：为什么？

生4：其他的女子都穿戴得朴素淡雅，而王熙凤却穿戴得彩绣辉煌、华丽耀眼。

师：是的，这段开头就写了，"这个人打扮与众姑娘不同"。前文说，迎春、探春、惜春三个小姐的钗环衣裙都一样，她们是为王熙凤出场做陪衬的。还有吗？

生5：我看到王熙凤奢侈、贪婪的一面。

师：哦？为什么。

生5：王熙凤集金银珠宝于一身，把好的东西都挂在身上。

师：可见王熙凤很喜欢露财，不错，读出了自己的感受。还有吗？同学们有没有发现王熙凤穿戴的主色调？是什么？

生：大红。

师：大红属于暖色调，给人一种向外扩张的感觉。一般来说，性格内向的人穿衣的颜色偏于深沉、素淡，而性格外向的人穿衣的颜色偏于亮丽。从王熙凤穿衣选择的颜色传达的信息是什么？

生6：王熙凤性格外向、个性张扬。

师：她的衣着具有一种强烈的向外扩张性，格外显眼，格外引人注目。这种打扮，很容易成为舞台的中心人物。很好。我们从王熙凤的服饰和容貌读出了很多的信息。

师：接下来请第二组的同学来点评王熙凤的语言。

生7：我点评这句，"正是呢！我一见了妹妹，一心都在他身上了，又是喜欢，又是伤心，竟忘记了老祖宗。该打，该打！"

师：你想怎么评点？

生7：从这句我看出王熙凤是一个口齿伶俐的人，很善于奉承。

师：很善于奉承，奉承谁了？

生7：首先，王熙凤要跟林黛玉搞好关系，因为林黛玉是贾母的贵客，所以她说"我一见了妹妹，一心都在她身上了，又是喜欢，又是伤心"，表示对林黛玉的关心。然后，又说"竟忘记了老祖宗。该打，该打"！又讨好了老祖宗。

师：对的，王熙凤讲话十分伶俐周到。她先赞美林黛玉长得美，接着说她的气派。其实她是在赞美贾母，因为贾母在家族中的地位至高无上，王熙凤有今日，全靠贾母撑腰，她要处处奉承贾母，可是直接拍马屁有时怪肉麻的，所以她便从赞美黛玉说起，既关心了林黛玉，又讨好了贾母。口齿伶俐，善于奉承。很好！很好！你的评点就是精彩、漂亮！再来！

生8：我点评"妹妹几岁了？可也上过学？现吃什么药？在这里不要想家，想要什么吃的，什么玩的，只管告诉我，丫头老婆们不好了，也只管告诉我"这句。王熙凤其实是在告诉林黛玉贾府是由她在管理，王熙凤说这话固然有关心黛玉的成分，但更重要的是在新来的黛玉面前炫耀自己的地位。

师：哦，是在炫耀权势，告诉初来乍到的黛玉，我是贾府真正管家的人。原来这句话是有潜台词的，有言外之意的，有道理。还有吗？

生9：我点评"王熙凤笑道：'天下真有这样标致的人物，我今儿才算见了！况且这通身的气派，竟不像老祖宗的外孙女儿，竟是个嫡亲的孙女，怨不得老祖宗天天口头心头一时不忘。'"这里王熙凤的直接行为是在赞美林黛玉，其实她的目的却是在讨好贾母。

师：为什么？王熙凤赞美林黛玉，这是事实呀，怎么就是在讨好贾母呢？

生9：林黛玉是贾母的外孙女，王熙凤赞美林黛玉，贾母当然喜欢，所以说是在讨好贾母。不仅如此，王熙凤还不忘把三春拿出来比，比出的结果是外孙女和孙女都标致得不得了。

师：结果就是贾母喜欢，黛玉喜欢，迎春、探春、惜春也喜欢。王夫人，邢夫人呢？

生：也喜欢。

师：哎呀，可真是讨好人的天才呀。我们平日里说，千万不要在一个女孩面前夸另一个女孩漂亮，尤其是男生，这样做很危险。（生笑）但王熙凤却能在很多女孩子面前夸另一个女孩子,而且还让所有的女孩都高兴。用一句成语来形容这里的王熙凤,就是——

生:八面玲珑。

师:不错。还有吗?

生10:我点评"一语未了,只听后院中有人笑声,说:'我来迟了,不曾迎接远客!'"这句表现出王熙凤性格张扬的一面。

师:请注意,她是从后院进来的,刚才迎春、探春她们都是从正门进来的。因为王熙凤在管家,她住的后院直通贾母后房,可见王熙凤身份的特殊。这里人物的出场很有特色哦。

生10:不见其人,先闻其声。

师:说得太好了。这一回中人物的出场各有特色。王熙凤是不见其人——

生:先闻其声。

师:"心下想时,只见一群媳妇丫鬟围拥着一个人,从后房门进来。"王熙凤出场了。

传统戏剧里,人物一出场,演员有一个架势和眼神,整个场子就会静下来,这叫亮相。一个演员一亮相,全场安静下来,他就成功了一半。如果一个演员出来半天了,观众还在讲话,爱理不理的,那就完了。王熙凤这么一个爱出风头的女子的亮相,一定会被描写得非常精彩。一大堆的媳妇丫鬟围拥着一个人,仿佛众星拱月般衬托着王熙凤出来了。著名作家王蒙是这样评价王熙凤出场的:"像是独角戏,一个人什么都占全了,她简直是满场飞,占领了全部舞台、全部追光,吸引了全部注意,就像她是主角——你完全看不到凤姐有任何顾忌、任何收敛。用歌唱演员的行话,王熙凤算彻底抖搂开了、放开了、撒开了、如入无人之境了。"王熙凤的出场的确写得很精彩。这一回,写人物出场,各有各的精彩。王熙凤是不见其人,先闻其声。贾宝玉的出场是先抑——

生:后扬。

师:而贾政、贾赦的出场我用一个词语概括就是"不见其人,却见其形",虽然我们没有看到贾政、贾赦其人,但我们已经知道他们是一个什么样的人了。贾赦是一个——

生:好色之人。

师:是的,所以贾赦叫贾赦,姬妾成群。好,还有吗?

生11：我点评"这倒是我先料着了，知道妹妹不过这两日到的，我已预备下了，等太太回去过了目好送来"这句。"这倒是我先料着了""我已预备下了"表现了王熙凤精明强干、处事周密；又说"等太太回去过了目好送来"表现了王熙凤对王夫人的尊重，是一个很会讨好他人的人。

师：我很赞同你的点评。对这句话，脂砚斋也有评点。我们来看一下。

（多媒体显示）

余知此缎阿凤并未拿出，此借王夫人之语机变欺人处耳。若信彼果拿出预备，不独被阿凤瞒过，亦且被石头瞒过了。

师：你们被瞒过了吗？

生：被瞒过了。

师：王熙凤身边的人被瞒过了吗？

生：被瞒过了。

师：但有一个人没被瞒过，是谁？

生：王夫人。

师：为什么？

生："王夫人一笑，点头不语。""笑"就是笑王熙凤撒谎。

师：王夫人为什么"不语"，为什么不揭穿她的谎言？

生：王熙凤是王夫人的侄女。

师：原来是这样。我赞同。

师：下面我们来点评王熙凤的行为、动作。谁来？

生12：我点评"这熙凤携着黛玉的手，上下细细打量了一回，仍送至贾母身边坐下"，这里"携着""打量""送"三个动词体现了王熙凤对黛玉的关心和对贾母的尊重。

师：嗯，"细细打量"是对黛玉的关注。

生13：我点评王熙凤"用帕拭泪""转悲为喜"，这两个动作表现了王熙凤是一个善于察言观色、随机应变、机智逢迎的人。

师：察谁的言，观谁的色？

生13：贾母。

师：也就是说，王熙凤所做的全都是为了逢迎讨好贾母。"随机应变"表现在哪个动作上？

生13：转悲为喜。

生14：我认为"转悲为喜"表现了王熙凤虚伪的一面。

师：为什么？

生14：如果王熙凤是真为林黛玉悲伤，那她就不可能在顷刻间转悲为喜。

师：有道理。那她流泪了吗？

生14：流了。

生15：没流。

师：可她"用帕拭泪"了呀。

生15：假装的。

师：王熙凤转变得好快，一会儿哭一会儿笑。当然，我认为她的感情也并不都是假的，只是她可以很快转换。她的哭跟林黛玉的哭极不一样。林黛玉的眼泪是生命里的一部分，可王熙凤的哭可以变成表演。这里她哭，是因为她要去可怜林黛玉，然后让贾母来安慰她，这会让贾母更疼她。她后面说的也都是些漂亮话，这是一些能让老人家感觉特别贴心的话。哦，这就是王熙凤，真中有假，假中有真，你说她没流泪，可她"用帕拭"了。你说她流泪了，我们没有看到呀。评点得太好了！还有吗？

生16：我点评"熙凤亲为捧茶捧果"，王熙凤这么殷勤，其实是为了讨好贾母来着。因为林黛玉是贾母的外孙女，贾母的女儿去世了，贾母对林黛玉定会百般疼爱，所以王熙凤对林黛玉这么殷勤。

师：王熙凤真是个了不得的人物，每一句话、每一个动作的最终目的都是讨好贾府的最高权威——贾母。好，我们的点评就到这里，非常精彩，非常漂亮。现在我们来总结一下王熙凤的性格。（多媒体显示）

服饰：豪华、奢侈、高贵、开放、张扬；

容貌：美丽、多威、喜庆、有心机；

语言：口齿伶俐、机敏周到、机变逢迎。

师：我们只是从这一回评价了凤姐，看到了王熙凤性格。其实，纵观《红楼梦》，王熙凤的性格是发展的，看完《红楼梦》整本书，能够看到一个更立体、更丰富、更多彩的王熙凤。著名文艺评论家王昆仑说过，"恨凤姐、骂凤姐，不见凤姐想凤姐"，可见王熙凤是一个多么丰富多彩的人物。同学们也看完《红楼梦》了，下面，我们来更立体地把握一下王熙凤的形象。我们采用在王熙凤前面加定语的方式来说说王熙凤。（教师出示幻灯片）

_____的王熙凤

师（指着幻灯片）：谁先说？

生17：心狠毒辣的王熙凤。

师：从哪儿可以看出？

生17：从第十二回"王熙凤毒设相思局 贾天祥正照风月鉴"中可以看出，贾瑞三天两头地往荣府跑，找王熙凤，王熙凤知道他不怀好意，要是换了别人，教训贾瑞一顿，以绝他痴心妄想便可，可她刻意地请贾瑞进来，存心捉弄他。设置陷阱，最后把贾瑞活活折磨而死。

师：说的有道理。确实，我看这一回时也看到了王熙凤毒辣的一面。这一回，王熙凤给贾瑞留下了很多幻想，不断调情，不断地给贾瑞以希望、失望，又希望，不断撩拨贾瑞，总让他一次一次往她家里跑。谁都能看出王熙凤是存心刻意的，是在害贾瑞。其实，贾瑞是那种父母早亡、家势卑微、一生受屈辱的人；王熙凤是千金小姐、富贵太太，这个时候她就不能稍微厚道一点吗？硬生生地把一个人整死，可见王熙凤心狠手辣。看，还有谁来说说？

生18：贪得无厌的王熙凤。

师：能不能举例说明。

生18：凤姐贪婪，明确写到的便是铁槛寺弄权一事。

师：这件事出现在哪一回，你还记得吗？

生18：大概是在，哦，对了，第十五回，为秦可卿送丧，在铁槛寺弄权，凤姐在此事中假借贾琏之手弄权贪赃，最后牺牲了一对青年男女的性命，而凤姐则吞下三千两银子。

师：说明你阅读了《红楼梦》，而且记性也不错。确实，从这些事情可以看出王熙凤的贪婪。还有吗？

生19：精明强干的王熙凤。

师：你为什么得出这个结论，说说理由？

生19：精明强干在她协管宁国府期间表现得淋漓尽致，一人管两府，特别是料理秦可卿的丧事，事情之繁杂可谓是千头万绪，但王熙凤处理得井井有条，不能不让人钦佩。

师：王熙凤确实是一个很有管理才能的人。这样的人，放在现在，绝对是很多企业，尤其是像华为最想招揽的人才。对王熙凤这个形象还有新认识吗？

生20：亲切有趣的王熙凤。

师：这个观点挺新的哟，好像前面没人提到。你有什么证据说王熙凤亲切有趣？

生：她会搞笑，插科打诨，反应敏捷，上至贾母、王夫人，下到宝钗黛玉等姊妹，都被她奉承得心花怒放。她还十分幽默，每次贾府宴会都少不了她。她就是贾府主子们的开心果。

师：据说西方人也会对十二钗来个民意调查，出乎意料的是凤姐居然位列榜首，成为最受欢迎的人物。这个与凤姐的幽默有关。

生20：还有，王熙凤协理宁国府，总体上是杀伐决断的，可是也有她温暖俏皮的一面。

师：哦，能不能举例说明？

生20：小说写宝玉邀秦钟来凤姐抱厦处来坐，凤姐正在吃饭，看见他们来了，便笑道，"好长腿子，快上来罢"。本来她刚刚下令打完人，可宝玉一来，凤姐的态度马上变了，女性温柔、妩媚、温暖的一面立刻就表现出来了。

师：看来凤姐也有温柔的一面。

生20：然后，她就问宝玉说，"你们这夜书多早晚才念呢？"凤姐都知道，却故意问他，宝玉就说我希望越早越好。凤姐就逗他说，你请我一下我就做了。宝玉这才懂。你可以看看宝玉的反应——"便猴向凤姐身上"，"猴在她身上"，就是在她身上滚，开始抓凤姐，挠凤姐，此时凤姐的反应很好玩，"我乏的身子上生疼，还搁的住揉搓"。这一段插曲是王熙凤协理宁国府过程中的一件小事。从这件事上，我们可以看到王熙凤厉害中表现出的人性和温暖。

师：确实，作者写王熙凤这个角色时，写出了她的很多侧面。这是塑造得非常成功的一个人物。这种成功表现在作者把她的性格演绎得非常生动、丰富。能把一个人物写得让人爱又让人恨，是小说最大的功夫。王熙凤有很多让人觉得敬畏害怕的地方，也有让人觉得亲切好玩的地方，有狠毒无情之处，也有厚道和关心别人的时候，如刘姥姥来了三次，前两次都得到过她的帮助，还有邢岫烟生活比较困难，冬天时都没有保暖的衣服，平儿把衣服送给她，这也是凤姐默许的。这才是完整丰富的人性。好，下面我们来总结一下王熙凤。（教师出示幻灯片）

语言描写　　　　　　行动描写

肖像描写　　　　　　　　　性格泼辣

有权有势　　　　　　　　　刁钻狡黠

容貌美丽

机变逢迎　　　　　　　　　察言观色

炫耀张扬　　　　　　　　　精明能干

能说会道

王熙凤性格元素图

师：王熙凤是一位有争议的人物。她有手段、会说话，善于巴结领导，愿意揽权，还贪婪、恶毒，但同时也很会见风使舵，疼惜身边的人。那么曹公到底想把她定位成什么形象，真善美是谈不上的，假恶丑也不全对，她是一位立体的活生生的人，是一个说不清的人物。下面我们来看看电视剧中王熙凤的风采。

（播放视频"熙凤出场"，3分钟。）

师：曹雪芹不愧为写人物的高手。现在同学们总结一下，要凸显人物个性可以采用哪些手段？

生21：通过个性化的语言、肖像、动作、心理来表现。

生22：还可以通过侧面来描写。

师："熙凤出场"这个片段有没有侧面描写？

生22：有，贾母的戏言就是侧面描写。王熙凤出场后，黛玉不知道她是谁，只觉得这个人地位不一般，便赶快站起来要拜见，可又不知道怎么称呼。贾母就开玩笑地说，"你只叫他'凤辣子'就是了"。这种大户人家，以贾母这样的身份是不会乱讲话的。前面介绍大舅母、二舅母、李纨、迎春、探春、惜春时，贾母都很正经，这里忽然开起玩笑来，这说明王熙凤与贾母关系非常亲近，特别疼王熙凤。同时，"泼皮破落户儿"，也点出了王熙凤风风火火的性格。

师：没错。如果不是特别疼爱一个晚辈，是不会用这种调侃的语言去讲她的。"泼皮破落户儿"，在贾母嘴里，成了一种爱称、昵称，就像一个母亲说她的孩子是"小坏蛋"，就像一个妻子说她的丈夫是"没良心的"一样。辣子，就是现在讲的辣妹。王熙凤如果生活在今天，肯定是一个辣妹。"辣"字点出了王熙凤的精明与泼辣，同时又有热情的意思在里面。贾府上下的女孩子都是千金小姐，只有王熙凤常常口出粗言，什么事都敢做。作者就是通过语言、肖像、动作，还有侧面描写来突出王熙凤个性的。今天我们也通过人物个性化的语言、肖像、动作来写一个人。下面我们分成两个组，每个组假想下面这样的场景。（教师出示幻灯片）

教室里同学们正在安静地上自习，教室门口来了个人……

第一组想象：来了一个偏远山村的老乡，他来找他在我们班读书的儿子。

第二组想象：来了一个混混，他来找他在我们班就读的哥们。

这些人都有一些语言和行动，打破了教室的宁静，引起了同学们的注意。同学们写一段话，描写他们的语言、肖像、动作、心理，表现这个人物不同于其他人物的个性。

要求：所写语段里不能直接出现"老乡"或"混混"、"流氓"之类的字眼。

（学生写作5分钟，5分钟后有学生举手。）

师：请写好了的同学到讲台上朗读你的文章。

（生23上台朗读自己的习作："我崽呢。"同学们循着声音望去，只见一个身穿中山装的老人站在门口。老人左手提一个半旧的蛇皮袋，脚穿一双破旧的解放鞋。老人被同学们盯得不好意思，用手搔着头，摆弄着头发。一个同学站起身来朝门口走去。老人转过身去，用手捏住鼻子，只听到"哼"的一声，一团浓青的鼻涕被甩在了地上。老人的手在破旧的鞋后跟上擦了擦，笑嘻嘻地迎着他的儿子。）

（学生们笑，全场响起热烈的掌声。）

师：掌声就是肯定。请一个同学对这位同学习作进行点评。要求从写法和人物性格方面点评。

生24：他通过肖像、服饰、语言还有动作写出了一个纯朴、地道的老乡。

师："地道"这个词用得好，很准确。以上是写老乡的，再来一个写混混的，好不好？

（生25站起来朗读自己的习作：安静的教室里只能听到同学们"沙沙沙"的写字声。忽然响起一个放肆无忌的声音："喂，兄弟，出来。"同学们都猛然抬头，只见一个身着牛仔的青年斜靠着门框，时尚的发型五彩斑斓，也不知道经历了多少次吹吹拉拉。左耳上一只时尚的吊坠格外夺目。青年稍稍侧过身子，把一根还剩一半的香烟飞到了走廊的尽头，然后摆出一个极酷的POSE。）

（热烈的掌声再次响起。）

师：请点评。

生26：他通过语言、服饰、动作描写出了一个打扮流行、穿着时尚但举止粗俗、心灵浅薄的青年混混形象。

师：很好。写得好，点评得也好。这堂课，我们用评点法鉴赏了课文，并进行了人物塑造模拟写作。有人说："名著是人人都希望自己读过但人人都不喜欢读的作品。"你同意吗？当我们真正进入曹雪芹为我们创造的文学大观园时，我们定会沉醉其中、欲罢不能的。希望同学们课下能通读《红楼梦》。谢谢大家！下课。

何泗忠点评：

这堂课充分体现了新课程改革的理念，给了我们许多启示。

新课程改革一个最重要的理念就是不是教教材，而是用教材教。所谓教教材就是照本宣科，所有的东西都是由教材搬到教案上，再由教案搬到课堂上，教师只是教材的代言人和传声筒。而李老师却是用教材教，她对教材进行了大胆的处理，她的教学设计渗透了自己的心血和汗水：

她独辟蹊径，以评点法切入课文，紧紧扣住文本，让学生在读中思，在思中评，引导学生对王熙凤进行了个性化的解读。

她把阅读与写作结合起来，既训练了学生的鉴赏评价能力，又训练了学生的写作能力。

她把书面表达能力与口头表达能力完美融合，教师与学生在课堂上神采飞扬，一堂课成了师生生命成长的一段历程。

总之，李老师对教材的处理是依据于教材，但不拘泥于教材，对教材进行了再创造。她的课堂设计是不可重复的"这一个"，是典型的"李氏设计"。

李老师这堂课一反传统教学中复制性、机械性、保守性、封闭性、静止性而呈现出生产性、创造性、建设性、开放性、流动性的特点。

传统教学，教师是权威，在教学过程中，教师往往不把学生看成有生命的个体，而是当作灌注知识的容器。教师支配、控制着学生，学生则唯唯诺诺，亦步亦趋，俯首，盲从。曾经有一位教育评论家对我们的课堂教学做过这样的分析，在今天中国学校的教室里，坐着的是学生，站着的是先生，而精神上，这种局面恰恰相反，站着的先生始终占据着至尊之位，而学生们坐着的躯体里隐藏着的却是一个个战战兢兢地站着乃至于跪着的灵魂。

而李老师的课，让学生站起来了，学生纷纷站起来，回答老师提出的问题，学生纷纷站起来，说出自己的个性化解读。老师也站起来了，从高高的讲台走到了学生中间、师生之间，你不限制我，我不控制你。师生双方，各自向对方敞开精神和彼此接纳，真正体现了新课程理念提倡的民主教学的特点。

传统课堂教学，教师教教科书，学生学教科书，在规定的时间内教完教科书，一切顺着事先设计好的路线推进，教学环节衔接得天衣无缝，知识是预定的，结论是固定的，课堂表现出一种封闭性，静止性的特点。而李老师的这堂课则不同，在师生沟通对话中生成新知识，这种生成不可预料。学生对王熙凤究竟做何评论，学生究竟会写出一个什么样的老乡和混混，此时此刻真是天不知、地不知、你不知、我不知，上课的李老师也不知。答案谁也无法预料，课堂教学始终充满着悬念，充满着无穷的可能性。课堂教学过程中，谁也不知道下一步会发生什么事，师生双方都要有高度的机智和应变能力，李老师是铤而走险的，但她成功了，无限风光在险峰。

总之，李老师用她独特的个性，写了一个独特的教案，上了一节独特的课，给了我们一种独特的享受。

《红楼梦》第四回师生共享鉴赏课实录

（第四回阅读提示：《红楼梦》第四回的回目是"薄命女偏逢薄命郎　葫芦僧乱判葫芦案"。本回内容同回目略有出入，大半都在写雨村审判薛蟠命案，小半顺写薛家进京。《红楼梦》是以记"家庭闺阁琐事"、"大旨言情"、"毫不干涉时世"的面目出现的，它常常以假隐真。隐，是出于不得已，所以作者有时又要在自己所设的"迷障"上开一些小小的口子，让人可以窥察到真情。在全书情节展开之前特意安排这个占据了第四回主要篇幅的"葫芦案"故事,便是这样的一个口子。为什么薛蟠会打死一个小乡宦之子冯渊,抢走那个被拐卖的丫头,而"他竟视为儿戏,自为花上几个臭钱,没有不了的"?为什么这一件"并无难断之处"的人命官司拖了一年之久,"竟无人作主"?为什么刚一听原告申诉便大骂"岂有这样放屁的事"的贾雨村,后来自己也做起"这样放屁的事"?为什么贾雨村听门子说明被拐卖的丫头原是他的"大恩人"甄士隐的女儿,却不念甄家恩情,不顾自己曾许下的"务必"将英莲"寻找回来"的诺言,任凭她落入火坑而置之不理?所有这些问题,都可以从这一回中找到答案。)

师:(教师出示阅读单的幻灯片)

《红楼梦》 阅读单 第四回 学号____ 姓名_____

一、用整洁规范的字体抄写这一回中你最喜欢的诗词名句。(20分)

二、内容概括(300字左右)(40分)

_____

_____

三、简答题

1. 第四回的标题是"薄命女偏逢薄命郎 葫芦僧乱判葫芦案"。"薄命女"、"薄命郎"、"葫芦僧"分别指谁?

2. 什么是护官符?四大家族是怎么巩固彼此关系的?

师:刚才,检查了同学们的阅读单,每一题都做了,每个同学都工整地抄写了第四回自己喜欢的好词好句,第二题,同学们也做了内容概括,要做好这一题,必须要认真阅读这一回,并对内容进行信息筛选,然后加以概括。同学们做得好。由于时间关系,第一、二两题,我们就不再讲了。我们直接进入第三题的第一小题:第四回的标题是"薄命女偏逢薄命郎 葫芦僧乱判葫芦案。""薄命女"、"薄命郎"、"葫芦僧"分别指谁?谁来回答这个问题?

生1:薄命女指香菱。

师：他的父亲是谁？

生：甄士隐，香菱原来的名字叫甄英莲。

师：那作者为何称香菱为"薄命女"呢？她有什么不幸遭遇？

生1：香菱，原名甄英莲，按曹雪芹的谐音，应是"真应怜"，真正值得可怜。她原籍姑苏，出身乡宦家庭。三岁那年元宵，在看社火花灯时被骗子拐走，十二三岁时，被薛蟠强买为妾，改名香菱。薄命啊！

师：不错，说明熟读了文本。那"薄命郎"又指谁呢？

生1：指冯渊。

师：冯渊何以薄命？

生1：冯渊，这个小户人家的少爷跟薛蟠抢夺香菱，结果被薛蟠打死。

师：冯渊，逢冤，果然够"冤"。那葫芦僧又指谁呢？

生1：指门子。

师：你能说说门子的来历吗？

生1：门子在《红楼梦》中算是一个小人物，小到连自己的名字都没有，仅以他看门的职业作为标记，叫作门子。门子在成为衙役之前，正是贾雨村当年寄居的那个葫芦庙里的一个小沙弥，所以，和贾雨村算是旧相识了。门子出场的时候，贾雨村再次做官刚刚上任，刚上任就碰上呆霸王打死人的人命官司。起初，贾雨村并不了解薛蟠的背景，所以在听完死者冯渊家人的叙述后，很是气愤，立刻就要发签拿人。这个时候门子使眼色儿，贾雨村心存疑虑，只得停了手，退堂至密室，门子献上一本护官符，帮贾雨村了解了薛蟠的背景。

师：刚才你提到护官符，正好是下一题目的内容，什么是护官符？四大家族是怎么巩固彼此关系的？我刚才检查阅读单的时候，看到好多同学抄了护官符，莫非你们以后也想当官？谁能背诵"护官符"？

（许多同学笑着举手，教师让一同学站起来背诵。）

[生2十分流利地背诵：贾不假，白玉为堂金作马。阿房宫三百里，住不下金陵一个史。东海缺少白玉床，龙王来请金陵王。丰年好大雪（薛），珍珠如土金如铁。]

师：他背诵得很好。谁来解释"贾不假，白玉为堂金作马"一句含义？

生2：贾不假，"贾"指贾家，即荣国府和宁国府。"不假"，名不虚传，有白玉砌成的厅堂，黄金铸成的马。

师：解释得不错，这一句，比喻贾家的富贵豪奢。贾府权势很大，上能通天，通过元春，与朝廷有联系。谁来解释第二句？好，你来。

生3：金陵一个史，"史"指史家，即贾母的娘家。住不下金陵一个史，说明家族势力很大、很广。

师：是的，阿房宫，我们学过，"覆压三百余里，隔离天日"，既豪华，又广大，居然装不下史家，可见史家家族势力很大、很广。谁来说说第三句？好，你说说。

生4：金陵王，指王家，即贾政妻王夫人和贾琏妻王熙凤的娘家。东海龙王缺少白玉床，只得向王家来借。

师：一般人家只能睡木床，王家的床却是白玉做的，可见王家有钱啊！谁来说第四句？

生5：丰年好大雪，珍珠如土金如铁。薛家钱多挥金如土啊！

师：对的，雪，"薛"的谐音，薛宝钗的娘家。薛家是皇商，富可敌国。贾史王薛"四大家族"，你们看了《红楼梦》，你们说，他们之间，主要是通过一种什么方式，形成一种紧密联盟的呢？

生5：联姻，即婚姻关系。

师：是的。贾母，来自史家，贾政的妻子王夫人、贾琏的妻子王熙凤来自王家，宝玉未来的妻子薛宝钗来自薛家。他们通过婚姻关系，亲上加亲，紧密联结在一起，他们是一种权钱结合。他们的权势上通宫廷，下联州县，渗透到封建社会的各个方面实行政治压迫、经济剥削和思想统治。"护官符"里的"四大家族"的统治，是封建社会的一个缩影。好，这一回的重点是贾雨村判案，贾雨村这个人物在小说第一回就出现了。透过前几回，我们可以看到贾雨村这个人物的不断变化的人生轨迹。贾雨村算是《红楼梦》中的公务员，如果穿越到今天，他是否能考上公务员，是否能被录用，他是否能做一个好官？请同学们在下面讨论一下，彼此交换看法，5分钟后，我让同学们谈谈自己的看法。

（穿越时空设置悬念，激发起学生探究的兴趣，学生在下面讨论问题，5分钟后，教师让学生回答问题。）

师：好，刚才同学们针对我提出的问题展开了热烈的讨论，下面请同学们分享一下自己的看法，谁先来表达？

生6：他完全可以考上公务员。

师：为什么？

生6：他不像贾珍、贾琏，无理想信念、不学无术，他是有理想、有真才实学的。

师：从哪里可以看出？

生6：贾雨村一开始是个落魄书生，家道中落，但他有才华，一出场就语惊四座，出口不凡。

师：怎么个出口不凡？

生6：时逢三五便团圆，满把晴光护玉栏。天上一轮才捧出，人间万姓仰头看。此时的贾雨村寄身破庙，靠卖字作文为生。但一开口，借月抒怀，雄心壮志溢于言表，何等豪迈！这是他有理想、有真才实学的体现。

生7：我也认为他能考上公务员，贾雨村不但有才，还有貌，参加公务员面试一定有优势。

师：喔，贾雨村长得好吗？

生7：小说中写他"生得腰圆背厚，面阔口方，更兼剑眉星眼，直鼻权腮"。标准的传统美男子形象，简直帅到不要不要的。

师：确实，贾雨村是出场自带光环的人物。他身材魁梧，仪容不俗，满腹诗书，才华过人，走到哪里都能引人注目。从甄士隐到林如海到贾政都热心资助他，就是被他身上的光芒感染。

生8：这样的人活到今天，参加公务员考试，一定会被录用。但我认为他不能当公务员，他固然有才，但此人品行太差，当公务员会危害老百姓。

师：你说他品行太差，有证据吗？

生8：此人忘恩负义，过河拆桥。小说开篇他是寄居在葫芦庙的穷儒，后来靠甄士隐、林如海、贾政等的提携，进了官场，一路飞黄腾达。然而此人不思回报，甚至落井下石。他靠贾家重新做官，可是当贾家被抄家时，他不但马上撇清自己跟贾家的关系，还在背后捅刀子。

师：真是恐怖啊！这些提携他的贵人，竟然全部都下场凄惨。他仿佛是灾星，谁碰谁倒霉。

生8：而且此人还滥用权力，攀附权贵。冤枉石呆子拖欠官银，然后，把这石呆子的二十几把旧扇子冠冕堂皇地做了官价，合法地孝敬给了贾赦。

师：你的观点是，贾雨村是个读书人，才貌双全，但完全没有孔孟先圣所说的忠孝仁义。他钻营、势利、冷酷、忘恩负义、巧取豪夺，但同时，他又情商智商双高，目光通透，见识不凡，如果需要找一个词来概括他，那就是"精致的利己主义者"。

生8：对，所以这样一个人，生活在今天，是不能让他当公务员的，他会危害百姓、危害社会。

生9：贾雨村固然品行有问题，但看一个人，不能静止地看，要历史地看。我们得承认，他首先还是一个追求上进的穷书生，教林黛玉也还是个好老师，只是后来才成为一个见风使舵的小人。

师：喔，你认为贾雨村不是天生的坏人，而是逐渐变坏的，是不是？

生9：是的，对于贾雨村的评价应该客观而公正，流落葫芦庙的贾雨村，处处表现出不凡之处，不然曹雪芹不会通过娇杏的视角，透露出甄士隐的想法：必非久困之人，每每有意帮助周济他，只是没什么机会。

生8：那是娇杏和甄士隐被贾雨村的外貌欺骗了。

生9：和甄士隐有同样观点的还有林如海和贾政，一个人对贾雨村另眼相看，可能存在侥幸的可能；三个人都对贾雨村另眼相看，只能说明贾雨村确确实实是有能力而又有抱负的人。

师：对于贾雨村的才能，曹雪芹也是肯定的。曹雪芹借贾雨村之口阐明正邪两赋，从这里，读者也隐隐能感觉到贾雨村不凡的见识和报效国家的强烈愿望。

生9：能力有了，学识也有了，功名利禄也得到了。他执掌一县的一切民政要务，迎来了自己施展平生所学的机会。可是呢？不上一年，被上司参了一本，革职查办了，但他"仍是嬉笑自若"，外出游山玩水。可见这一阶段的贾雨村内心依旧坦然：官心不重，士气犹存。游到扬州，即便病困旅舍、盘费不继，也不愿攀附权贵，只托朋友之力，谋得了一个家庭教师的职位，进了林如海家，当了林黛玉的老师。

师：你说贾雨村还是个好老师，你能说详细一点吗？

生9：当黛玉的老师当得也不错。书中没有正面说他教得怎么样，但林如海肯给他写推荐信，包括黛玉在后面章节中所表现出的才华，都可以间接说明，贾雨村是个称职的甚至是个优秀教师。

师：这个证据不太充分，你继续说。

生9：贾雨村在黛玉父亲林如海的推荐下，结识了贾政，很快补了金陵应天府的职缺。刚上任的贾雨村，起初也十分珍惜这来之不易的机遇。于是当一桩人命官司摆到案前时，他决计秉公处理。门子的出现，让他意识到官场的黑暗，贾雨村人生轨迹发生重大转折，此后，一步一步从最初的君子变成小人，最终成为包藏祸心的酷吏。贾雨村何尝不想做一个好官？混沌的世道，不允许啊！贾雨村活在那个时代，才能不能施展，抱负不能实现，这何尝不是贾雨村的悲剧。人需要制度的约束，贾雨村如果活在今天，他不敢腐、不想腐、不能腐。他大有可为，他有才识、有魄力，定能为民做实事。

生10：看一个人，不仅要看他说什么？关键要看他做了什么？我们首先来看看贾雨村说了些什么。是的，年轻时，他说得冠冕堂皇，以诗言志，自命绝非久居人下之人，时机一到便要一飞冲天。当他高中得官，得知恩公甄士隐遭遇之后，答应寻找甄士隐失散之女，可谓知恩图报。后面对正邪两赋的长篇大论更是让人刮目相看。从他所说来看，这个贾雨村胸有文墨、志向远大、有情有义。

师：这不正是前面同学所持的观点吗？一个有才华、有理想、有见识、有思想的"四有"青年呼之欲出。人们没有理由不欣赏，不喜欢他。

生10：可是，前面说过，了解一个人要听其言，更要观其行。我接下来还要看看他做了些什么？

师：他做了些什么？能说说吗？

生10：得了资助的贾雨村科举及第，外放做官，小说中说他"虽然才干优长，未免有些贪酷之弊"。"贪"就是贪污，"酷"就是对老百姓残暴、不仁。

师：哦，贾雨村做官很贪婪，很残暴。

生10：他不仅贪婪残暴，而且忘恩负义。为了升官，不择手段。以恩人甄士隐女儿英莲的性命为投名状赢得了仕途的一片光明。为了帮贾赦抢一把扇子迫害无辜，不择手段，以至于连平儿都咬牙骂贾雨村是"半路途中那里来的饿不死的野杂种！"至此，我们已经看出，这个出口华彩文章，满嘴忠君报国的贾雨村其实是个虚伪无情、有才无德、奸诈狠毒的双面人。

师：看来，你很会识人啊！那为何甄士隐、林如海、贾政他们不能识破贾雨村的真面目呢？

生10：所谓当局者迷旁观者清吧。贾雨村这个人隐藏太深。许多人也因为欣赏他的外貌，爱慕他的才华而忽略了他虚伪狡诈的本性。我们知道，优秀的人才应该德才兼备，而贾雨村恰恰就是一个才胜于德的小人。其才越大，官位越高，对社会造成的伤害越严重。因此，贾雨村若活在当今，他可以考取公务员，但绝不能录用他当公务员。

师：同学们辩论得很精彩，通过辩论，我们立体地把握了贾雨村的形象。我为什么要让同学们关注贾雨村这个人物呢？原因有二：一是贾雨村这个人物能把我们引向贾府之外的广阔空间，引向社会。在这里，我们可以看到冯渊、香菱等鲜活的生命被虐杀，而那沾满血迹的"护官符"却使这些虐杀人命的统治者一丝不损。二是贾雨村是《红楼梦》里一个非常值得人们关注的人物，家世的没落让他过早地遭受了世人的冷眼，贫困的处境让他只得在庙里安身，以卖字作文为生。正是这样一种人生境遇，让贾雨村异常渴望成功，但是在他成功的路上，总是会有各种各样的阻挠。这种理想与现实的反差就会造成人性的异化，会暴露人性当中许多的阴暗面。其实贾雨村也是个悲剧人物，生不逢时，也有令人同情之处。好的，这节课，我们就导读到这里，下次，我们将导读第五回"游幻境指迷十二钗　饮仙醪曲演红楼梦"。

生：老师，能不能把阅读单先发给我们？

师：好。

《红楼梦》第五回师生共享鉴赏课实录

（第五回阅读提示：《红楼梦》第五回的回目是"游幻境指迷十二钗　饮仙醪曲演红楼梦"。宝玉随贾母等人到宁国府赏梅，来到秦可卿房里午睡。进入秦可卿卧室，闻到一阵甜香袭来的同时，看到唐伯虎的《海棠春睡图》，宝玉开始想入非非。看到镜子、盘子、木瓜、榻以及榻上悬挂的珍珠帐子，他竟联想到武则天、赵飞燕、杨贵妃、西施等古代美女。宝玉为何会产生这些联想呢？一是宝玉有了性意识，按照弗洛伊德的精神分析理论，人们是容易把一些常规物品想象成与性有关的，尤其是像宝玉这样刚刚进入青春期的孩子，此时淫者见淫；二是宝玉看了有关的写武则天、赵飞燕、西施等美女的野史，看过《西厢记》《牡丹亭》等禁书。青春期的宝玉在秦可卿卧室要做春梦了。他梦到了太虚幻境，从太虚幻境出来一个绝色仙女，叫警幻仙姑。这个仙姑长得特别美，曹雪芹做了如下描绘。

方离柳坞，乍出花房。

但行处，鸟惊庭树；

将到时，影度回廊。

仙袂乍飘兮，闻麝兰之馥郁；

荷衣欲动兮，听环佩之铿锵。

靥笑春桃兮，云堆翠髻；

唇绽樱颗兮，榴齿含香。

纤腰之楚楚兮，回风舞雪；

珠翠之辉辉兮，满额鹅黄。

出没花间兮，宜嗔宜喜；

徘徊池上兮，若飞若扬。

蛾眉颦笑兮，将言而未语；

莲步乍移兮，待止而欲行。

羡彼之良质兮，冰清玉润；

慕彼之华服兮，闪灼文章。

爱彼之貌容兮，香培玉琢；

美彼之态度兮，凤翥龙翔。

其素若何？春梅绽雪。

其洁若何，秋菊被霜。

其静若何，松生空谷。

其艳若何，霞映澄塘。

其文若何，龙游曲沼。

其神若何，月射寒江。

应惭西子，实愧王嫱。

奇矣哉，

生于孰地，来自何方。

信矣乎，

瑶池不二，紫府无双。

果何人哉，

如斯之美也。

从以上描绘中可以看出，警幻仙姑具有外在美与内在美。警幻仙姑引导贾宝玉游了太虚幻境，目的是开导宝玉，"戒了风月"走上"经济之道"，这种开导，共分六个步骤。

1. 让宝玉看册子——"薄命司"，金陵十二钗判词，宝玉不醒悟；

2. 让宝玉闻香——"群芳髓"（群芳碎），宝玉不醒悟；

3. 让宝玉品茶——"千红一窟"（千红一哭），宝玉不醒悟；

4. 让宝玉喝酒——"万艳同杯"（万艳同悲），宝玉不醒悟；

5. 让宝玉听《红楼梦》十二支曲，宝玉不醒悟；

6. 让宝玉与天下最美的女人兼美成婚，宝玉依然不醒悟，最后坠入情网。

警幻仙姑用尽各种手段：有物质的、肉欲的、精神的，宝玉就是情痴情种，一条道走到黑，最终在梦境中没有过关而被逐出仙界重新修炼。）

（教师出示阅读单幻灯片）

《红楼梦》 阅读单 第五回 学号＿＿＿ 姓名＿＿＿＿＿

一、用整洁规范的字体抄写这一回中你最喜欢的诗词名句。（20分）

二、内容概括（300字左右）（40分）

＿＿＿＿＿＿＿＿＿＿＿＿＿＿＿＿＿＿＿＿＿＿＿＿＿＿＿＿＿＿＿＿＿＿

＿＿＿＿＿＿＿＿＿＿＿＿＿＿＿＿＿＿＿＿＿＿＿＿＿＿＿＿＿＿＿＿＿＿

三、简答题（40分）

1.《红楼梦》中"金陵十二钗"除了林黛玉和薛宝钗外，还有哪十位？

2. 下列是《红楼梦》"金陵十二钗正册"中的一段判词，暗指《红楼梦》中两个女子的命运。请指出这两个女子是谁，并简述其中一个女子的身世与命运。

可叹停机德，堪怜咏絮才。玉带林中挂，金簪雪里埋。

师：今天我们来导读《红楼梦》第五回。《红楼梦》第五回，实际上是全书的总纲。这一回，从整体上对全书的布局结构做了总体安排，可以说《红楼梦》所写的内容就是按照它所描述的轨迹发展的，它在曹雪芹写作《红楼梦》的整个艺术构思中占有非同寻常的地位。因此，我们要好好学习这一回。刚才，看了同学们的阅读单，做得都很认真。（教师出示第五回阅读单幻灯片）

下面我们来看看第一题：用整洁规范的字体抄写这一回中你最喜欢的诗词名句。我们来分享一下，并要说说，你为什么喜欢这个句子？谁先来分享？

（学生热烈响应，站起来回答问题。）

生1：老师，这一回，好词好句太多了。但我最喜欢对元春的这首判词，所以我抄写了它。

师：你读一读，读给大家听听。

（生1读：二十年来辨是非，榴花开处照宫闱。三春争及初春景，虎兔相逢大梦归。）

师：你为什么喜欢这首判词？

生1：因为这首词写出了贵妃元春的悲剧命运。

师：你既然抄写了这首判词，想必也研究了这首判词，你能把这首判词适当地解读一下吗？

生1：老师，对这首判词的理解，我确实查了一些资料，"二十年来辨是非，榴花开处照宫闱"，元春做了贵妃，二十岁左右死了，是皇帝非常宠爱的一个贵妃。

师：你从哪儿看出皇帝非常宠爱元春呢？

生1：榴花，石榴花是最红的花，这里应该是说元春红得发紫。

师：榴花，古代叫作榴火。五月的榴花，的确红得发紫。那后面两句的意思呢？

生1："三春"，应该是元春的三个妹妹迎春、探春、惜春；"争及"，怎及，意思是元春的三个妹妹都不及她荣华富贵。

师：是的，元春是贾府中地位最尊贵的女子，整个贾府三百多人的荣辱兴衰就寄靠在她一个弱女子身上。她能在后宫三千丽人中一步一步走向高处，我们可以想象得到她的智慧与脱俗。"虎兔相逢大梦归"一句又作何理解呢？

生：虎兔可能是讲十二生肖纪年，元春在虎兔之间那一年死掉了。

师：这当然是一种理解，但有的本子是"虎兕相逢大梦归"，兕是犀牛。虎和犀牛都是很厉害的动物，如果是"虎兕相逢大梦归"，可能有政治斗争的问题。我以为，这种理解更好，因为元春太优秀，太受宠，引起了别人的嫉恨，引起了宫廷斗争。在这个斗争里元春"大梦归"，牺牲了。元春一死，接下来就是贾家抄家，整个家族没落了。从元春的判词里面可以看到，她的命运也是贾家的命运。好，你抄了这首词，并进行了解读，说明你认真看了这一回。谁还来说说？

生2：老师，我对凤姐很感兴趣，我抄了有关凤姐的判词。

师：好啊，先说说你为什么对凤姐感兴趣。

生2：我觉得她的性格在21世纪肯定有一番大的作为。她有高颜值、高智商、高情商，又很能干，有这些条件在当今肯定能大行其道。

师：哦，高颜值、高智商、高情商，又能干，概括得很简练啊！不妨详细说说看？

生2：先说高颜值啊！她长着丹凤眼、柳叶眉，身量苗条，外貌美丽、华贵、俊俏。她也很会打扮，小说第三回，写王熙凤出场，打扮得"彩绣辉煌，恍若神妃仙子"，显得十分外放。

师：是的，那时的女性，多半是收敛的、含蓄的、淡雅的，而王熙凤完全是现代女性的感觉。这是说她颜值高。还有呢？

生2：她智商高，心思细腻，在人际关系纷繁复杂的家族中，能捍卫自己的地位。她情商高，伶牙俐齿，八面玲珑。

师：这话不假，周瑞家说凤姐"十个会说的男人也说不过她"。她有快乐的因子，走到哪里，哪里就有欢声笑语。不错。你说她能力强，给我们举举例子。

生2：王熙凤的确能力强，用我们现在的话说，就是个女强人。她自幼充当男孩子教养，行事风格与那些闺阁女子自然不同。她掌管荣国府，亲力亲为，每天工作到深夜。凤姐的才干，在秦氏之丧表现得最为充分。她针对宁国府的五种弊端，采取了"承包责任制"，做到事有人办，物有人管，活有人干，各司其职，忙而不乱。

师：哦，情人眼里出西施，在你看来，王熙凤很完美啊。但红学前辈王昆仑曾说过，"恨凤姐，骂凤姐，不见凤姐想凤姐"，可见凤姐也有不讨人喜欢的地方。王熙凤的形象十分复杂，我们今天暂且不说。好了，你抄了有关王熙凤的判词对不对？你把这判词读一下。

（生2读：凡鸟偏从末世来，都知爱慕此生才。一从二令三人木，哭向金陵事更哀。）

师：你看懂了这首判词没有？

生2：像个谜一样，看不太懂。"都知爱慕此生才"，估计是说王熙凤有才吧。还有，我看了一些资料，说"一从二令三人木"中的"人木"合起来是"休"字，是说王熙凤最后被休，回金陵了，所以"哭向金陵事更哀"。我只能说这些。

师：已经很不错了。的确，《红楼梦》中的判词是最神秘的预言，这些判词都在可解与不可解之间，恰好就是《红楼梦》的魅力所在。例如写王熙凤的判词"一从二令三人木"，这跟谜语一样。刘心武认为，这句代指丈夫贾琏对她的态度，从刚开始的言听计从，到后来的发号施令，终于到最后被无情休弃。人跟木加起来是一个"休"字，就是说她最后被贾琏休了。古代女子被休就是被婆家赶出家门，是很惨的事。好，刚才同学们说了自己抄写的好词好句，不过都是一些判词。有没有抄写了"红楼梦十二支曲子"的？

生3：老师，我抄了。

师：你说说，你抄写了哪一支曲子？

生3：我抄写了"终身误"，即"红楼梦第二支曲子"，"都道是金玉良缘，俺只念木石前盟。空对着山中高士晶莹雪，终不忘世外仙姝寂寞林。叹人间美中不足今方信。纵然是齐眉举案，到底意难平"。我很喜欢这支曲子。

师：为什么喜欢这支曲呢？

生3：因为这支曲子写了宝玉、宝钗与黛玉的三角恋爱，写出了宝玉的感情纠葛。

师：哦，三角恋爱，有意思。这里面的"金玉良缘"指什么？

生3："金玉良缘"是指薛宝钗与贾宝玉的关系。宝钗有金锁，宝玉有通灵宝玉，人们认为他们是一对儿，然而宝玉不认可这一段因缘。"俺只念木石前盟"，前世我是石头，曾经浇灌过那棵三生石畔的绛珠草。对贾宝玉来讲，他只眷恋前世的因果。

师：解释得很到位，"空对着，山中高士晶莹雪；终不忘，世外仙姝寂寞林"又是什么意思呢？

生3："雪"指薛宝钗，"林"指林黛玉。贾宝玉娶了薛宝钗，可面对着完美高贵的妻子，他的心中仍惦记着那个属于仙界的寂寞林黛玉。

生4：老师，我有一个问题没有搞清楚，就是"红楼梦的判词"。十二钗基本上是一人一判词，但两个最重要的女性黛玉和宝钗却是放在一起合写判词。这里的曲子也是，其他女子都是一人一曲，可是这里，又把黛玉与宝钗放到一起了。为什么不重视她们，为什么不给她俩一人一词？

师：你这个问题问得很好。为什么会出现这种奇怪的现象？当初，我也认为作者忽视她俩了，后来一想，不对呀！这肯定有作者的深意。我的理解是作者觉得林黛玉和薛宝钗其实不是两个人，而是同一个人；或者是一个人的两面。"叹人间，美中不足今方信"，在作者看来，好像两个人合在一起才是完美，如果她们是两个人，就永远不完美。所以在作者幻想的世界里，在判词当中，她们变成了合在一起的生命形态。我这个解释，你可以接受吗？

生4：谢谢老师，我豁然开朗了。

师：由于时间关系，好词好句积累这个题目就讲到这里。下面，我们进入第二题，对第五回进行内容概括，谁能用最通俗明白的话，把这第五回的意思表达出来？

生5：我来试试吧。这一回的内容是：贾宝玉观赏会芳园的梅花后，在侄媳秦可卿的卧房里睡午觉，做了个神游太虚幻境的美梦。梦中，他遇到了袅娜翩跹的警幻仙姑。仙姑邀请宝玉到她居住的太虚幻境一游。宝玉在"薄命司"里看了金陵十二钗正册、副册、又副册。接着品"千红一窟"茶，饮"万艳同悲"酒，又聆听了《红楼梦》仙曲十二支。最后仙姑又将其妹秦可卿许配给宝玉。两人携手游玩，到一迷津，被雷声惊醒。

师：表达不错，把第五回的内容基本上复述出来了。复述故事是一种本领，能够用较短的文字复述故事，更是一种绝活。还有谁能够用更简短的文字复述一下第五回吗？

生6：宝玉到宁国府赏梅后，来到秦可卿卧室睡午觉入梦，梦中来到太虚幻境，翻看了"金陵十二钗"图册后，又聆听了《红楼梦》十二支曲。梦中与仙女秦可卿结婚。婚后，二人携手游玩忽遇迷津，宝玉惊吓而醒，失声喊叫："可卿救我！"方从梦中醒来。

师：了不起啊！这需要一种高超的筛选信息和概括信息的能力。好，这一题我们讲到这里。接下来，我们讲第三题的第一小题：《红楼梦》中"金陵十二钗"除了林黛玉和薛宝钗外，还有哪十位？谁来说一说？不准看书，看谁能背出来？

生7：还有王熙凤、史湘云、元春、迎春、探春、惜春、秦可卿、李纨、妙玉、巧姐。

师：背得挺熟的，你为什么能记住？

生7：我是按曹雪芹塑造形象使用笔墨的多少来记住的。王熙凤、史湘云，作者花的笔墨多，给我印象深，自然放在最前面，能记住。

师：是的，记东西要有方法，你有你的方法，我也有我的方法。我是这么记的：首先是薛宝钗、林黛玉，两大主角；接着是贾家四姐妹：元春、迎春、探春、惜春，这四姐妹我是这样记住的，春天正好是元春，这么好的春天，我们要去迎接它，迎春，我们要探究春天的秘密，探春，美好的春天快要过去了，好可惜啊，惜春；然后是王熙凤母女，王熙凤、巧姐；最后就是"秦始皇庙"，秦：秦可卿，始：史湘云，皇：李纨，庙：妙玉。

生：哇。老师真厉害！

师：好，我们步入下一题（教师出示幻灯片）。下列是《红楼梦》"金陵十二钗正册"中的一段判词，暗指《红楼梦》中两个女子的命运。请指出这两个女子是谁，并简述其中一个女子的身世与命运。

可叹停机德，堪怜咏絮才。玉带林中挂，金簪雪里埋。

师（指着幻灯片）：谁来回答这个问题？

生8：分别指的是薛宝钗和林黛玉。

师：你为什么说他们是薛宝钗和林黛玉呢？

生8：我主要是从"玉带林中挂，金簪雪里埋"这后两句推断出来的，老师在前面说了，《红楼梦》有谐音艺术，"玉带林中挂"，前三字倒读即谐其名林黛玉。

师：推测不错，确实是说林黛玉结局的，有人还据此推断说林黛玉挂林中，是上吊而死，我认为不妥，应该理解成林黛玉是在不断牵挂宝玉的思恋中泪尽而亡的。好，你从"玉带林中挂"推出是黛玉，那"金簪雪里埋"又作何解释？

生8：金簪雪里埋——这句是说薛宝钗。前三字暗点其名："雪"谐"薛"，"金簪"比"宝钗"。所以是说薛宝钗的。

师：对了，这里确实是说薛宝钗的。金簪，本是光耀头面的首饰，竟埋没在寒冷的雪堆里，这是对薛宝钗与宝玉婚后冷落处境的写照。后来，宝玉出家做和尚了，薛宝钗独守空房。那"可叹停机德，堪怜咏絮才"这两句又如何理解呢？

生8：老师，停机德，是不是与我们初中学过的乐羊子妻这个故事有关？

师：是的，你还记得这个故事吗？不妨跟大家分享？

生8：说的是有个叫乐羊的人，做官读书常常没有恒心，做了一半就不做了。一天，他回到家里，正在织布的太太，忽然把织线割断，停掉了织布机，告诉他说，你做任何事情，如果没有毅力和恒心就是失败者。

师：那作者在这里写这个典故有何用意呢？

生8：这个典故应该是说林黛玉的。

师：为什么？

生8：因为判词三、四句"玉带林中挂，金簪雪里埋"，先说的是林黛玉，再说的是薛宝钗嘛，根据前后照应，因此第一句"可叹停机德"自然说的是黛玉了；而且黛玉是宝玉心目中和作者曹雪芹心目中最重要的人物，因此先说黛玉嘛。

师：你这样理解，是有些道理。但理解诗歌，最重要的还要看诗句本身。"停机德"强调的是一种美德，同学们，谁最符合封建大家闺秀的淑女形象呢？

生（齐）：薛宝钗。

师：是的，薛宝钗是淑女，最后成了贾宝玉的妻子，她也像乐羊子妻一样，常常劝贾宝玉要好好读书上进。"可叹停机德"，是讲薛宝钗的那种女性道德力量的强度。同样"堪怜咏絮才"也是用了典故，你们知道用的是什么典故吗？

生8：不知道。

师：有谁知道？

生9：这个典故出自《世说新语》，与一个非常有才华的女孩子谢道韫有关。天上在下雪，谢安问怎么去形容雪。有男孩子说，好像盐撒在空中。谢道韫说："未若柳絮因风起。"好像被风吹起的柳絮在空中飘飞一样。显然，这个女孩子比男孩子有才华。

师：对了，《红楼梦》中的女孩谁最具性灵、最有诗人气质，写诗写得最好呢？

生9：林黛玉。林黛玉非常有才华，她好几次写诗夺魁。

师：是的，"堪怜咏絮才"是说林黛玉的。林黛玉的诗歌确实写得非常好。《红楼梦》中的林黛玉写了不少好诗，给你们印象最深的是哪一首？

生9：我尤其喜欢她的《葬花辞》。

师：为什么喜欢这首诗？

生9：这首诗歌写得很美，明写花，实写人，花的命运就是人的命运。我非常喜欢，老师，我还能背出这首诗歌呢！

师：是吗？太了不起了，你背给大家听听？

（生居然声情并茂地把这首诗歌一口气背下来了，感染了全体学生。）

师：你背得非常好。非常感人。其实，我也非常喜欢这首诗歌。谈到林黛玉的诗才，必然要提到这首诗。我正要同学们来读读这首诗呢！好，我们下面来一起美读一下这首诗。我根据这首诗的意境、节奏、韵律做了一些艺术化处理，我们这样来读。（教师出示幻灯片）

花谢花飞花满天，花满天，花满天，花满天，

红消香断有谁怜？有谁怜？有谁怜？有谁怜？

游丝软系飘春榭，落絮轻沾扑绣帘。

闺中女儿惜春暮，愁绪满怀无释处。

手把花锄出绣帘，忍踏落花来复去。

柳丝榆荚自芳菲，不管桃飘与李飞；

桃李明年能再发，明年闺中知有谁？

三月香巢已垒成，梁间燕子太无情！

明年花发虽可啄，却不道人去梁空巢也倾。

一年三百六十日，风刀霜剑严相逼；风刀霜剑严相逼；风刀霜剑严相逼；

明媚鲜妍能几时，一朝漂泊难寻觅。难寻觅。难寻觅。难寻觅。

花开易见落难寻，阶前愁杀葬花人，

独倚花锄泪暗洒，洒上空枝见血痕。

杜鹃无语正黄昏，荷锄归去掩重门；

青灯照壁人初睡，冷雨敲窗被未温。

怪奴底事倍伤神？半为怜春半恼春。

怜春忽至恼忽去，至又无言去未闻。

昨宵庭外悲歌发，知是花魂与鸟魂？

花魂鸟魂总难留，鸟自无言花自羞；

愿侬此日生双翼，随花飞到天尽头。天尽头。天尽头。天尽头。

天尽头，何处有香丘？

未若锦囊收艳骨，一抔净土掩风流。

质本洁来还洁去，强于污淖陷渠沟。

尔今死去侬收葬，未卜侬身何日丧？

侬今葬花人笑痴，他年葬侬知是谁？

试看春残花渐落，便是红颜老死时；

一朝春尽红颜老，花落人亡两不知！两不知！两不知！两不知！

（学生声情并茂地朗读，悲凉之情弥漫整个教室。）

师：同学们读得太好了。这首诗歌以花为意象，充满生命意识、死亡意识和哲理意识。我们可以读出无依感、无助感、漂泊感、孤独感、无常感、无力感、黄昏感，甚至死亡感。《葬花词》充满悲剧意识。《红楼梦》就是一部彻底的悲剧。第五回有一支叫《飞鸟各投林》的曲子，把《红楼梦》所有的结局全部唱在其中。同学们，我们把最后这支曲子齐读一遍。

（教师出示幻灯片，生齐读：

为官的，家业凋零；

富贵的，金银散尽；

有恩的，死里逃生；

无情的，分明报应。

欠命的，命已还；

欠泪的，泪已尽。

冤冤相报岂非轻，

分离聚合前生定。

欲知命短问前生，

老来富贵也真侥幸。

看破的，遁入空门；

痴迷的，枉送了性命。

好一似食尽鸟投林，

落了片白茫茫大地真干净！）

师：这首曲，白话味儿，很好懂。所有东西都有因果，到最后就是"落了片白茫茫大地真干净"。

"千红一哭"，"万艳同悲"！（教师出示幻灯片）

著名学者王国维说：吾国人之精神，世间的也，乐天的也，故代表其精神之戏曲、小说，无往而不著此乐天之色彩：始于悲者终于欢，始于离者终于合，始于困者终于亨。非是而欲餍阅者之心，难矣。

若《牡丹亭》之返魂，《长生殿》之重圆。

《红楼梦》一书与一切喜剧相反，是彻头彻尾之悲剧也。

师（指着幻灯片）：王国维认为，《红楼梦》打破了中国传统的"大团圆"审美心理，是一部彻底的悲剧，是悲剧中的悲剧。好，《红楼梦》第五回我们就导读到这里。

《红楼梦》第三十三回师生共享鉴赏课实录

师：有一部书被称作中国古今第一奇书，中国封建社会的百科全书，毛泽东称它为中国的第五大发明，你们知道这是一部什么书吗？

生：《红楼梦》。

师：对了，《红楼梦》（老师拿起《红楼梦》这本书），读了《红楼梦》，大家知道它除了叫《红楼梦》，还知道这本书叫什么？

生：《石头记》。

师：哎，对了！《石头记》。为什么叫《石头记》呢？

生1：因为贾宝玉出生的时候嘴里衔着一块石头。

师：是的，这块石头是女娲补天的时候，一块不用的最后遗落在青埂峰下的石头，经过风雨的洗礼，最后变为一块通灵的宝玉，但是，这块玉是无才补天的，没有多大的用处，不是真正的玉，而是假宝玉。（学生听到这里发出笑声）这就是《红楼梦》又叫《石头记》的来历。除了叫《石头记》以外，还有其他的叫法，你们知道吗？

生2：一个男人和两个女人的故事。（生笑）

师：你这个说法挺有意思？为什么叫这样的名字呢？

生2：因为《红楼梦》是写贾宝玉这个男人和林黛玉、薛宝钗两个女人的三角恋爱。

（师生大笑。）

师：《红楼梦》中确实有这个内容，而且是小说中的一个最重要的内容，但没有这个书名，这是你的发明创造。那么《红楼梦》还叫什么呢？

生3：《情僧录》。

师：对了，又叫《情僧录》（幻灯片出现《情僧录》三个字），因为贾宝玉最后出家了，但他曾经是一个多情的人，所以叫《情僧录》。（指着幻灯片问大家）除了这三个名字，还有其他名字吗？

生（全）：不知道。

师：那我告诉大家，《红楼梦》还叫《金陵十二钗》，钗是什么意思？

生4：钗是女人头上戴的装饰物。

师：是的，钗是女子头上戴的金钗吧！所以这里借指女子，《红楼梦》高举女性的旗子，你们看我们这里的主角是女性啊！

（生笑。）

师：主要写了金陵的十二个女子，所以叫《金陵十二钗》。《红楼梦》还有一个另外的名字？谁知道？

生5：《风月宝鉴》。

师：你能知道这个名字，了不起啊（幻灯片出示《风月宝鉴》），为什么又叫《风月宝鉴》，你知道吗？

生5：《红楼梦》中出现了"风月宝鉴"，有人照过。

师：你照过"风月宝鉴"吗？

（生笑。）

生5：我没照过，有一个叫贾瑞的人照过。

师：贾瑞是谁？能说说贾瑞的事吗？

生5：贾瑞曾调戏王熙凤，调戏不成，反被王熙凤调戏。添了一身病，吃了几十斤药也不见效。此时来了一个跛足道人，取出一面两面皆可照人的镜子，即"风月宝鉴"，给贾瑞，并告诉贾瑞，"千万不可照正面，只照他的背面"。

师：贾瑞听劝告了没有？

生：没有。他先是照背面，结果背面出现了骷髅。

师：你知道这骷髅有什么深意吗？

生：大概是警告贾瑞，不要邪思妄动。否则就会死到临头，变成骷髅。

师：确实有这层深意。西方的美术史里面常常有骷髅，修行的时候旁边也有骷髅头，是要告诉你生命的终结就是这个，你每天看，就能提醒自己现在所拥有的一切东西都是假的。作者要借风月宝鉴度化贾瑞，告诉他你最后就是这个样子，现在有什么好邪思妄动的，你所拥有的东西不过是一个幻象。懂了吗？

生：懂了。可这个骷髅却把贾瑞吓坏了，于是他照正面，只见凤姐站在里面，招手叫他。他看到了自己朝思暮想的幻象。结果一命呜呼。

师："风月宝鉴"，正好是对《红楼梦》这本书既形象又具体的一个比喻。风月宝鉴的正面，描写的是风月繁华、温柔富贵、儿女情长的风月小说，而风月宝鉴的背面，则是骷髅，这里作者是要提醒人们，让你觉得眼下所眷恋、执着、放弃不了的东西，其实都是梦幻泡影。（生恍然大悟）

师：《红楼梦》还有一个名字叫——

生（惊讶）：还有名字啊？

师：《金玉缘》，为什么叫它《金玉缘》呢？

生6：玉，是贾宝玉，他胸前佩戴的是通灵宝玉。

师：不错，金是谁？

生6：薛宝钗。

师：宝钗，项圈上系一把金锁，对吧！他们两个最终结亲，所以叫《金玉缘》。《红楼梦》有那么多的书名，但我们现在习惯称《红楼梦》，因为"红楼梦"这个书名，可以总其全部之名。整个小说写的就是红楼一梦。

师：同学们，你们知道"红楼"是什么意思吗？

生6：应该就是大户人家吧。

师：也可以这样理解。我们学过"朱门酒肉臭，路有冻死骨"，"朱"就是"红"，"红楼"，指绚丽的楼阁，一般又指女子居住之处；所谓"梦"，指都没有理想的结局。同学们啊，《红楼梦》是封建社会的百科全书，不同的人，从事不同职业的人，都能够从中看到自己想看的东西。文学艺术、建筑艺术、绘画艺术、书法艺术、音乐艺术、戏剧艺术、茶艺、美食，应有尽有。我是从事教育的，我从教育的视野读《红楼梦》，我读到了《红楼梦》里面的家庭教育，早在——

生：20世纪。

师：不是20世纪，是在21世纪的2009年，我从教育视野研究《红楼梦》，于是写出了一篇《论<红楼梦>的家庭教育悲剧及其对当今家庭的警示作用》的论文，洋洋一万言。

生：哇！（全体鼓掌）

师：今天我们就讲有关《红楼梦》里面的一个家庭教育的章节，就是第三十三回"手足眈眈小动唇舌，不肖种种大承笞挞"，这一章节，主要是写宝玉挨打（幻灯片出示"宝玉挨打"的图片），粤教版教材收入此回，就叫

《宝玉挨打》，那你们猜猜看，宝玉挨打，这四个字重点会写那个字呢？

生：打。

师：对了，确实是重点写打。那么是挨谁的打呢？

生：挨他父亲贾政的打。

师：那贾政打宝玉是真打还是假打呢？

生7：真打。

师：何以见得？

生7：打前不准人去报告贾母，排除干扰，可见下了决心要把宝玉狠狠教训一顿。

师：你说排除干扰，能从小说中找到依据吗？

生7：如果是假打，贾政就不会命令下人"把各门关上"，不把各门关上，就有人会去报信。

师：把信报给谁？

生7：应该是贾母。贾母是宝玉的保护伞。过去打宝玉，总有人会通风报信，贾母一来，贾政自然就不能打宝玉了。现在却是"关门打狗"，自然是真打，要把宝玉往死里打。

师：有道理。"拿宝玉！拿大棍！拿索子捆上！把各门关上！有人传信往里头去，立刻打死！"这是贾政打宝玉的宣言，我把贾政的宣言这样改一下，行不行？（教师出示幻灯片）

把宝玉拿来，把大棍拿来，把索子拿来，把门关上。有人传信往里头去，立刻打死。

师（指着幻灯片）：谁来说说，看看与原文比较，区别在哪里，是我改得好，还是原文好？

生（全）：原文好！

师：你们真是，就看不起我的了，都说原文好。

（学生哄笑。）

生8：老师改得好。

师：你刚才说老师改得好。说说理由。

生8：你看老师改的，多么生动，"把宝玉拿来，把大棍拿来，把索子拿来，把门关上"，有一种在眼前的感觉。而且句式整齐，全用把字句，形成排比，形象地再现了贾政这个老学究的形象。对不对？

生（齐）：对。

生9：不对，我认为原文好。

（老师走过去将话筒递给同学。）

生9：他都快要打了，为了防止他人报信，当然要说得短一点，他的语气很急促，就会短一点。

师：就是说，你发现了一点区别，原文的话短一点，我的话长一点。话的长与短，在这个地方表达效果怎么样？

生9：他的语气很急促，连用三个"拿"字，显得很急切、很愤怒。而且，还有一种防止宝玉的小厮或者他身边的人，去给贾母和王夫人等人报信。还有，就是门那里，如果只是"把门关上"的话，就可能是只一扇门，也可能是几扇门。

师：原文中它这里是各门关上，我是把门关上。

生9：如果只有一扇门关上的话，宝玉的哀叫声可能会传到贾母耳朵里，（生笑）所以贾政为了以防万一，肯定就会把各门都关上，显出贾政要狠狠教训宝玉的决心。

师：说得好不好？

生（全体）：好！

师：原文的句子短一些，"拿宝玉！拿大棍！"（这里读起来声音急促）是不是，你在愤怒的时候还会说"把宝玉拿来，把大棍拿来"（在读这句话的时候声音语气变缓）吗？是不是，太长了吧。好，用短句，就把贾政这种愤怒的感情表现出来了，所以曹雪芹不愧为语言大师啊！下面请带着愤怒的感情，把原文中这句话齐读一遍。拿宝玉！预备读。（语气□□地领读）

生（齐读）：拿宝玉！拿大棍！拿索子捆上！把各门关上！有人传信往里头去，立刻打死！（学生语气加重，用一种愤怒的感情读）

师：立刻打死！这里读得好！好，以上同学认为贾政打宝玉是真打，不是假打，理由是打前不让人去报告，关门打狗，且情绪十分激动，十分愤怒。认为贾政是真打，还有别的理由吗？

生10：喝令小厮打，"堵起嘴来，着实打死"，"堵起嘴来"，这一招，真狠。一是打时，宝玉无法叫喊，不会有哭叫声传到外面；二是被打时，宝玉无法喘气，不是被打死就是被憋死，死路一条，那是狠心真打啊！

而且交代"着实打死"。

师：不是做做样子，不是闹着玩的。是不是？要就不打，打就打死。打的目的，也是要真打。这条理由成立，还有理由吗？

生11：用人们当然不敢真打，下手不敢太重。贾政犹嫌打轻了，于是亲自打。打的动作力度非常大，真是往死里打。

师：你能具体说说贾政是怎样用力打宝玉的吗？

生11：贾政"一脚踢开掌板的，自己夺过来，咬着牙狠命盖了三四十下"，这里面，有几个动词，力度非常大。

师：哪几个？

生11：踢、咬、盖，写出了贾政的极度愤怒，那是用尽了全身的力气打，往死里打。

师：咬着牙狠命盖，我改了一下，咬着牙狠命打，我改得好不好？

生11：不好。

师：说说不好的原因。

生11：因为盖更体现出他特别生气，更用力。

师：特别生气，更用力。

生11：打就感觉不是很重，打可以轻轻地打，但盖就很重。

师：打可以轻轻地打，但盖就很重，这是一个，还有其他的理由吗？

生11：还有就体现他非常生气，非常用力，是用整个的身体力量在打。

师：为什么生气？盖字总感觉好像，大家想想看？

生11：用的力气非常大。

师：对了，盖就是扎扎实实地打一下，哎哟，你说盖上去，（这里老师拿着书，狠狠地做出盖的动作，同学发出笑声，班级里气氛热闹）没有血液的流动，你说疼不疼啊？

生：疼！

师：你看曹雪芹用词用得太好了，用个"盖"字，一是打的面积大，二是打的力度大。哎呀！我觉得曹雪芹真的是天才啊！写得真好！贾政的确是真打啊！以上同学从贾政打的决心、打的目的、打的力度判断贾政是真打宝玉，还有理由吗？

生12：打的频率高。

师：具体说说？

125

生12：王夫人来了，贾政也不买账，相反，更如火上浇油一般，那板子越发下去得又狠又快。"狠"，力度大；"快"，频率高；"越发"一词，可见比先前还要力度大，频率高。

师：同学们找得很仔细，可见，贾政确实是真打宝玉。下面我们来看一下1987年拍的电视连续剧《红楼梦》"宝玉挨打"片段，并请同学们将电视剧与《红楼梦》原文对照一下，看电视剧与原文有什么不同？

生13：电视剧是先夺板子再踢开，原著是"一脚踢开掌板的，自己夺过来"，可见是先踢后夺。

师：说明他看得很仔细啊，好，先夺板子再踢开，这是一个区别。看最大的区别有没有发现？

生14：原文写贾政打宝玉时，宝玉一声不吭，没有哭叫，而电视剧，却是贾政打一板子，宝玉哭叫一声。

师：为什么会有这样的不同呢？

生14：原文把宝玉的嘴堵住了，而电视剧却没有把宝玉的嘴堵住。

师：电视剧没有把宝玉的嘴堵住，会出现什么情况？

生（全）：会哭叫。

师：原文贾政打宝玉时，宝玉没哭叫一声，倒是贾政哭了，剧本却写宝玉大哭大叫，贾政没哭，那到底是剧本处理得好，还是原文好？

生15：还是电视剧改编得好。

师：为什么？

生15：人毕竟不是铁打的，我觉得哭叫更符合人性。我小时候也被我父亲打过，打得太狠，就会哭会叫。宝玉这样一个贵公子，父亲如此用力打，打得皮开肉绽，不哼一声，不合常理，因此，我觉得电视剧改编得好。

生16：我也觉得电视剧改编得好，从小说中来看，贾宝玉好像不像共产党员，意志坚强，他是一个比较柔弱的人，经常落泪，在这样的拷打下，更是不堪一击，不哭不喊才怪。

生17：我觉得还是原著写得好。

师：哦，说说理由？

生17：一是打时，堵上了嘴，再疼也叫喊不出。二是我想，即使没堵上嘴，宝玉也不会叫喊。男儿有泪不轻弹，他不会在他父亲面前流泪。

师：确实，原著在写宝玉挨打的整个过程中，的确没有叫半个疼字，直到小说三十三回结束，也没有听见宝玉哼一声。但小说写了宝玉喊疼了吗？

生：写了，那是到了第三十四回，袭人把他的中衣褪下来看伤口的时候，宝玉便咬着牙叫"哎哟"。

师：是的，原著这样处理，既写出了宝玉的个性，也写出了宝玉的人性。我也认为原著写得好。宝玉挨打事件引起《红楼梦》爱好者及红学专家的争议，有人认为，宝玉就该挨打，有人认为，宝玉不该挨打。那么，贾宝玉究竟该不该打呢？下面我们来进行一次模拟法庭辩论。（教师出示幻灯片）

宝玉挨打后，有人把贾政告上了法庭，宝玉的代理律师说，宝玉不该挨打，被告贾政的代理律师说，宝玉就该打。请同学们认真阅读文本，思考宝玉到底该不该挨打？1~4组的同学，作为贾宝玉的律师，为宝玉做无罪辩护，阐明道理，证明宝玉不该挨打。5~8组同学，作为贾政的律师，为贾政辩护，阐明理由，证明贾政打得应该，宝玉就该挨打。请同学们在下面讨论一下，寻找辩护理由，撰写答辩书。

（面对这个悬念设置，学生十分欣喜，认真阅读文本，寻找证据，不时相互讨论，6分钟后，模拟法庭开始。）

师：请原告一方派一位律师代表坐左边，被告一方也派一位律师代表坐右边，下面，请原告律师陈词。

原告律师：我方通过调查，被告贾政打宝玉主要出于如下三方面的理由。

一是宝玉与贾雨村应酬，无精打采；二是在外流荡优伶，表赠私物；三是在家荒疏学业，淫辱母婢。我方认为，这三点，构不成打宝玉的理由。

先说第一点，贾雨村每次来贾府，回回要见宝玉。贾雨村这个人非常虚伪、世故，宝玉不喜欢跟这样的人来往，自然无心结交，我们不能因为自己是父亲，就强迫孩子去结交一个大人，把孩子当成应酬的工具，当成满足自己虚荣心的工具。

再说第二点，在外流荡优伶，表赠私物。被告不是因为原告结交了一个戏子，而是因为结交的是一个忠顺王府的戏子，怕祸及于自己，才气得目瞪口歪的。我们认为，每个人都有自己的交往圈，只是互赠了私物，何罪之有？更何况，戏子琪官不是宝玉藏起来的。换汗巾不假，喜欢琪官也不假，但是琪官从忠顺王府出走真的与宝玉无关。

至于说，在家荒疏学业，淫辱母婢，也不完全符合事实。荒疏学业，只不过是不读四书五经，对于诗词歌赋，还是喜欢的。至于淫辱母婢，是她的同父异母兄弟贾环的诬告。贾环告诉贾政。宝玉要强奸金钏不遂,打了一顿,金钏才跳井。事情的真相是金钏和宝玉调笑,怂恿宝玉去拿贾环和彩霞,被王夫人撞走了。贾政对贾宝玉素来喜欢亲近女孩儿的做派真的不清楚吗?况且,以宝玉的身份和地位,需要强奸女孩儿吗?想上位的丫头真的太多。在贾府,有着贾赦、贾琏、贾珍、贾蓉等这样的人,贾宝玉收个丫头真的是要命的事儿吗?连贾环的娘赵姨娘都开始为贾环讨要丫头收房里了。贾宝玉算好的了!

我们认为,贾政之所以要打贾宝玉,根本原因是因为他心里有火,而且已经憋了很久。贾政在整个贾府看似是一家之主,但却有名无实,有威无权,一辈子一事无成。贾政心里是孤独的,是无奈的,他不知道将自己的难过、自己的憋屈说给谁听。

相反,贾宝玉比起贾政似乎完美了太多,无论是才学还是在贾府里受到的宠爱,都要远胜于贾政。长久下来,贾政便对贾宝玉产生了一种嫉妒仇视心理,这种心理让贾政内心的挫折感更加明显。

正因为此,贾政贾宝玉父子二人关系并不算好,闹得很像仇人。红楼梦中每次他俩见面,气氛定然不会融洽,贾政也是屡次训斥贾宝玉,发泄心中的不满。

到最后,贾政已经不满足于此,恰巧让他寻找到了个机会,于是便动手打了贾宝玉。他要打贾宝玉,一是发泄不满,二是存心想把事情闹大,让整个贾府的人都看看他贾政也不是好惹的。

从这也可以看出,贾政真的很失败。心理学研究发现,但凡是那些喜欢痛打孩子的人,多半都是生活里的失败者,打孩子只是他们撒气的手段罢了。贾政便是贾府的失败者,他疯狂地打贾宝玉,其实很像网络上那些喷子,喷来喷去都是为了怒刷存在感。

总之,我们认为,尽管宝玉有错,但不至于痛下杀手,这是家庭暴力,长此以往,孩子的心理会形成巨大创伤,宝玉不该挨打。

师:看来,宝玉不该挨打,理由还十分充分。下面,我们来看看被告方律师怎么说?有请。

被告律师:我们认为,宝玉就该挨打,其理由如下。

一是客人来访接待,礼数不周。

二是在外流荡优伶,表赠私物。

三是在家荒疏学业，调戏母婢。

《红楼梦》第三回中，有两首《西江月》词：

无故寻愁觅恨，有时似傻如狂。纵然生得好皮囊，腹内原来草莽。潦倒不通世务，愚顽怕读文章。行为偏僻性乖张，哪管世人诽谤！

富贵不知乐业，贫穷难耐凄凉。可怜辜负好时光，于国于家无望。天下无能第一，古今不肖无双。寄言纨绔与膏粱，莫效此儿形状！

有人认为是寓褒于贬，我们认为，这是对贾宝玉的真实写照。正如著名作家王蒙所说，宝玉的一些行为如逃学、厌恶读书、不思功名进取，实在是整个贾府子弟消极颓废的精神面貌、寄生享乐的生活方式这一大潮流、大趋势的组成部分。作为败落的大趋势中的消极现象，宝玉在这点上与贾府其他老少爷们并无本质上的区别。即使从严格的封建正统观点看，贾宝玉不比贾家其他的老少爷们强。

我们知道宝玉的父亲贾政，对宝玉是寄予厚望的，虽然平时很严厉，甚至严厉过头，但出发点总归还是好的。

贾政打宝玉，宝玉冤不冤呢？

贾宝玉被打之后，薛宝钗探视时说"早听人一句话，也不至于有今天哪！"也就是说，薛宝钗认为挨打是贾宝玉咎由自取。就连林黛玉都说："你都改了吧！"林黛玉认为，以贾宝玉素来的作为，挨打是不可避免的。

贾宝玉贴身丫鬟袭人也认为贾宝玉该打，并趁机向王夫人讨了个指令：把贾宝玉搬出大观园，怕以后会出事，会再挨打。王夫人一听，便觉得袭人的话说到她心坎里去了，不仅赞同了贾宝玉搬出园子的想法，甚至还把袭人当作贾宝玉的姨娘来培养了。也就是说：不管袭人还是王夫人，都并没有觉得贾政打得有什么不妥，宝玉也实在该打，只是打得自己也心疼。

人无远虑，必有近忧。首先，作为贾家的第三代，贾政深知，贾家以军功起家，已经赫赫扬扬几十载。三代以后，想要延续家族荣光，中兴贾家，只能走诗书仕途之路了。所以贾政对两个儿子贾珠、贾宝玉是寄予厚望的，希望他们学好道德文章，光耀门楣，他不能接受一个"不学无术"的"败家子"，可怜天下父母心啊。然而，宝玉不留心于仕途经济，每天只一味与女子玩乐。其次，丫鬟金钏的死，尽管贾环有所夸大，但宝玉也有无可推卸的责任。棍棒底下出孝子，他希望儿子成为一个他心目中有进取心的大家族的孩子，一个可以支撑起整个家族的顶梁柱。所以宝玉该打。

师：宝玉该不该打？刚才控辩双方，展开了针锋相对的辩论，理由都十分充分。大家看看，是哪一方获胜呢？

（绝大部分学生认为反方理由更充分，反方获胜。）

师：好的，我也同意大家的意见。同学们，宝玉挨打是《红楼梦》最精彩的片段，宝玉挨打牵动了多少人的心啊。围绕着贾宝玉挨打，贾府上上下下的人物悉数登场，心态各异，请研读三十三至三十四回内容，并结合全书，说说下列人物谁最心疼宝玉？请说出理由？（教师出示幻灯片）

王夫人　　贾母　　贾政

王熙凤　　　　　　　薛姨妈

林黛玉　　宝玉挨打　　薛宝钗

李纨　　　　　　　袭人

香菱　　史湘云

悬念设置图

（面对这个悬念设置，学生们再次研读文本，不一会儿，举手回答老师的问题。）

生18：我认为王夫人最心疼宝玉。

师：为什么？

生18：因为宝玉是她的亲骨肉，唯一的儿子。

师：是的，谁不疼爱自己的孩子呢？

生18：因此，当贾政打宝玉时，王夫人采用哀兵必胜之计，三"哭"救宝玉。

师：哪三哭？

生18：一哭时，以老爷老太太身体为重相劝。二哭时，以夫妻情分相求。三哭时，以死去的贾珠唤回贾政的温情。天下母亲，谁不心疼自己的孩子呢？王夫人的哭可以说是入情入理，最终让态度强硬的贾政也泪如雨下。可以说，宝玉挨打，王夫人最心疼宝玉。

生19：老师，我反对，王夫人哭劝贾政，她是心疼宝玉吗？她当然心疼宝玉，宝玉是她唯一的儿子，但她又不完全心疼宝玉，准确说不只是疼宝玉。一边哭宝玉，一边哭贾珠。"若是你活着，便死一百个我也不管了。"如果我是宝玉，听到妈妈说这种话，心里一定非常难受。王夫人她疼宝玉，哭宝玉，实际是维护一个贵族妇女在家族中的地位、命运，母凭子贵，儿子就是她的命运，就是她的依托，失去儿子就失去了一切。所以，王夫人心疼宝玉，还是掺有一部分功利目的的。她是心疼宝玉，但她有更心疼的人。

师：那你说说，那个最心疼宝玉的人到底是谁呢？

生19：我认为是贾母。

师：哦，说说你的理由。

生19：贾母是贾府位份最高最尊贵的人，贾母对于贾宝玉的爱，是祖辈对孙儿的溺爱，贾母不但疼爱贾宝玉，对于四春、贾兰等孙儿辈的孩子都格外疼爱。但是对于贾宝玉不同的是因为贾宝玉长得最像贾母的丈夫贾代善，而且还有含玉而生的神奇背景。贾母是非常相信神佛因果的，在她心目中，这个和自己夫君酷似又衔玉而诞的孙儿一定是天赋异禀，会光宗耀祖的，因此不允许其他人碰他分毫。贾母的爱是最深沉的疼爱。因此，当宝玉挨打时，贾母又是心疼又是生气，竟然为了孙子和儿子贾政翻脸，贾母采用泰山压顶之策，三"逼"救宝玉。

师：呵，前面同学说王夫人"三哭"救宝玉，现在你又来一个贾母"三逼"救宝玉，请问是哪"三逼"？

生19：一"逼"，以打死自己相威胁，贾政听了又急又痛；二"逼"，抬出贾政父亲相威胁，训斥贾政教导无方，贾政发誓从此以后，再不打宝玉了；三"逼"，以回南京相威胁，贾政苦苦叩求认罪。因此，我认为贾母最心疼宝玉。

生20：我反对。

师：要反对有效，必须说出理由。

生20：贾母还未入场，就先说了一句"先打死我，再打死他"，意思就是说要打宝玉，得先问过我同不同意答不答应？事实上，之后贾母还说了句"你分明使我无立足之地"。贾母为何说贾政打宝玉令她无立足之地呢？因为在贾母心中，守住这个大家族掌控者的地位是根本。贾政绕过她，私自重打宝玉，对她的权力构成了一种挑战。因此，贾母是疼宝玉，但也有维护自己统治地位的一些想法，还是有功利目的的。

师：那你认为谁最心疼宝玉呢？

生21：我认为贾政最心疼宝玉。

师：贾政明明下狠手打宝玉，谈何心疼呢？

生21：贾政打宝玉表现出一个"狠"字，但骨子里却还是"爱"。父母之爱子，必为之计长远。贾政对于贾宝玉那是恨铁不成钢，是爱之深，痛之切，打在儿子身上，疼在父亲的心里。不知大家注意到没有，贾政在打宝玉的过程中，多次流泪。其实宝玉挨打最难过的还是贾政。

生22：我反对。

师：说出理由。

生22：贾政打宝玉，固然有管教宝玉、恨铁不成钢的成分在里面，但一个更重要的原因是在外"流荡优伶，表赠私物"，这引起了忠顺亲王府的不满，贾政怕直接影响到自己的仕途。因此，还是有为自己考虑的一面。我认为薛宝钗最心疼宝玉。

师：是吗？请说出理由。

生22：《红楼梦》第三十四回，贾宝玉挨打，众人都很心疼，待贾宝玉被送回怡红院，众人散尽后，薛宝钗第一个来看望宝玉的，比黛玉还来得早。虽然注意着言语和行动的得体，但对宝玉的发自内心的关怀和对他遭毒打的心痛却压抑不住，说出了这样的话："早听人一句话，也不至于今日。别说老太太、太太心疼，就是我们看了，心里也——"这是少有的现象，这是对宝玉真爱的体现。

生23：我反对。

师：为什么反对？

生23：宝钗来探望宝玉的伤势时"手里托着一丸药走进来"，一个"托"字，反映了宝钗光明正大之态以及意欲让大家注意到她对宝玉的关切的心思。她喜欢宝玉，只把宝玉当成自己的一个目的，不达目的誓不罢休，给人一种压力感，她希望把宝玉变成自己喜欢的样子，时时规劝，带着极强的功利性。因此，她还不算是最心疼宝玉的。

师：那你认为谁最心疼宝玉呢？

生23：我认为是林黛玉。贾母疼宝玉是因为只有这么一个嫡孙，还长得像她丈夫。王夫人疼宝玉是因为她现在只有一个儿子可以依靠了。宝钗并不是真正理解关心宝玉，她不懂宝玉的心，认为宝玉真的应该改。只有黛玉理解他，同情他，真的关心他，哭得眼睛肿肿的，半天无奈地蹦出一句话：你可从此都改了吧。不是认为他错了而是心疼他不得已才这么说的。

生24：我不同意黛玉最心疼宝玉。

师：为什么不同意？理由呢？

生24：宝玉挨打后，贾府上下纷纷来看望，可是迟迟不见黛玉。平日里如胶似漆的两个人，怎么在这个时候不见关心啦？

生23：宝玉被打，大家纷纷跑来看他，可是这些人，到底是真正关心，还是纯属看热闹，都有。那么多人，就算黛玉去了，也只是听听人们都怎么说，而她真正想关心的，想亲自去看个清楚的宝玉，她却并不一定能看到。黛玉选择避开这个风头，不去凑这个热闹，而是在人们渐渐散去，过了这阵热度之后，才按捺不住自己的关心，晚上悄悄地去看望宝玉，这样，才能知道真相，并且可以单独安慰宝玉。要说也是这两个人是真的心有灵犀，黛玉到了不久，宝玉就醒了，看黛玉两眼哭得肿了不少，心里也心疼。这可能是黛玉哭得最厉害的一次。半天，方抽抽噎噎地道："你可都改了罢！"宝玉听说，便长叹一声道："你放心。别说这样话。我便为这些人死了，也是情愿的。"这就叫流泪眼对流泪眼，断肠人对断肠人。悲悲切切，这是发自肺腑的心动。宝玉挨打最悲伤的是林黛玉。

师：确实，宝玉挨打时，很多人的关心是表演性的，蒋勋教授说过，真正的深情和爱，不是表演给别人看的。有时候你参加一个丧礼，会看到有一大堆人在哭，可每个人都在哭自己。因为这是一个机会，让每一个人趁机吐露自己的委屈，而且那些人哭起来会如泣如诉，如宝玉的挨打，就引得李纨也忍不住放声大哭。

生23：所以说，只有黛玉一人，是真真正正为宝玉而哭的，完全不考虑其他的任何东西，只是单纯地出于本意。

师：好的，刚才同学们对宝玉挨打后，谁最心疼宝玉发表了自己的看法，每个人的看法都存在合情合理的理由。下面，我们来总结一下，王夫人疼宝玉是因为她现在只有一个儿子可以依靠了。贾母疼宝玉是因为只有这么一个嫡孙，还长得像她丈夫。贾政疼宝玉，打的过程中多次流泪，那是恨铁不成钢。宝钗疼宝玉，过于做作，有功利目的，并不是真正理解关心宝玉。只有黛玉理解他，同情他，真的关心他，哭得眼肿肿的。总之，宝玉挨打，除贾环外，几乎每个人都深爱着宝玉，但爱得最深、最纯的确实是黛玉。打在宝玉身上，痛在黛玉心上。黛玉之探，探望的是生命的另一半，也许也只有黛玉和宝玉的"木石前盟"，才是真正的一对儿吧——（教师出示幻灯片，并播放《枉凝眉》歌曲）

枉凝眉

一个是阆苑仙葩，一个是美玉无瑕。

若说没奇缘，今生偏又遇着他；

若说有奇缘，如何心事终虚化？

一个枉自嗟呀，一个空劳牵挂；

一个是水中月，一个是镜中花。

想眼中能有多少泪珠儿，

怎经得秋流到冬，春流到夏？

人不会无缘无故地哭，黛玉永远为宝玉掉泪。宝玉爱她的时候，她哭；宝玉对别人好一点，她又哭；宝玉挨打，她哭；宝玉被妈妈赞美，她也哭。她无所不哭，她一生的眼泪，就是要还给这一个人。别人都觉得，简直是疯了，一个小女孩整天这样哭。独独宝玉懂，他知道为什么她要这样哭。有神话里的前世深情，才有以后这人世间的"痴"。

课型四：教师专题讲座课

《红楼梦》毕竟是一部博大精深的作品，单凭学生自己阅读，还不能把握其精髓，因此，还有必要由教师进行专题讲座。我曾为学生做过不少有关《红楼梦》的专题讲座，如"打开红楼之门""女儿是水做的骨肉——《红楼梦》的女性崇拜意识""《红楼梦》的家庭教育悲剧及其对当今家教的警示作用""红楼梦中几多梦""红楼梦为什么是悲剧中的悲剧""贾代儒是个好老师"等。

附：

何泗忠专题讲座一：

打开红楼之门

同学们，大家好，今天十分高兴给大家做一个专题讲座，我的讲座题目叫作"打开红楼之门"。

也就是讲如何从一个独特的视角帮助同学们去读《红楼梦》的问题。在讲这个问题之前，先说说，我们为什么要读《红楼梦》。《红楼梦》值得我们去读吗？

记得明末清初著名文学家、文学批评家金圣叹在评价《西厢记》时说过这么一段话：

《西厢记》，必须扫地读之。（须襟怀坦荡、胸无尘埃而读之）

《西厢记》，必须焚香读之。（致其恭敬并心领神会之）

《西厢记》，必须对雪读之。（资其洁清也）

《西厢记》，必须对花读之。（助其娟丽也）

《西厢记》，必须与美人并坐读之。（验其缠绵多情也）

《西厢记》，必须与道人对坐读之。（叹其解脱无方也）

《西厢记》被金圣叹列为六大才子书之一。由于金圣叹出生得早，当他把《庄子》《离骚》《史记》《杜诗》《水浒传》《西厢记》视为才子之书时，《红楼梦》还未面世；否则，以他独到的眼光，一定会将《红楼梦》列为才子之书，想必评价比《西厢记》还会更高。我读《红楼梦》，完全抱着金圣叹读《西厢记》那样虔诚的态度。

《红楼梦》作为一部伟大的文学作品，经得起从各种角度进行密集检验，无论从语言视角、文章视角、文学视角，还是文化视角，我们都可以在《红楼梦》中开掘出极其丰富的内涵。

《语文课程标准》强调整本书阅读，并要求指定阅读的作品应语言典范、内涵丰富，具有较高的思想水平和文化价值。《红楼梦》完全符合这个新课标精神。

《红楼梦》在语言运用方面炉火纯青，在文章结构方面鬼斧神工，在文学艺术方面登峰造极，在文化内涵方面博大精深。

著名学者王蒙曾说："其实《红楼梦》就是中国文化，谈《红楼梦》就是谈中国文化，《红楼梦》就是中国文化的一个代表，是中国文化的一个窗口。"一部《红楼梦》博大精深，引无数学者为其折腰，就是因为它背后的文化意味深长。书中服饰、饮食、茶道、养生、美容、医药、建筑、园林、经济、民俗、宗教等各方面的文化描写都经得起专业化解读。

总之，《红楼梦》是可以读一辈子的书。一部这么好的书，我们没有理由不读，我们必须读。然而，《红楼梦》博大精深，不得不说很难读，单就

第三章　语文悬念教学法在《红楼梦》导读中的运用

主题而言，就很难说清楚的。自《红楼梦》诞生之日起，人们对其主题的认识就众说纷纭。

有关《红楼梦》主题的说法已出现了不下数十种，比较有代表性的有：

（1）史书说（索隐派认为《红楼梦》里边写的是顺治皇帝和董小宛的故事，顺治皇帝就是贾宝玉，董小宛就是林黛玉）；

（2）爱情主题说；

（3）反封建的政治主题说（阶级斗争）；

（4）十二钗悲剧说；

（5）青年女性普遍悲剧说；

（6）妇女问题说；

（7）贾宝玉叛逆道路说；

（8）子孙不肖后继无人说（四大家族衰亡）；

（9）封建主义"崩溃"说；

（10）影射曹家破败反皇权主题说；

（11）色空说（色，佛教把一切有形的物质称为"色"，这些物质均属因缘而生，其本质是空。空，佛教用来表述"非有"、"非存在"的一个基本概念。色空，即一切事物皆由因缘所生，虚幻不实）；

（12）自叙传说；

（13）主题多义性说（王国维是第一个用西方的理论来研究《红楼梦》的，他引用哲学家叔本华的观点研究中国的《红楼梦》。认为《红楼梦》写的是人生的悲剧、爱情的悲剧、家庭的悲剧，也是社会的悲剧。《红楼梦》写的就是人生的种种欲望，欲望不能得到满足就永远是痛苦的）。

如此博大精深的《红楼梦》，那我们也要有我们的读法。今天，我的讲座标题叫"打开红楼之门"，就是想从"门"这个独特的视角去引导同学们读《红楼梦》。有人说，《红楼梦》全书一百二十回，只有四回没有提到门，可见《红楼梦》处处是门，而且有关"门"的称谓就有几十种，什么正门、大门、角门、仪门、内三门、内仪门、塞门、垂花门、腰门、过街门、园门、东门、西门、旁门、后门、二门、三门、钻山门、院门、后房门、宫门、房门、便门、小门、篱门、月洞门、穿堂门、内宫门、外宫门、屋门、龙门、庵门、殿门、城门、隔扇门等。

同学们，你们看了《红楼梦》，尤其学过《林黛玉进贾府》，下面，我问同学们一个问题，林黛玉进贾府是怎么进的，是不是坐飞机空降到贾府的，还是坐地铁进贾府的，还是从贾府的正大门进贾府的？都不是，那林黛玉是怎么进贾府的呢？

是坐轿子从贾府的西角门进去的。那么林黛玉为什么不从正大门进去呢？因为林黛玉还没到达这个级别。贾府的正大门是为权贵开的。只为非常尊贵的客人打开，或是重大节日、婚庆时才打开，如元妃省亲，贾府除夕祭宗祠就会打开这个正大门。贾府有很多门，有正门、东角门、西角门，说明贾府是个大家族，一般的小户人家哪有这么多门呢？《红楼梦》这部巨作不仅让我们看到了贾府数量繁多的门、四处遍布的门、千姿百态的门、名称各异的门，还让我们真切地感受到门在书中存在的价值，这种价值既有实用意义的，又有象征意义的。这种价值主要体现在四个方面。

一是彰显权势富贵（权势之门），二是体现封建礼仪（等级之门），三是具有实用功能（生活之门），四是蕴含审美效应（装饰之门）。

同学们要初步读懂《红楼梦》，就好像林黛玉进贾府一样，必须走进红楼之门。

一、彰显权势富贵之门

林黛玉进贾府，首先看到的是贾府的正大门。那么林黛玉眼中的贾府的正大门给人什么感觉？很大是吧。

这种大，其实就是贾府威严的体现。我们有一个成语叫"门当户对"，可见，门是建筑物的脸面，门是身份、地位的象征。贾府是大家族，宅第大门自然不会像普通百姓那样，开在坊里门内，而是开门直冲大街；普通人家的大门都只是一扇，贾府却是三间兽头大门。"兽头大门"是什么意思？就是大门上面有门环，门环上是一个兽头，一个动物的嘴巴咬了一个环，这叫作"兽头大门"。这也是贾府尊贵地位的体现，古代住宅大门的建造是有严格规定的，一般人家是不可能有兽头大门的。而且这个大门是"敕造"，"敕造"就是皇帝下令建造的意思，原来贾府的宅院是皇帝亲自下令修建的。在封建社会里，"敕造"这两个字就足以说明贾家地位之尊贵，贾府一出场就显出了与众不同的社会地位和豪华气派。

古人言"宅以门户为冠带"，道出大门具有展示形象的作用。的确，门的形制，可以表现贫富尊卑。贾府几代人做大官，那大门肯定彰显自己的权势地位。这门不仅大，门色也不凡，大家猜猜看，贾府大门的颜色应该会是什么颜色？应该是朱红色，小说叫《红楼梦》嘛。杜甫有诗歌"朱门酒肉臭，路有冻死骨"，朱门，就是朱漆大门，封建时代，朱门是至尊至贵的标志，个人是不能随便使用的。朱户，即红色的大门，被纳入"九锡"之列。什么是九锡，是指天子对于诸侯、大臣的最高礼遇，即赐给九种器物。《韩诗外传》讲：

诸侯之有德，天子锡之。一锡车马，再锡衣服，三锡虎贲，四锡乐器，五锡纳陛，六锡朱户，七锡弓矢，八锡铁钺，九锡秬鬯，谓之九锡。

"九锡"之物，所以要等待天子赐给，倒不一定是因为诸侯或大臣的资财少，置办不起。例如，那排在第六的朱户，只要天子有此礼遇，恩准可以漆上朱红色，也就是"赐"了。贾府大门是"敕造"，意味着是皇帝命令建造的。

贾府大门，气象雄伟，令人仰望。宅门上兽头威武，台阶高垒以显高傲，还有两个石狮把门，带着几分威严，"侯门深似海"的视觉效果达到了极致。贾府正大门充分彰显了贾府的权势富贵。

二、体现封建礼仪之门

我们说《红楼梦》中的门还体现了封建礼仪（等级之门）。

在等级森严的封建社会里，门是身份、地位的象征，院落的出入口，设有大门，大门口往往戒备森严。有的还开辟角门。角门的设置，使大门可以平日关闭，视时视事而开，这就有了仪礼方面的意义。什么人来开什么门，从哪个门进入贾府，都是有等级有礼仪的。我们以四个人进贾府为例来谈谈这个问题。

一是林黛玉进贾府，二是刘姥姥进贾府，三是薛姨妈携宝钗进贾府，四是元妃省亲进贾府。

前面我们讲到，林黛玉进贾府，没开大门，而是从角门进入。但她还是坐轿子进贾府的，一路有人接送，因为她是千金小姐。而且林黛玉从角门进了贾府以后，在前往贾母居住地的过程中，抬她轿子的人也是一拨换一拨：

不进正门，只进了西边角门。那轿夫抬进去，走了一射之地，将转弯时，便歇下退出去了。后面的婆子们已都下了轿，赶上前来。另换了三四个衣帽周全十七八岁的小厮上来，复抬起轿子。众婆子步下围随至一垂花门前落下。众小厮退出，众婆子上来打起轿帘，扶黛玉下轿。林黛玉扶着婆子的手，进了垂花门。

在这一段的描写里，轿夫抬林黛玉进去，走了射一支箭那么远的距离，大概一百米，就退出去了。轿夫是要换的。粗壮的男人不能够进贾府，他们要把轿子放下来，进到贾府以后就是由十七八岁、穿着比较讲究的轿夫来抬，然后众婆子跟在后面走，到垂花门前落下，这些小男孩又退出来。婆子们上来打起帘子，林黛玉才下轿。现在林黛玉只进到门口，你就可以感觉到贾府礼节的森严、排场的繁复。

为什么轿夫不一直抬进去，直接到垂花门？因为垂花门，是古代进内院去的门，上面常常有雕花，用一些花砖做装饰的。进了这个门以后，就是贾母的居所，外面的人是不可以随便进这个垂花门的。这就是等级。

以上讲了黛玉进贾府，体现等级森严。我们再来说说刘姥姥进贾府。刘姥姥进贾府，不但不可能为她开大门，让她从大门进入，连角门也不能进入，可以说是求告无门。那刘姥姥是怎么进的贾府呢？

小说第六回是这样描写的。

于是刘姥姥带他（指板儿，刘姥姥的外孙）进城，找至宁荣街。来至荣府大门石狮子前，只见簇簇轿马，刘姥姥便不敢过去，且掸了掸衣服，又教了板儿几句话，然后蹭到角门前。只见几个挺胸叠肚指手画脚的人，坐在大板凳上，说东谈西呢。刘姥姥只得蹭上来问："太爷们纳福。"众人打量了他一会，便问"那里来的？"刘姥姥陪笑道："我找太太的陪房周大爷的，烦那位太爷替我请他老出来。"那些人听了，都不瞅睬，半日方说道："你远远的在那墙角下等着，一会子他们家有人就出来的。"内中有一老年人说道："不要误他的事，何苦要他。"因向刘姥姥道："那周大爷已往南边去了。他在后一带住着，他娘子却在家。你要找时，从这边绕到后街上后门上去问就是了。"

从以上这段描写可以看出，刘姥姥当然不是从正大门进去的，林黛玉进贾府，都没开正大门，何况刘姥姥呢？那么刘姥姥是从哪儿进贾府的呢？是不是从林黛玉进府的角门进去的呢？不是，她是从后门进去的。她连进角门的资格都没有，可见她的地位十分低下。刘姥姥是一个乡下姥姥，农村老太婆，没见过什么世面，刘姥姥先是到了荣国府大门口，大门口是怎么个架势，好家伙，轿马簇簇，所谓簇簇就是轿马是一堆一堆的，它不是一顶轿子一两匹马。那个马是好多匹，轿子是好几台。我们知道官轿最起码是四个轿夫，到荣国府来拜访的这些达官贵人，凡是从大门进的，那都不会是一个人自己骑马来，都得有马夫有跟班。所以门口的仆人有多少，轿夫有多少，那就只能由我们读者自己去想象。你看，作者写刘姥姥来到贾府大门的心态：不敢过去。不敢刘姥姥尽管不敢进正门，但她蹭到角门前，这个"蹭"字可不可以换成走字呢？不行，作者写得极好，刘姥姥因为生计问题，她的心想进荣国府，但脚步迈不动，写出了刘姥姥的胆战心惊，小心谨慎。"蹭"到角门前，只见几个挺胸叠肚指手画脚的人，这里挺胸叠肚指手画脚，用得特好，活画出了这些人的狗仗人势，十分神气。像刘姥姥这样一个普通的农村老太婆，在荣国府的仆人面前，是根本不起眼的，所以要尽小心。刘姥姥是怎么称呼这些仆人的呢？她不是叫"大爷"，也不是叫"老爷"，而是称他们为"太爷"。我们知道在封建社会要称县官县令才是县太爷，所以刘姥姥在称呼上就显示出她那种胆战心惊，那种自卑心理、小心谨慎。这种谦卑的语气都反映出什么呢？就是封建社会那种严格的等级观念，深深地渗透到每个人的心里。那些仆人当然都不把她放在眼里了，刘姥姥根本进不得荣国府大门。门前的看门人成了她最大难关。如果她被那个年轻门子驱赶，等一天都等不到周瑞，是没勇气再来第二次的。年轻门子狗眼看人低，代表贾家越来越坏的倾向。幸亏有一个忠厚老仆，对她说，你呀，到后门的后街上去打听去。刘姥姥呢，就绕到后门上。这个"绕"字用得也非常好。到后街后门上，我们就知道了，宁国府与荣国府占了宁荣街的大半条街，前门到后门，要"绕"一个大弯子，可见贾府之大，地盘之广，最后刘姥姥从后门才进的贾府。进了贾府以后，还得低眉顺眼，咽泪装欢，以牺牲自己的尊严和脸面换来一点物质的帮助，这是多么的不容易，多么的令人心酸。曹雪芹通过一扇门写出了刘姥姥的地位低下和贾府森严的等级制度。这是刘姥姥进贾府。我们再来看薛姨妈携薛宝钗又是怎么进贾府的。

那时王夫人已知薛蟠官司一事，亏贾雨村就中维持了，才放了心。又见哥哥升了边缺，正愁少了娘家的亲戚来往，略加寂寞。过了几日，忽家人报："姨太太带了哥儿姐儿合家进京在门外下了车了。"喜的王夫人忙带了人接到大厅上，将薛姨妈等接进去了。姊妹们一朝相见，悲喜交集，自不必说。叙了一番契阔，又引着拜见贾母，将人情土物各种酬献了。

薛姨妈携薛宝钗进贾府，没有林黛玉进贾府和刘姥姥进贾府写得那么详细，但从以上这段描写可以看出，薛姨妈携带宝钗进贾府，贾府接待规格比接待黛玉进贾府要高一些。一是王夫人亲自出来迎接，二是接到贾府的大厅，这是一个很高的礼仪，三是由王夫人亲自领着拜见贾母。

接下来，我们重点来看元春省亲进贾府。先说说元春。元春是贾政和王夫人的长女，《红楼梦》一开卷，她已经入宫，因受宠，不久晋封为"贤德妃"。作为贾府在皇室的一个成员，元春的身份是特殊的，她令"光彩生门户"，就像唐代的杨贵妃一样，是贾氏大家族骄傲的象征。

元春晋封为贵妃后，贾府上奏要求省亲，不久奉旨准奏：次年正月十五，恩准元妃省亲。曹雪芹为了彰显元妃省亲声势，采用了层层铺排的手法。

第一层铺排，先是写贾府为炫耀这波天大的喜事，不惜重金，建造大观园。可见贾府对元春省亲的重视。

第二层铺排，接着写正月初八，太监就到贾府看方向：何处更衣、何处闲坐、何处受礼、何处开宴、何处退息，指示贾府何处退、何处跪、何处进膳、何处启事，可见朝廷对元妃省亲的重视。

第三层铺排，接着写工部官员并五城兵备道打扫街道，撵逐闲人，可见元春地位的尊贵。

第四层铺排，接着写正月十五元春省亲那一天，贾家上下清晨就在贾府大门外等候：至十五日五鼓，自贾母等有爵者，皆按品服大妆。园内各处，帐舞蟠龙，帘飞彩凤，金银焕彩，珠宝争辉，鼎焚百合之香，瓶插长春之蕊，静悄无人咳嗽。贾赦等在西街门外，贾母等在荣国府大门外。

从家族亲情的角度来看，元春是贾政的女儿，贾母的嫡孙女，与黛玉平辈。黛玉进贾府，贾母可以在自己的居住地等候，不必出来，但元春回家，贾母必须出来，在大门口等候。因为从封建礼教来看，元春是皇帝的妃子，皇室的代表，皇权的化身，其地位在老太君贾母之上；因此，贾府大开正门，贾府合族上下全部站立在大门口迎接，以示隆重，以示荣耀。"贾赦等在西街门外，贾母等在荣国府大门外。""十五日五鼓"，"五鼓"是什么意思？五鼓是一个时间概念，用鼓打更报时，所以五鼓又叫作五更。我国古代把黄昏到拂晓的一夜长度分为五个更次，每个更次相隔两个小时。五更，也叫五夜和五鼓，指夜四时左右，即拂晓时分，也就是早晨五点不到的样子吧。贾母为了迎接元春回家，清晨五点就起床等候在大门口，那真是望眼欲穿啊。左等右等，一直不见宫里来人。这就是皇权的深不可测，这就是天威啊。

第五层铺排，接着写"一太监坐大马而来"，贾母以为元春来了，"忙接入，问其消息"。然而太监说，早着呢。"只怕戌初才起身呢。""戌初"又是什么意思呢？用我们现在计时就是"刚才最后一响，北京时间，十九点整。"也就是晚上七点整才出发。戌初又是一个时间概念。古人计时有多种说法。这是采用十二地支计算时间的方法。古代人把一天划分为十二个时辰，每个时辰相等于现在的两小时。用十二地支来表示，十二地支就是子、丑、寅、卯、辰、巳、午、未、申、酉、戌、亥。戌时相当于现在的19点到21点。他说戌初才动身，意味着是晚上7点才动身，贾妃到底什么时候才能来到呢，你看把贾母急的，早早地就站在大门外等。可是千呼万唤不出来，一边望眼欲穿，一边迟迟不来，这就把元春的尊贵充分彰显出来了。

第六层铺排，最后写元春终于要来了。

这些太监会意，都知道是"来了，来了"，各按方向站住。贾赦领合族子侄在西街门外，贾母领合族女眷在大门外迎接。半日静悄悄的。忽见一对红衣太监骑马缓缓地走来，至西街门下了马，将马赶出围幪之外，便垂手面西站住。半日又是一对，亦是如此。少时便来了十来对，方闻得隐隐细乐之声。一对对龙旌凤翣，雉羽夔头，又有销金提炉焚着御香，然后一把曲柄七凤黄金伞过来，便是冠袍带履。又有值事太监捧着香珠、绣帕、漱盂、拂尘等类。一队队过完，后面方是八个太监抬着一顶金顶金黄绣凤版舆，缓缓行来。贾母等连忙路旁跪下。早飞跑过几个太监来，扶起贾母、邢夫人、王夫人来。那版舆抬进大门，入仪门往东去，到一所院落门前，有执拂太监跪请下舆更衣。

你看，元春省亲进贾府，贾府大门正开，合族上下全副武装，元春省亲的车驾过来，连贾母都"跪迎不止"。一个女人一旦嫁给九五之尊，国就在前，家在后，所以贾母都要跪下。想那时，元春的心情该有多迫切，这个家自她十几岁离开，就再没回来过，但皇家有皇家的礼仪，哪里更衣，哪里会面；几时来，几时走；哪里挡，哪里遮都已由小太监早早安排下。

曹雪芹通过以上六层铺排，写出了贾元春省亲进贾府的那场面、那规格、那排场、那讲究，写出了贾元春省亲进贾府的那阔气、那神气、那牛气、那大气、那高贵气。

以上我们通过分析林黛玉进贾府、刘姥姥进贾府、薛姨妈携宝钗进贾府、元妃省亲进贾府，看出贾府大门是等级之门，曹雪芹就是要通过贾府大门，反映封建礼仪和封建等级制度。

三、具有实用功能之门

我们再说说《红楼梦》中的门具有实用功能（生活之门）。

贾府是一个建筑规模宏大，居住人口众多的大院，如果没有形式众多、四通八达的门供贾府人员生活起居，那是不可想象的。

第一，门的第一个实用功能是让贾府大院在隔与不隔之间，体现层次感和纵深感，让贾府大院空气流通，体现舒适感。

常言道："侯门深似海。"这"深"，并不仅仅依靠面积进深，侯门之内所设的众多的门，是体现"深"的一个重要因素。

我们学过唐朝杜牧的《过华清宫绝句三首·其一》：

长安回望绣成堆，山顶千门次第开。

一骑红尘妃子笑，无人知是荔枝来。

山顶千门次第开，大门里一个层次接着一个层次，对于窥视者或初涉者，自然就造成"深似海"的感觉。例如林黛玉初入贾府拜见贾赦路上，有一段写到"出了垂花门……亦出了西角门，往东过荣府正门，便入一黑油大门中，至仪门前方下来……进入三层仪门……"这一重重变幻着名称的门，着实让我们感受到了官僚贵族之家的深宅大院，如同刘姥姥眼中的"侯门深似海"。

如果贾府没有门，面积即使很大，也无层次感；如果进入贾府，由大门口一眼可见后围墙，便难给人以"深"的感受。倒好像应了"鱼翔浅底"那个"浅"字——无阻隔的透，再深也浅。此外，如果贾府没有众多的门，空气也难以流通，就没有舒适感。

第二，门的另一个实用功能是供人出入。当初造门的人，恐怕首先就是想到门的这个实用功能。入必由之，出必由之，能给居住者带来诸多的方便。人要出入贾府，首先得有口子。正是由于有各种各样的门的存在，才使贾府大院里上下几百口人的生活鲜活起来，流动起来，联系起来；也使得贾府这个大家族的形形色色的故事在门的推来掩去间有了展开的可能。

曹雪芹通过门，写出贾府人生活的多面性和复杂性。通过正门，主要表现贾府声势煊赫冠冕堂皇的一面，如元妃省亲、秦可卿丧事等。通过后门，主要写贾府一些鲜为人知的阴暗面、龌龊事。例如薛蟠，刚开始进贾府时，觉得受拘束，想移居别处，但过了不上一个月的光景，就喜欢上了这儿，打消了移居念头。我们来看第四回结尾一段文字的描写。

只是薛蟠起初原不欲在贾府中居住，生恐姨父管束，不得自在；无奈母亲执意在此，且贾宅中又十分殷勤苦留，只得暂且住下，一面使人打扫出自家的房屋再移居过去。谁知自此间住了不上一月，贾宅族中凡有的子侄俱已认熟了一半，都是那些纨绔气习，莫不喜与他来往。今日会酒，明日观花，甚至聚赌嫖娼，无所不至，引诱的薛蟠比当日更坏了十倍。虽说贾政训子有方，治家有法，一则族大人多，照管不到；二则现在房长乃是贾珍，彼乃宁府长孙，又现袭职，凡族中事都是他掌管；三则公私冗杂，且素性潇洒，不以俗事为要，每公暇之时，不过看书着棋而已。况这梨香院相隔两层房舍，又有街门别开，任意可以出入，这些子弟们所以只管放意畅怀的。因此薛蟠遂将移居之念渐渐打灭了。

从以上这段文字可知，薛蟠为什么喜欢梨香院啦？因为这里有一个后门，任意可以出入。

原来这梨香院乃当日荣公暮年养静之所，小小巧巧，约有十余间房舍，前厅后舍俱全。另有一门通街，薛蟠的家人就走此门出入。

薛蟠后来每天就从这里跑出去。贾府大院所有大门晚上全部关闭起来，而且是有巡夜的，可是，梨香院的这个后门却开着。曹雪芹通过这个后门，写出了贾府生活的另一面，贾家所有的坏人和阴暗事，大多是从这里出来的。

在关于妙玉为数不多的文字中，门几次出镜，清洁栊翠庵的水桶"搁在山门外头墙根下，别进门"，拜寿的帖子从门缝里塞进来，回帖又是从门缝送过去。门对妙玉有着多重意义：它首先分开了出世与入世两个世界。另外，门内的世界代表着暂时的安宁，门外是忽喇喇似大厦将倾的让人不安的世界。以妙玉的聪慧，必能看得出盛极必衰，到贾家树倒猢狲散的那天，这个小小的栊翠庵，必然跟着被毁掉。飘摇的世界中，栊翠庵代表着她的完整的、自我的、纯粹的、暂时安全感和外面不掺和的世界。她清洗栊翠庵就是排除外面世界对她个人世界的侵入。以上讲了贾府之门具有实用功能。接下来，我们讲《红楼梦》之门蕴含的审美效应（装饰之门）。

四、蕴含审美效应之门

许多东西，由最初的使用功能渐渐会转向既追求实用又追求审美功能上去，用俗话说就是既好用又好看。自古以来，作为房屋使用功能的门，渐渐地也变成形式美的注目所在。在门的形式美之中展示着造门者的智慧，也反映各个时代的审美情趣、理想追求。

《红楼梦》中的门，既有实用功能，又充分展示审美情趣。如果说，贾府中的门还相对中规中矩缺少变化的话；那么大观园中的门，就显得千姿百态、各具特色，充分展示它的审美功能。

建筑是凝固的文化。我认为《红楼梦》分两大建筑群：一是贾府建筑群，主要反映儒家文化体制，像北京故宫一样，整齐、对称、平衡、讲究秩序，有君君臣臣、父父子子的规矩，作为建筑的重要组成部分的门，也多是方方正正，缺少变化，显得比较呆板；二是大观园建筑群，主要体现道家文化，亲近山水自然，建筑样式多种多样，强调个性解放，大观园中的建筑如大观楼、潇湘馆、稻香村、衡芜苑、怡红院、秋爽斋、凹晶馆、凸碧堂、蜂腰桥、滴翠亭、翠烟桥、沁芳亭、沁芳桥、沁芳闸等无不显示其个性特色，我们即使不身临其境，仅看其名字就可知其不一样的特色。例如大观园的沁芳亭池沼石径，茂木杂花，具有幽静的特色；潇湘馆翠竹千竿，梨花清泉，具有幽雅的特色；稻香村泥墙茅屋，青篱杏花，具有幽淡的特色；蓼汀花溆落花流水，桃花夹岸，具有幽奇的特色；衡芜苑清凉瓦舍，草卉藤萝，具有幽清的特色；怡红院碧桃花障，海棠绿蕉，具有幽丽的特色等。正如蒋勋教授所说，在这里"没有君臣之类的人间秩序，甚至没有父子这种严格的压迫，而只是个人的一种解放"。作为建筑重要组成部分的大观园中的门，也不是中规中矩，而是丰富多彩的。小说第十七回"大观园试才题对额 荣国府归省庆元宵"，这一回我们跟随贾政等一批人游览大观园，可以看到许许多多的门、各种各样的门。这些门与建筑和周围环境有机融合在一起。

我们先来看大观园的大门。

贾政刚至园门前，只见贾珍带领许多执事人来，一傍侍立。贾政道："你且把园门都关上。我们先瞧了外面再进去。"贾珍听说，命人将门关了。贾政先秉正看门。只见正门五间，上面桶瓦泥鳅脊；那门栏窗隔皆是细雕新鲜花样，并无朱粉涂饰；一色水磨群墙，下面白石台阶，凿成西番草花样；左右一望皆雪白粉墙，下面虎皮石随势砌去，果然不落富丽俗套。自是欢喜。

以上文字表明，大观园的大门与贾府正大门风格迥然不同。大观园的大门，一是没有贾府大门厚重，门有细雕新鲜花样；二是没有朱粉涂饰，而是以素色为主；三是与周边景色融为一体，虎皮石随势砌去，一句话，果然不落富丽俗套。

贾政看后也喜欢。贾政是朝廷官员，每天案牍劳形，批阅公文，还要跟各种各样的人打交道，在现实生活中他每天都是疲劳的。而在这一回中，他有点"久在樊笼里，复得返自然"的轻松和愉悦。

贾政兴趣来了，遂命开门。只见迎面一带翠嶂挡在前面。众清客都道："好山，好山。"贾政道："非此一山，一进来，园中所有之景悉入目中，则有何趣。"众人道："极是。非胸中大有丘壑，焉想及此。"

这就叫作开门见山。中国的园林与西方的园林不同，它不是一览无余，而是讲究含蓄，不断遮盖，给人一种"山重水复疑无路，柳暗花明又一村"之感。让你在游览的过程中不断留下悬念，欲罢不能。这是大观园第一门给我们留下的艺术审美印象。

我们再来看稻香村的门。作者把这栋建筑的门叫什么门呢？你想想看，这门肯定不是朱门，这门是什么门呢？作者给它取名为篱门。篱门就是竹篱做的门。在中国传统意象中，篱门是隐居的象征，常借指隐居的茅舍。大家有没有注意到后来住在稻香村里的人是谁？李纨。她是贾家最朴素、简洁、安分的一个女子。作者在这里安一个篱门，表示李纨过着安分守己的隐居生活。这个篱门与稻香村整体风格相吻合，因此，贾政很喜欢，他说来到这里有归隐之意了。

我们再来看怡红院的门。怡红院未来是谁居住的地方？是贾宝玉居住的地方。大家知道，贾宝玉有一种浓厚的女性崇拜意识。他有一句名言："凡山川日月之精秀，只钟情于女儿，须眉男子不过是些渣滓浊沫而已。""女儿是水作的骨肉，男人是泥作的骨肉，我见了女儿，我便清爽；见了男子，便觉浊臭逼人。"因此，如果说大观园是女儿的世界，那么，怡红院是女儿世界的中心。这么一个充满女性氛围的地方，那门又具有什么特点呢？首先，曹雪芹给怡红院这个门取了一个名字，叫"月洞门"，月是自然界的天体景物，它不像太阳那样光芒万丈，它具有幽静、阴柔的气质，与女性有着许多相通之处。在中国的传统文化语境中，月亮很早便被纳入女性王国而成为女性的表征。在母系氏族社会，人们将月亮奉为女性象征，这种民族文化心理代代相传，积淀在人们的头脑中。直到今天，人们还用"花容月貌"、"闭月羞花"这样的词语来形容女性。所以，宝玉居住的怡红院就是"月洞门"。这月洞门与宝玉的怡红院整体风格相吻合，与宝玉的性格气质也相合。

以上我们讲了《红楼梦》之门的四个方面。《红楼梦》博大精深，每个人都有每个人的读法，每个人都有每个人读后的不同感受，我不同时期读《红楼梦》也有不同的感受。最近读《红楼梦》，一个重要的感受就是，我觉得《红楼梦》是一部叙写大富人家生活的小说。写他们的生老病死，写他们的吃喝拉撒，写他们的爱恨情仇，写他们的喜怒哀乐。著名作家王蒙也说过："《红楼梦》反映的是中国大富之家的美丽、文明、魅力、享受、讲究、豪华，也反映了同样的人同样的族群与阶级的罪恶、凶悍、阴险、卑劣、无耻。"以上这些感受，透过红楼之门，就可以明显领会得到。今天这一讲，我们就到这里。谢谢同学们。

何泗忠专题讲座二：

女儿是水做的骨肉
——《红楼梦》女性崇拜意识探究

同学们好，今天，我给大家讲一讲四大名著之一的《红楼梦》的女性崇拜意识。

你们知道四大名著吗？（生齐答知道）那你们读过四大名著吗？（部分学生回答读过）那你们读了四大名著，对这四大名著有什么整体的感觉。我也读了四大名著，我对四大名著的整体感觉是（此处教师停顿不说话，学生充满期待）：

《三国演义》是写智慧男人的书；

《水浒传》是写豪气男人的书；

《西游记》是写神气男人的书；

《红楼梦》是写美丽女人的书。

《三国演义》的主角是男人，而且都是非常有智慧的男人，如诸葛亮、司马懿、曹操等；《水浒传》的主角也是男人，而且这些男人都有一股豪气，大碗喝酒，大块吃肉，如李逵、武松、鲁智深等；《西游记》的主角也是男人，小说是写唐僧带着他的徒弟去西天取经的故事，取经队伍是由清一色的男性构成的，这些男性借用著名文艺评论家刘再复的话来说，既是人、又是非人，既是妖、又是非妖，既是神魔、又非神魔，唐僧、孙悟空、猪八戒、沙和尚个个都很神气。这三部名著，可以说都是男性英雄的赞歌；女性在书中只是作为政治斗争的工具或者是男性的附属品。例如《三国演义》中的貂蝉是王司徒用来离间董卓与吕布的工具，"司徒妙算托红裙，不用干戈不用兵。三战虎牢徒费力，凯歌却奏凤仪亭"。貂蝉以牺牲个人的清白来报国，最后却留下了一个"红颜祸水"的骂名。如《水浒传》中的潘金莲、潘巧云则是不守妇道的淫妇，最后都受到了残酷的惩罚；那一百零八将中的女将，不是母老虎就是母夜叉；唯一一个漂亮又武艺高强的扈三娘也嫁给了又矮又丑又好色的王英。小说对女性充满歧视、充满偏见；《西游记》中的女性，从白骨精到蜘蛛精再到琵琶精、狐狸精、玉兔精，都是引诱唐僧师徒的心狠手辣的食人妖魔。到了《红楼梦》则以女性为主角，作者曹雪芹高举女性的旗帜，为女性大唱赞美歌。《红楼梦》是一部女权主义的书，书中充满着一种浓郁的女性崇拜意识。这种女性崇拜意识，表现在小说的主题、构思、人物塑造等方方面面。限于时间关系，我主要从小说人物塑造的视角来谈谈《红楼梦》的女性崇拜意识。

《红楼梦》在人物塑造方面，是重女轻男的。第一从数量上看，在这部小说里曹雪芹塑造的女性的角色比男性要多。他就想在男权社会里，给女人一席之地。第二，从地位上来看，贾府女性的地位高于男性。在那个男权至上的社会里，贾府说了算的都是女性。女性由男性的奴隶附庸而演变为领导者和统治者。贾母是老祖宗，是名义上的一家之主，而手握荣国府治家大权的是王夫人。但是，王夫人只抓权不掌权，实际掌权的是她的内侄女兼侄媳王熙凤。而在王熙凤小产休养时候，则由李纨、贾探春和薛宝钗组成"三驾马车"继续行使大权。第三，从素质上来看，贾府的女性高于男性。《红楼梦》作为一部女性的史诗及悲歌，曹公不惜笔墨，浓墨重彩地描绘了一幅多姿多彩、精彩纷呈的女性画卷。作者笔下的林黛玉、薛宝钗、史湘云、妙玉，质美，性美，神美，貌美，都是人间极品，一个比一个精彩，个个是诗人；丫鬟、戏子，也是诗人，都很有诗意。《红楼梦》是一个阴盛阳衰的女性世界，闺阁中历历有人，而《红楼梦》中的男性则大有问题，他们是泥浊世界的主体，贾家的男人只有"文"字辈的贾政，"玉"字辈的贾宝玉，"草"字辈的贾兰算是正经人，其余都是些道貌岸然、厚颜无耻之辈。贾赦、贾琏、贾蓉、薛蟠等贵族老少都是欲望的化身、荒诞的载体。他们要么是好色之徒，要么是小人嘴脸，要么是愚钝不堪。第四，从态度上来看，作者十分看重女性。作者曹雪芹借书中的主人公贾宝玉之口，明确地宣示了自己的这种女性崇拜意识："凡山川日月之精秀，只钟情于女儿，须眉男子不过是些渣滓浊沫而已。""女儿是水作的骨肉，男人是泥作的骨肉，我见了女儿，我便清爽；见了男子，便觉浊臭逼人。"在作者看来，《红楼梦》中的女儿是水作的骨肉，在这里，水与泥对举，被曹雪芹赋予了本体论上的意义。水是生命的原初状态，是灵魂的本来面目，是善和美，是纯洁、坚贞和宽容的象征。我们仔细审视女性代表——金陵十二钗，就会发现，她们都是由水构成的，而且是由各种不同名目的水构成的。（教师出示幻灯片）

1. 黛玉泪水　　2. 宝钗雪水　　3. 元春海水
4. 探春清水　　5. 湘云江水　　6. 妙玉冰水
7. 迎春苦水　　8. 惜春淡水　　9. 熙凤潮水
10. 巧姐泉水　　11. 李纨井水　　12. 可卿露水

著名文艺理论家、作家刘再复在他的著作《贾宝玉论》中就说过，"为了把《红楼梦》研究的重心从考古学、历史学和政治意识形态学拉回到文学与哲学，我借助禅宗，打破了'法执'，强化直觉、直观的方式，用庄子（直觉）代替惠施（逻辑）。这样，在方法上首先赢得了一种解放，避免陷入封闭的概念系统中"。在这里，我首先得声明，以上各种名目的水，不是按科学依据划分的类别，经不起逻辑的推敲，我也像刘再复研究《红楼梦》一样，只是根据我的直觉，结合人物性格而提炼出来的。下面我略加阐释。

黛玉是由泪水做成的。当贾宝玉的前身神瑛侍者下凡时，林黛玉的前身绛珠仙子也要跟着下凡，并且表示要把一辈子的眼泪还给他以报答甘露浇灌之恩。因此，《红楼梦》第三回宝黛在人间初会时，黛玉给宝玉的第一印象是"泪光点点，娇喘微微"。黛玉的眼泪几乎从未断绝过。哭是黛玉的天性，书中有云："想眼中有多少泪珠儿，怎经得秋流到冬，春流到夏！"这是出自书中曲名为"枉凝眉"的句子，道出了宝黛的爱情悲剧以及黛玉最终会泪尽而亡的事实。

宝钗是由雪水做成的。兴儿在向尤氏姐妹介绍宝钗的时候，是这样说的："还有一位姨太太的女儿，姓薛，叫什么宝钗，竟是雪堆出来的。"宝钗是"山中高士晶莹雪"，她居住的蘅芜苑以白色为主色调，给人的感觉是如雪洞一般；她吃的药，叫冷香丸；她最终的结局是"金簪雪里埋"。

元春是由海水做成的。贵为皇妃，皇家深似海，宫廷倾轧，钩心斗角，她要费多大的劲儿才能保住自己的地位？她有亲生父母，却不能对父母讲她的愁；她有丈夫，却不能对丈夫讲她的悲。元妃省亲，威武到了极致，显赫到了极致，同时也窝心到了极致，异化到了极致。正如著名作家王蒙所说："她的省亲，是爹不能爹，娘不能娘，儿不能儿，家不能家，国也照样不能国。……而且是哭不能哭，笑不能笑，沉默不能沉默。"她就像大海中的一滴水，没有属于自己的喜怒哀乐。

探春是由清水做成的。王熙凤管家时，搏命似的往自己腰包里敛财，但探春理家，却清清白白。她精明能干，有心机，能决断，连王夫人与凤姐都让她几分，有"玫瑰花"之诨名。贾氏家族已经走向衰败，而局中之人尚未察觉。贾府之中，探春是少数几个清醒的人。

湘云是由江水做成的。湘云行为自然洒脱，个性奔放热烈，如湘江之水肆意奔流。我们闭上眼睛，就能想到这个活蹦乱跳的人物：身着男装，大说大笑；风流倜傥，不拘小节；才思敏捷，出口成章。宝钗批评她是"不守本分"，"不像个女孩儿家"。

妙玉是由冰水做成的。此人的特点是孤高绝尘。《红楼梦》中对妙玉的判词是："欲洁何曾洁，云空未必空。可怜金玉质，终陷淖泥中。"判词中，突出一个"洁"字。她追求的是做一个冰清玉洁的人，当然最终事与愿违。妙玉一生有洁癖，而且高冷，不与世俗同流合污，她自称为槛外人，然水至清则无鱼，人至察则无徒。妙玉凌人傲物，在生活中极少有能与之心灵沟通的人。

迎春是由苦水做成的。书中描写她"肌肤微丰，合中身材，腮凝新荔，鼻腻鹅脂，温柔沉默，观之可亲"。可见她是一个美丽的女孩子，但过于温柔，为人怯懦、毫无主见。虽然是位小姐，却连手下的丫鬟婆子都管不住，以至于闹出"懦小姐不问累金凤"事件，后嫁给中山狼一般无情的孙绍祖，被折磨至死，真是命苦。

惜春是由淡水做成的。惜春自始至终是一个冷漠淡然的旁观者，她对周围的一切看得很淡，心淡嘴淡意淡。三个本家姐姐的不幸结局，使她产生了弃世的念头，"堪破三春景不长，缁衣顿改昔年妆。可怜绣户侯门女，独卧青灯古佛旁"。最后入栊翠庵为尼。曹雪芹通过惜春这样一个形象，提供了一个在权威政治和炎凉世道中以杜绝人际唯求自保的生命个案。

熙凤是由潮水做成的。王熙凤出身四大家族中的金陵王家，从小被当作男孩教养，是脂粉堆里的英雄，有一股泼辣的劲儿，是个争强好胜、出尽风头的女子。说话办事都是风风火火、果断泼辣、雷厉风行，"粉面含春威不露，丹唇未启笑先闻"，她杀伐决断，一生活得很张扬。她的每次出现，如钱塘江的潮水，给人一种强烈的冲击力和震撼力。

巧姐是由泉水做成的。巧姐，贾琏、凤姐之女。原只叫大姐儿，因她是七月初七生日，刘姥姥二进荣国府时便给她起了"巧姐"之名。贾府兴旺时，巧姐宽衣足食，生活优裕，是不折不扣的豪门千金。但在贾府衰败后，其母获罪，自身难保，在紧急关头时，幸亏刘姥姥帮忙救助，使她死里逃生，可谓是遇难成祥，逢凶化吉。《红楼梦》中巧姐的判词是"势败休云贵，家亡莫论亲；偶因济村妇，巧得遇恩人"，正所谓滴水之恩，当涌泉相报。

李纨是由井水做成的。李纨青年丧夫，膝下只余一稚子，在那样荣华富贵的家庭中，她独自守着自己的情操。《红楼梦》第四回介绍李纨："因此这李纨虽青春丧偶，且居处于膏粱锦绣之中，竟如槁木死灰一般。"李纨如孟郊笔下的烈女：梧桐相待老，鸳鸯会双死。贞妇贵殉夫，舍生亦如此。波澜誓不起，妾心古井水。李纨是贾府中最耐得住寂寞的人。

可卿是由露水做成的。露水是转瞬即逝的，秦可卿是十二钗中第一个丧命的。秦可卿之死，是在第十二回。在整部长篇小说进行不到十分之一的时候就死了。同时，她貌美而多情，《红楼梦》中秦可卿的判词是："情天情海幻情身，情既相逢必主淫。"说秦可卿是情天情海，到处都是情，是情的汪洋大海，你有情，我有情，两情相悦，就会发生淫荡的不道德的事情，即所谓露水夫妻。秦可卿死得早，情又多，所以她是露水作成的。

女儿是水做的骨肉，在这个著名的命题和比喻里，体现了曹雪芹对生命本性（女性本质）的深度追寻，寄寓了曹雪芹对女性的真诚崇拜。著名作家蒋勋说过："《红楼梦》绝对是一本非常女权主义的书。几千年来人类是以男性为中心的，即使现在，很多家里都还以生男孩为荣。而《红楼梦》的作者竟然认为，女孩子比男孩子尊贵多了。以今天新的两性平权或者性别跨越的观点来讲，这是非常前卫的。"

总之，我们从作者在塑造人物形象这种重女轻男的倾向性上看，就可以看出作者曹雪芹及《红楼梦》的女性崇拜意识。

有人说，《红楼梦》的第一号主角贾宝玉不是男性吗？著名作家王蒙就说过，贾宝玉是贾府的中心，是贾府宠爱的集中点，所有的大人、小人，所有的老人，尤其是所有的女孩子，都把注意力集中在贾宝玉身上。贾宝玉承受着所有人的注视、关爱、宠爱、保护。而且贾宝玉是《红楼梦》最中心的人物，一切的一切是以贾宝玉当圆心，写各种各样的人物。但你只要认真研读《红楼梦》就会发现，贾宝玉虽非金钗，但其相貌、性格、举止确实颇具阴柔的女性气质。作者在塑造贾宝玉这个形象时，也渗透了女性崇拜意识。贾宝玉其实不是真正的男性，他身上更多的是女性性格，他也是一个女性化的男人。今本《红楼梦》虽未有"情榜"，但据第八回脂批，曹雪芹最后列出了情榜。"情榜"除贾宝玉外皆为女子，贾宝玉在情榜之中，而且还位列"诸艳之冠"。在曹雪芹笔下，贾宝玉是一个女性化的男人。曹雪芹是通过贾宝玉的女性化来表现自己的女性观的。

清朝有一个著名的画家叫改琦，他酷爱《红楼梦》，画有《红楼梦图咏》，清末、民国刊印的各种版本的《红楼梦》中的插图许多都来自他的画作。中华人民共和国成立后，商务印书馆、中华书局、上海古籍出版社、作家出版社、人民文学出版社出版的《红楼梦》也大多采用改琦的作品。改琦对《红楼梦》中人物的各种体貌描写、性格都做了仔细的研究，他认为《红楼梦》是一部女性小说，曹雪芹把贾宝玉也做了女性化的描写，所以，他画笔下的贾宝玉也具有女性化特征。以下就是改琦画笔下的贾宝玉画像。

出自清代改琦所画宝玉形象

改琦的这幅宝玉画像，神态女性化，尤其是嘴巴，樱桃小口，从人中到下嘴唇的阴影看起来就像一个"女"字。的确，贾宝玉是一个女性化的男人。

贾宝玉的住宅女性化，他所住的地方叫怡红院。"怡红院"三字听起来就像女孩儿的闺房。"怡红"是爱"红"的意思，"红"是指红粉佳人，怡红是指贾宝玉身处红粉堆中、怡然自得的状态。怡红院的陈设偏华美繁缛。不仅有许多传统的珍器古玩；还有许多西洋舶来品，如自行船、自鸣钟、西洋穿衣镜等；且陈设风格偏女性精致，以少女的图画为视觉中心。刘姥姥有一次误闯怡红院，竟然认为"这是哪个小姐的绣房，这样精致？"这种女性化的精致陈设，体现了贾宝玉的爱红、怡红的情怀。

贾宝玉的穿着女性化，在《红楼梦》第三回，有对贾宝玉和王熙凤的穿着的详细描写，作者是通过林黛玉的眼中看出来的。我们仔细阅读小说中对这两人的穿着打扮，完全换过来，也是可以的，因为都具有女性化的穿着特点。王熙凤是穿着"缕金百蝶穿花大红洋缎窄褃袄"，衣服上有花，主色调是大红，我们不奇怪，因为王熙凤是女性；然而，贾宝玉也是"穿一件二色金百蝶穿花大红箭袖"，同样衣服上有花，也是大红。王熙凤头上戴着金丝八宝攒珠髻，绾着朝阳五凤挂珠钗，项上戴着赤金盘螭璎珞圈，又是金啊，又是玉的，可谓珠光宝气，喜欢装饰佩戴，这不奇怪，因为王熙凤是女性；然而，贾宝玉也喜欢佩戴，"头上戴着束发嵌宝紫金冠，齐眉勒着二龙抢珠金抹额，项上金螭璎珞，又有一根五色丝绦，系着一块美玉"。同样是又金又玉的，可以说贾宝玉的服饰和王熙凤一样，衣着色彩艳丽，全身上下环佩叮当，珠光宝气，实足的"俏佳人"模样。另外，女性喜欢换衣服，书中的贾宝玉也喜欢换装，就在《红楼梦》第三回，写了宝玉两次装束。

宝玉即转身去了。一时回来，再看，已换了冠带：头上周围一转的短发，都结成小辫，红丝结束，共攒至顶中胎发，总编一根大辫，黑亮如漆，从顶至梢，一串四颗大珠，用金八宝坠角，身上穿着银红撒花半旧大袄，仍旧带着项圈，宝玉，寄名锁，护身符等物，下面半露松花撒花绫裤腿，锦边弹墨袜，厚底大红鞋。

宝玉换后的装束同样是比较艳丽且偏女性化的。例如在颜色上、花纹上，都是凸显了他柔美的气质和温和的个性。

可以说，贾宝玉的装束，与男性简洁明快的风格不同，他的装束更接近于一个千金小姐。宝玉这种爱好女性化服装的征状，还体现在他的这种"易装癖"上。《红楼梦》中多次写到贾宝玉换装。

贾宝玉的外貌女性化，高中教材中，《林黛玉进贾府》里面有曹雪芹对贾宝玉的外貌描写。曹雪芹笔下的贾宝玉是"面若中秋之月，色如春晓之花，鬓若刀裁，眉如墨画，面如桃瓣，目若秋波，虽怒时而若笑，即嗔视而有情。面如敷粉，唇若施脂；转盼多情，语言常笑，天然一段风骚，全在眉梢，平生万种情思，悉堆眼角"。如果我们单独看这段外貌描写，一定会毫不犹豫地判断，这是一个女性。过去，我们赞扬女性的美是人面桃花、花容月貌，有"沉鱼落雁之色，羞花闭月之貌"等，这段对贾宝玉的外貌描写的关键词也是花呀，月呀的。"中秋之月"是写宝玉的脸庞圆润，"春晓之花"是写宝玉的脸色红润，"面如桃瓣"是写宝玉的姿容娇媚，"目若秋波"是写宝玉的脉脉含情，"面如敷粉，唇若施脂"是写宝玉的女儿情态。怪不得，过去，我每次上课讲到这里时，总有学生或私下议论或当堂质疑："这贾宝玉怎么像个女的？"的确，贾宝玉的外貌体现出女性化的特点。

贾宝玉的交往女性化。他是"大观园"这个女儿世界中常住的唯一男性公民。与他交往的多是女性，大观园成立诗社，成员都是女子，贾宝玉位列其中。他平时在大观园中，不是和一帮姐妹丫鬟弹琴下棋，吟诗作画，就是宴饮欢歌，或与她们"情切切"、"意绵绵"地纠缠在一起。即便是与他有深交的有限的几个男性如秦钟、蒋玉菡、北静王、柳湘莲也都是女性化的男性。

秦钟、蒋玉菡、北静王、柳湘莲，这些人的名字，就与水有关。曹雪芹作品中人物的名字都是有深意的。宝玉说女儿是水作的骨肉，这几个人，名字因与水有关，故有几分女儿性。

秦钟，字鲸卿。鲸，与水有关，生活在水中，是海中之大鱼，可见，秦钟也是水作的骨肉。既是水作的骨肉，秦钟故有几分女儿态。小说第七回，秦钟首次出场，是这样一副模样：清眉秀目，粉面朱唇，身材俊俏，举止风流，似在宝玉之上，只怯怯羞羞有女儿之态，腼腆含糊。秦钟是一个典型的女性化男人。宝玉见了秦钟，简直是"一见钟情"，不久，贾府办起了家学，宝玉和秦钟都借着读书之名，同吃同住。

蒋玉菡，名字更有深意。一是带"玉"字，《红楼梦》里凡是名字带玉的如黛玉、妙玉都是和贾宝玉有着极深的因缘或者有特殊意义的人物。蒋玉菡是唱戏的，和宝玉一见生情，互换信物，后来又娶了贾宝玉生命中另一个重要的女性袭人，是一个和贾宝玉有着深厚因缘关系的人物。二是"菡"字，与水有关，基本字义是荷花的别称，取其"出淤泥而不染"的品质，也表示纯洁美丽，荷花又叫芙蓉，《红楼梦》中第九十三回，高鹗深知曹雪芹用意，就将蒋玉菡比作出水芙蓉。

宝玉一见那人面如傅粉，唇若涂朱，鲜润如出水芙蓉，飘扬似临风玉树。原来不是别人，就是蒋玉菡。蒋玉菡的名字与水有关，故有女儿态。宝玉见他妩媚温柔，心中十分留恋，便紧紧的攥着他的手，叫他："闲了往我们那里去。……想了一想，向袖中取出扇子，将一个玉扇坠解下来，递给琪官……"蒋玉菡也回赠了一条来自茜香国女王的大红汗巾给了贾宝玉，两人的关系自此非比平常。

北静王，名叫水溶，其名直接嵌入"水"字。水是清澈明净之物，北静王爷长得清俊灵秀，自有一股清爽之气，就像水作的骨肉。《红楼梦》第十五回描写北静王的外貌：头戴洁白簪缨银翅王帽，穿着江牙海水五爪坐龙白蟒袍，系着碧玉红鞓带，面如美玉，目似明星，真好秀丽人物。北静王果然是如水般清澈明净，如女儿般秀丽，难怪贾宝玉喜欢与他交往。

柳湘莲，名字中更多水性。湘，是湘江，暗示其性情中有如像金陵十二钗之一的史湘云一般的几分豪爽仗义。莲，是莲花，与水有关，也是水生草本花卉，周敦颐有《爱莲说》，赞莲花"出淤泥而不染，濯清涟而不妖，中通外直，不蔓不枝，香远益清，亭亭净植，可远观而不可亵玩焉"。柳湘莲果然是一个"可远观而不可亵玩焉"的人物，呆霸王薛蟠想与他调情，结果被柳湘莲痛打一番。柳湘莲是水作的骨肉，"年纪又轻，生得又美，不知他身份的人，却误认作优伶一类"，也是一副女儿像，贾宝玉十分喜欢他。

宝玉恨自己是男人，他从心底里想做的是女人。第四十三回宝玉带茗烟到水仙庵上香，茗烟替宝玉祷告："你在阴间，保佑二爷来生也变个女孩儿，和你们一处相伴，再不可又托生这须眉浊物了。"确是说出了宝玉的心里话。

既做不了女人，宝玉只好在服装、言行、气质上尽量往女儿方面靠，怪不得凤姐说他"女孩儿一样的人品"，以至于贾母也犯了嘀咕："想必原是个丫头，投错了胎不成！"

书中贾宝玉的言行、举止、气质的确具有女性特征。贾宝玉十分崇拜女性，前面说了，他有一句名言："凡山川日月之精秀，只钟情于女儿，须眉男子不过是些渣滓浊沫而已。""女儿是水作的骨肉，男人是泥作的骨肉，我见了女儿，我便清爽；见了男子，便觉浊臭逼人。"在这个思想的左右下，宝玉把所有的赞美都给了青春女性，把所有的关爱都给了青春女性。宝玉好像天生就是为女儿们服务的，而且无论贵贱，但是女子，俱当珍重。因此他在麝月无事之时，为其梳头；在平儿受辱之后，为其理妆；在晴雯挂题匾之后，为其暖手；在香菱被棒打之后，为其问候。第三十五回，玉钏不慎将汤泼到了宝玉的手上，他反倒问候人家。下雨了，只去关心挨淋的丫头，自己却成了落汤鸡。

贾宝玉的生活习性，也十分女性化。

自古以来，胭脂都是女性的代称。胭脂是花之骨，花之精，也是女人之骨，女人之髓。贾宝玉有喜好胭脂、吃胭脂的癖好。《红楼梦》的第三回"冷子兴演说荣国府"，曾经谈到京中奇闻，说贾宝玉抓周之时，他的父亲想要试探他的志向，没想到他什么也没要，居然抓住了脂粉盒。因此贾政便认为贾宝玉一辈子不会有什么出息，无疑是酒色之徒。认为儿子一辈子脱离不了女色，仕途堪忧。而贾宝玉也如父亲预料的一样，自有一番理论。他认为女人是水作的，清净，男人却浊臭无比。因此他读书有两个女孩在身边，便觉得心里明白。因此，贴身伺候的从不用男孩，全部都是女性。并且他爱穿红衣服，在怡红院，生活情致也更女性化。老百姓说："三岁看老"。贾宝玉在自己幼年时代的性倾向和行为爱好，奠定了他人生的基调。少年时代的贾宝玉有一个嗜好就是"爱红"，喜欢吃女孩子们嘴上的胭脂。小说多次写到贾宝玉喜好吃胭脂的细节。第一次是贾元春才选凤藻宫省亲之后，建立的大观园闲置，贾母便令林黛玉姊妹去居住。在进入大观园之前作为大家长的贾政，便召集自己的儿女训话。贾宝玉刚刚走进王夫人的居处，王夫人的丫鬟金钏就调笑说，嘴刚擦的胭脂要不要吃。宝玉害怕父亲，心里正不自在，自然不敢放肆。第二次是《红楼梦》的第二十回史湘云登场，贾宝玉让史湘云替他梳头，手却不由自主地伸向了梳妆台上的胭脂盒。史湘云见状立刻用手打落了，并且说"多早晚能改了这爱红的毛病"。史湘云是进入贾府最早的金钏，和贾宝玉是真正的青梅竹马。她见证了贾宝玉没有被写进《红楼梦》的无数次吃胭脂细节。第三处是一次隐写。当时鸳鸯来怡红院，玉变猴儿上身似的缠上了她，更是一个证明。鸳鸯立刻意识到贾宝玉要么，就喊来了袭人，认为这是周围的人教育不当，人已经长大了，还没有改掉小时候的毛病。脂粉除了是古代女孩子的专属，用于代指女性的意义之外，胭脂色彩与生命血色相近，才是更深层次的意义。贾宝玉的成长便是踏着女性的血色完成的。这既应了胭脂的底色，也验证了命运的残酷。

作家曹雪芹，这位男性作家，他把对女性的理解与尊重，全部倾注到了他精心创作的《红楼梦》这个作品之中，《红楼梦》是真正为女性树碑立传的文学，它集中力量刻画女性形象，而男性只是陪衬，连贾宝玉也是陪衬。他是在女性文化环境中成长的，他身上更多的是女性性格，贾宝玉也是女性化的男人。

一本书读完，并不意味着阅读的结束。相反，在推进部分结束时，学生由于观点的碰撞、心得的交流而获得的阅读体验正激起新一轮波峰。此时，应把握这一时机，巧妙整合资源，进行拓展延伸，顺势将阅读活动引向更为广阔的时空，深化读书感受。

（四）合，研读与表达：《红楼梦》研究与写作

"合"，即整本书阅读教学的总结阶段。诗的结尾，为"合"，古人喻之为"豹尾"，就是指诗歌结句要有力，或提示题旨，或耐人寻味，言有尽而意无穷。整本书阅读结尾也要有力，要给学生留下思考与想象空间，要让学生在整本书阅读过程中"众里寻他千百度"，最终实现"蓦然回首，那人却在灯火阑珊处"之成功飞跃。因此，整本书阅读教学的"合"，可谓画龙点睛。唐代张彦远在《历代名画记》卷七中曾记载：梁武帝喜好修饰佛寺，要名画家张僧繇在金陵安乐寺画了四条龙。张僧繇画龙不画眼睛，说："点了眼睛龙就要飞去。"人们不信，要求他画眼睛。于是，他给两条龙点上眼睛，一会儿，雷电破壁，风雨大作，两龙乘云腾天，另外两条龙未点眼睛还在墙上，这就是画龙点睛的由来。一本书读完，并不意味着阅读旅程的结束。学生由于在前几个阶段不断熟悉和研读文本，不断进行阅读追问和解疑，不断进行观点碰撞和交流，此时的学生会产生更高的阅读期待。教师应抓住这一时机，将阅读推向纵深。为了达到这一目的，笔者尝试设计拓展型悬念，取得了出奇的效果。拓展型悬念，是指在整本书阅读教学的结尾阶段留下的悬念。拓展型悬念，可谓整本书阅读教学的画龙点睛，俗语说："编筐编篓，全在收口。"诗的结句好坏，对整首诗影响极大。整本书阅读结尾阶段成功与否，也影响整本书阅读的整体水平。在《红楼梦》整本书阅读的结尾阶段，我采用拓展型悬念将阅读引向生活的广度，将阅读引向文化的厚度，将阅读引向研究的深度，将阅读引向写作的高度。以将阅读引向生活的广度为例，笔者设计了一个"他或她在红楼第几层"这样的题目，展示如下。

阅读下列文字，完成后面题目。

我们已经读完了《红楼梦》，为全面立体地把握了《红楼梦》中一个个栩栩如生的人物形象，请选取《红楼梦》中至少20个人物，这些人物要有各方面的代表，并将其恰当地填入"红楼建筑层级塔"中，同时仔细观察分析你生活圈中一个最熟悉的亲人、朋友或同学，为其在"红楼建筑层级塔"中找到一个相似的人物，并说明理由。

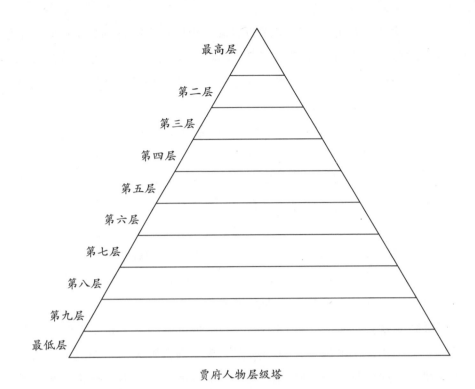

贾府人物层级塔

　　这个拓展型悬念设计，将名著与现实生活联系起来，学生要做好这个题目，必须感受那些文字，读懂整个故事情节，全面分析《红楼梦》中人物形象，想象他们的言谈举止，体会他们的喜怒哀乐。此外，还得梳理这些人物形象之间的关系，进行阶层的、职务的、长幼的、伦理的、性格的分析，还得仔细观察分析自己身边活生生的人，进而认识社会，感悟人生，思考名著的主题。学生对这样的悬念设计非常感兴趣，他们认真阅读文本，根据自己的理解，做出了合情合理的解答。例如，为将阅读引向文化厚度，引向研究深度，引向写作高度，我又向学生抛出悬念，设计了如下题目。

　　著名红学家周汝昌说，曹雪芹是个惊人的天才，他仪态万方地体现了我们中华文化的光彩和境界。他是大文豪、大诗人、大思想家、大词曲家、大音乐家、大美学家、大社会学家、大心理学家、大民俗学家、大医药学家、大园林建筑学家。这样一个学识极广博，素养极高深的人写出来的小说，无怪乎有人将它比作"百科全书"。你将来立志想做什么？想成为一个怎样的"家"呢？请从《红楼梦》中寻找你最感兴趣的文化领域，进行研究，写一篇研究报告。

　　悬念抛出后，学生非常兴奋，纷纷确立自己的研究项目，现将部分展示如下。

（1）从《红楼梦》的判词看红楼女儿的性格和命运走向。

（倾向于语言类：语言运用与建构。）

（2）从《贾宝玉初试云雨情　刘姥姥一进荣国府》看《红楼梦》情节描写的蒙太奇艺术。

（倾向于文章类：思维发展与提升。）

（3）浅谈薛宝钗的人际交往艺术。

（4）山中高士晶莹雪　世外仙姝寂寞林——林黛玉与薛宝钗性格比较。

（5）潇湘馆环境描写与林黛玉性格刻画。

（6）女儿是水作的骨肉。

（3、4、5、6属文学类：审美鉴赏与创造。）

（7）衣如其人——《红楼梦》中人物服饰与人物性格对应研究。

（8）《红楼梦》的女性观及对现代人的启示。

（7、8属文化类：文化传承与理解。）

学生确立了自己的研究主题以后，积极收集整理资料，终于写出了质量比较高的论文。

著名特级教师胡立根教授对"阅读"进行了一个十分有趣的诠释。

浪漫地说，阅读是一次神秘的浪漫之旅。

学术地说，阅读是与作者对话，但作者不在现场。

通俗地说，阅读是一场自问自答的游戏。

神秘地说，阅读是一宗疑难案件的侦破，案犯很狡猾。

高雅地说，阅读是与智者对话，是站在巨人肩膀上看世界。

我们整本书阅读教学与研究，要做到有趣有味有效好玩，就得将阅读做得浪漫、学术、通俗、神秘、高雅。笔者的实践表明，语文悬念教学法是实现"浪漫、学术、通俗、神秘、高雅"的整本书阅读教学的有效途径。

第四章
语文悬念教学法掀起一股《红楼梦》阅读潮

　　2020年这个寒假，面对线上教学，如何推荐我们早已布置的《红楼梦》整本书阅读，即使教师不在身边，也能让学生兴趣盎然地阅读《红楼梦》、研究《红楼梦》，教师们绞尽脑汁。笔者长期研读《红楼梦》，对《红楼梦》中方方面面的内容都十分熟悉。例如《红楼梦》中人物关系复杂，笔者抓住这个相似点巧妙嫁接，于是采用语文悬念教学法研拟出了"假如贾宝玉患上流感，最有可能会传染的五个人是谁"这样一份整本书阅读探究题。

语文特级教师何泗忠向学生推介红楼梦

　　题目给学生以陌生感、好奇感、惊讶感、魔力感。题目出来后，学生兴趣盎然地研读起了《红楼梦》，用自己的思维得出结论，理由十分充分、合情合理。著名微信公众号"名师说"将题目传到网上，5天之内突破10万阅读量，继"名师说"记者报道之后，《中国教育报》《中国教育新闻网》、上海交通台晚高峰节目、《深圳教育》《紫牛新闻》《十二公里作文》《书韵闲话》相继报道，10天之内，阅读量突破100万，并以排山倒海之势继续在全国各地燎原，出现人不分职业，无论老幼，地不分南北，无论东西，大家争相传阅这份试卷的奇观；有些地方还以此作为当地的考试材料，让学生进行思辨写作。

附部分著名公众号转载情况。

2020年2月26日，何泗忠悬念语文名师工作室推出"有趣有味的《红楼梦》整本书阅读作业，请您来参与"，引起各方关注。

2020年3月1日，"名师说"推出"假如贾宝玉得了流感，最可能被传染的五个人会是谁"，5天之内，阅读量突破10万。

2020年3月7日，"人民教育"公众号推出"如果贾宝玉患上了流感，最容易被他传染的人是谁呢？答案来了！听听出题人怎么说"，2天之内，阅读量突破10万。

2020年3月7日，"中国教育报"公众号推出"假如贾宝玉得了流感，最容易被他传染的人是谁"，2天之内，阅读量突破10万。

2020年3月11日，"高考作文热点素材"公众号推出"如果贾宝玉患上了流感，最容易被他传染的人是谁？转给学生答题"，2天之内，阅读量突破2万。

2020年3月13日，"人教教材培训"公众号推出"如果贾宝玉得了流感，最容易被他传染的人是谁呢？听听出题人怎么说"，5天之内，阅读量突破7万。

2020年3月15日，"贵州改革"公众号推出"假如贾宝玉得了流感，最容易被他传染的人是谁"，3天之内，阅读量突破3万。

2020年3月15日，"河南省教育厅"公众号推出"假如贾宝玉得了流感，最容易被他传染的人是谁"，3天之内，阅读量突破10万。

绝大部分人，对这份试卷拍手叫好，也有人批评这套题目出得不好，但无论是赞扬还是批评，总之掀起了一股阅读红楼梦的浪潮。现将这次红学阅读史上的部分争议文章呈现如下。

一、假如贾宝玉患了流感，谁最有可能被感染

当下流感改变了大家的生活，对于教育界人士来说，也在猜测疫情将以何种形式进入考试，成为高考考题。最近，深圳市第二高级中学语文特级教师、正高级教师何泗忠设计的《红楼梦》阅读题中，把"流感"变成一道创意题，让很多学生和教师同行拍手称赞。

针对何老师所出的题目，有学生给出这样的答案："我认为第一个人是袭人，第二个人是林黛玉，第三个人是贾母，第四个人是薛宝钗，第五个人是茗烟。因为袭人是贴身伺候的丫鬟，所以接触最多也最容易被感染；林黛玉身体比较弱，宝玉也经常往潇湘馆去，基本上每天都去；贾母则年纪大了，宝玉早晚要去给贾母请安，所以很容易被感染……"

还有学生答：领导小组构成是组长为王夫人，成员为贾琏、王熙凤、贾政、探春。措施包括：重金请郎中到府上看诊下药，用中药调养；调整饮食习惯，重清淡、轻油腻；常换洗衣物，与病人密切接触者的生活用品都不得再与他们接触，必要时要焚烧销毁；隔离患者，无关人群远离该患者。

两道基础题一出，大受欢迎。意犹未尽，千呼万唤之中，何老师又公布了一个"更新版"，把"学校停课"也纳入其中，"因疫情严峻，贾府家塾（学校）延迟开学，校长贾代儒决定进行疫情下的在线教育。他亲自主讲网上开学第一课，假如你就是贾代儒，你将在开学第一课中讲些什么？"

没有标准答案，就看你如何解读。

对此，出题人何泗忠表示，最有可能感染的五个人会是谁？其实没有标准答案，就看你如何解读《红楼梦》。一千个读者，就有一千种说法。

按照他的理解，传染的五个人依次是黛玉、贾母、袭人、宝钗、茗烟。要从几方面来考虑。

一是宝玉的朋友圈，宝玉是在女性文化环境中成长的，他身上更多的是女性性格，贾宝玉也是女性化的男人。住宅女性化（怡红院）、穿着女性化（百蝶穿花大红箭袖）、外貌女性化（面若中秋之月，色如春晓之花），因此如果贾宝玉有手机，有微信朋友圈，他的朋友圈主要是女性，与他密切交往的也主要是女性，从这个层面讲，他得流感，传染的对象主要是女性。

第二，从传染的途径看，主要的传播途径是呼吸道飞沫传播和接触传播，患者打喷嚏、咳嗽、说话的飞沫，呼出的气体近距离直接吸入导致感染；这样

看来，跟宝玉密切接触者易感染，如袭人、黛玉、贾母、宝钗、茗烟。

第三，从易感人群来看，各个年龄段的人都可能被感染，被感染的主要是成年人，其中老年人和体弱多病的人似乎更容易被感染。这样，排名第一者是身体弱的黛玉，第二是年龄大的贾母，第三是袭人，第四是宝钗，第五是茗烟。

青年学者侯印国告诉记者，这是一道富有创意的考查题目，通过时事的代入，推进同学们对《红楼梦》的深层思考。《红楼梦》中当然没有关于流感的大篇幅描写，但有一段集中描写了对抗传染病天花的策略，就在第二十一回：谁知凤姐之女大姐儿病了，正乱着请大夫诊脉。大夫说："替太太奶奶们道喜：姐儿发热是见喜了，并非别症。"王夫人、凤姐听了，忙遣人问："可好不好？"大夫回道："症虽险，却顺，倒还不妨。预备桑虫、猪尾要紧。"凤姐听了，登时忙将起来：一面打扫房屋，供奉"痘疹娘娘"；一面传与家人忌煎炒等物；一面命平儿打点铺盖衣服与贾琏隔房；一面又拿大红尺头给奶子丫头亲近人等裁衣裳。外面打扫净室，款留两位医生，轮流斟酌诊脉下药，十二日放家去。贾琏只得搬出外书房来安歇。凤姐和平儿都跟王夫人日日供奉"娘娘"。上面这段文字就涉及当时对抗传染病的几条策略：拜神、用药、清洁、隔离。

来自2020年3月5日《扬子晚报》

二、也说贾宝玉得了"流感"……

日前，深圳市第二高级中学语文特级教师何泗忠在《红楼梦》这本书的阅读题目中，把"当下流感"变成了几道创意题，让很多学生和教师同行拍手称赞。

何老师的拟题不是异想天开、无事生非的"恶搞"，而是结合时事、因材施教、注重能力培养之教育"发展观"的实施。

不同的试题正反映了不同的教育理念与方法。

长期以来，我们的教学现状是内容浅表化、形式程序化、文化专制化、情感枯燥化，因此课堂上缺乏生气活力、缺乏美感深度、缺乏个性张扬、缺乏情感渗透，最终教者枯燥之味，学者兴味索然。

比较何泗忠与日本老师所出的题目，他们都有一个共同的特征，题目并没有标准答案，需要跨界综合多学科知识，目的是考查学生的同时锻炼学生的独立思考与分析能力。

所谓"独立思考"就是凡事除了要弄清"为什么"之外，还要善于问个"如果"或"假如"，这是一种能力，也是一种习惯、一种意识。所谓"分析能力"就是善于在宏观与微观上的纵横联系，知己知彼、触类旁通，而不是孤立、静止地看问题，这是一种思维品质。教学的终极目的主要在于激发学生的学习兴趣，最终让学生掌握方法与提高能力。

前段时期我曾撰写一篇文章《如何指导学生以"疫情"为话题作文》，正是结合时事与生活实际用以培养学生思考力与分析力，如《给武汉小朋友的一封信》《一只野生动物的自述》等。这虽是一组极平常的作文指导题目，却包含对学生多方位能力的训练与培养，如学生的想象能力、推理能力与换位思维，至少还涉及地理、历史、生物等学科知识。再如，近期受疫情影响，学生"停课不停学"，通过网上学习，我结合学生学习的一篇"名著导读《傅雷家书》"，即时给学生布置了一篇"读后感"作文，其目的一方面是专题训练学生写好"读后感"类作文，另一方面旨在引导学生体会父母之"爱"。事实上不少学生在作文中就写到了在这个防控疫情的特殊时期父母为之操心操劳的事，因此达到了一次情感的沉淀、整合与升华。

"学习"的含义包括对陌生事物最初接触后的反复训练，"教育"的含义是指无时不有、无处不在的潜移默化。教学不可限于课本止于课堂，教师不仅授业还肩负育人，教师需要拓宽渠道、抓住时机将日常元素巧妙引入其中，全方位训练学生的素质，以人为本而非以考为本。教师还需要以敏锐的触觉去感知知识与能力之间的联系，需要以"大学科"的自觉性与"大发展"理念掌控课堂。

何泗忠的《红楼梦》阅读题目共有四道，都十分生动有趣，具有开放新颖的特点，已受到了同行的充分鼓励和热情肯定。作为同行，我们不能止于口头上的鼓励与肯定，更要行动起来，落实在平时的实践中去。

"十年树木，百年树人"，园丁既有能力将幼苗培育成参天大树，更有可能使之发育不良，以致弱不禁风，终为侏儒。孩子的成长是有黄金期的，若错过了就贻误一生、毁了一代；45分钟的课堂不过转瞬之间，教师是演员，更是编剧与导演。由此可见，教师的职业虽然平常普通，但责任重大，不可懈怠。

安徽张正顺　来自2020年3月7日《浮山文苑》公众号

三、戏说流感消费苦难的题目可以休矣

当下流感仍很紧张，武汉每天的确诊病例还在百人以上，全国人民正在团结一心投入紧张的防疫抗疫斗争中。在此背景下，学校不能如期开学，只能开展网上教学，教师认真授课，学生勤奋自觉，让人感到欣慰。但有一股暗流不能不引起人们的警惕，那就是有学校或教师给学生出题时拿疫情说事，其间不无调侃或戏说，缺乏对疫情严重地区群众的基本同情，缺乏对生命的起码敬畏。日前多家网站报道，学而思香港分校一员工于2020年3月3日中午12：40在脸书发布一则有关流感的数学题目，题目中未规范引用病毒名称，且表达很不严肃，此事引起家长的关注。其后学而思香港分校很快发现问题，立即删除了该题目，并发布了道歉声明。随后，学而思总部迅速决策，决定辞退发表不当言论的香港分校员工，学而思香港分校校长承担管理失察的责任。

无独有偶，近日网上流传一个帖子，内容是深圳某名师出了一道有关语文整体性阅读的作业题，该题目大意是：请问假如贾宝玉参加某次家宴，患了流感，那么他最有可能传染的是哪五个人？传染的先后顺序是怎样的？同时还设了一问，假如要成立应对流感疫情五人领导小组，组长会是谁？成员会是哪五个人？

看到这个题，我不知道大家作何感想。首先不得不说该教师出题的出发点可能是好的，出题的技巧是高明的，他是想找到一个教学的切入点或学生阅读的兴奋点来引导学生进入《红楼梦》的阅读中，而这一点也符合他提出的语文悬念教学法的理念。但笔者认为以当下的流感为切入点引导学生读《红楼梦》实在不妥，理由有三。

一是严重不合时宜，缺乏对疫情严重地区群众的起码尊重。新闻报道湖北武汉每天的确诊病例都在百人以上，每天都有死亡，且死亡都在几十例，几乎每个武汉人都能举出自己的亲戚、朋友、街坊被病毒侵袭的例子；还有大量的医护人员感染，不断有医护人员倒在岗位上；疫情重灾区特别是湖北武汉的群众每天禁足家中，已有一个多月没有出门，生怕感染病毒，传染家人，每日战战兢兢，度日如年。如果他们看到该教师出的这样的题，那他们会有什么感受？会不会觉得是在拿他们的痛苦和灾难取乐，在消费他们的苦难？该教师如果不承认这一点，敢把这道题发给武汉的教师，然后让他们

布置学生去做吗？我相信真这样做，一定会激起当地师生们的极大反感以至义愤。

二是缺乏对学生基本的价值引导。在疫情这样严峻、全国防疫抗疫形势十分紧张的背景下，该老师出这样的题让学生做，学生是觉得有意思了，有兴趣了，甚至兴趣盎然了，他们去翻看《红楼梦》，去推断哪些人被感染了，感染了多少人，谁是最可能被感染的人，被感染的先后顺序是怎样的，但他们知不知道感染上了就意味着可能会死掉？这是一条条鲜活的生命啊，我们能随便做这种数学推演吗？学生在这种做题的兴奋甚至快乐中，还有对生命的敬畏、对生命的关怀吗？他们还能想到生命的价值吗？有人会说那说的是书上的事情，但那也是对现实疫情的影射啊！书上本来没有这个事，你为什么偏偏要加上这个事呢？所以我觉得这种题是在戏说疫情，消费苦难！它会严重误导学生，模糊学生的价值观念，学生会在潜移默化中会漠视生命，把生命当儿戏。

语文是人文学科，应该首先关注人的生命、人的价值，不能以游戏的方式随便推演众人的生死。语文老师应该是仁者，要培养学生对他人的同情怜悯之心。《论语》里记载："子食于有丧者之侧，未尝饱也。子于是日哭，则不歌。"这就告诉我们面对别人的灾难，我们要有感同身受的忧戚之情，至少不能拿别人的痛苦当作提取快乐的材料。该老师还说这样引导可以让学生在学习中达到奔放、酣畅、癫狂的状态，请注意人的感情要建立在理性基础上，而尊重生命、敬畏生命是人类最基本的理性，而这才是我们最应该引导学生达到的。

三是用流感话题引导学生，达不到推动《红楼梦》整本书阅读的效果；相反这样引导学生阅读经典，还会带来对经典和学生阅读心理的双重伤害。学生按照该教师出的题，他会怎么读？他一定会寻章摘句，跳跃着去读一些描写宴会的场面，虽然回答后面有关谁当防控组长、组员的题他会读得多一点，但有一点是可以想见的，他读的内容是支离破碎的。他会完整地梳理情节吗？他会仔细揣摩人物内心世界吗？他会深入探究作者写作动机吗？因此经典留给他的印象是破碎的、不完整的，这样读书当然是对经典的伤害。同时这种情形下，学生读书的目的是非常狭隘的，他想的就是怎样尽快地把有关流感疫情的题做出来，因而他读书的心态也一定是急切浮躁、急功近利的。所以说这样读书也是对学生阅读心理的伤害。一般而言，读经典还是应该在一种平和、恬淡、从容、涵泳的状态下去读，循序渐进地读，而不应该如此功利、狭隘，这也是我们对经典应有的敬畏之心。总之，想用疫情话题来推动《红楼梦》整本书阅读基本上是无意义的，两者实在没有直接的因果动力关系。老实说，我甚至担心，学生在做了这道题之后，以后再读《红楼梦》会不会有心理障碍？我想不排除有些心理脆弱的学生会有吧！从这个角度上讲，这道题对学生来说算不算虐心呢？

不论是学而思香港分校员工的数学题还是深圳某名师出的语文题，明眼人一看都会觉得是在蹭热度、博眼球，都是在出题技巧上做文章，却忘了基本的价值观念和教育职责。要知道道在器上，器必须服务于道，所有的理念和技巧是器，而对生命的敬畏，对人的关怀，对家国的担当等才是道。不能否认，深圳该名师在教学上有自己的理念和风格，但我不知道该名师是否就是太想展示自己的理念，太着眼于技巧层面的创新，甚至太陶醉于自己的奇思妙想而忘了更高的道呢？

笔者老家就是这次流感的爆发地，那里有我的亲人、朋友、同学，因此一看到这样给学生出的拿疫情调侃、戏说的题目，我就很不舒服，感觉不吐不快，而且应该尽力阻止这样的事情发生。我写这篇文章的目的就是希望看到上述题目的教师心中要有敬畏、有警惕，切切慎用这道题目！同时绝对不能再为学生出类似的题目了！

谢溯　来自2020年3月7日《溯元书院》公众号

四、从"贾宝玉患上流感"，谈"整本书阅读要干什么？"

我的好友、深圳第二高级中学正高级特级教师何泗忠以流感为背景设计的贾宝玉患病的整本书阅读作业，很有创意。非常钦佩何泗忠的大胆尝试。由于我也是语文老师，并且是《红楼梦》的忠实读者，就第一和第四道作业题，提出自己的一些想法与何泗忠商榷，亦盼同仁指正。

1. 假如贾宝玉参加某次家宴患上了流感，传染了五个人，最有可能被传染的五个人会是谁？请按传染的先后顺序列出这五个人，并说明理由。

事理逻辑。

一问：某次家宴？是在宁国府，还是荣国府的家宴？哪些人参加的？

二问：还有哪些人同时患上了流感？

三问：贾宝玉是不是零号患者？

四问：当下流感是新型病毒，请问贾宝玉生活在哪个年代？（纵使他生活在民国也是没有这个病的。）

逻辑思考：如果假宝玉是零号病人。被传染的首先是一起聚餐的那一桌人，也许还有隔壁餐桌的，当然还有一大批丫鬟，因为要端菜、上茶什么的，当时应该都没有戴口罩，感染的风险非常大。然后才有非聚餐人的感染。如果贾宝玉不是零号病人。那么谁是零号病人？不知谁是零号病人，谁都有被感染的可能。那么"最有可能被传染的五个人会是谁？"这个问题就是一个伪问题。你可能这样反驳我：对啊，我就是考学生这样的逻辑能力，看他们思维缜密不缜密。让他们进行分类思考。照此逻辑，我也非常赞同反驳者的观点，但我想问：这是整本书阅读还是逻辑推理？如果考逻辑推理，那么我们置《红楼梦》本身的阅读于何地？结论：没有搞清楚贾宝玉与哪些人聚餐，接触过哪些人，也没有搞清楚贾宝玉是不是零号病人和到底谁是零号病人，后面的传染就都不太合理。任何的推断一定是建立在逻辑正确的前提之上的，并要知道推断的逻辑条件是什么。退而求其次思考：如果逻辑前提不正确，逻辑条件也不明白，会不会把学生带向浅层的思考？我不敢肯定。

根据学情，出题意图想通过这样的任务驱动让学生厘清人物关系，试问高二学生还需要这样去厘清关系吗？一般而言，小学六年级的学生都会了。不难看出六年级学生的水平与高二学生不相上下，这样的阅读有多大意义呢？

2. 因流感情形严峻，贾府家塾（学校）延迟开学，应对领导小组要求学校停课不停学，校长贾代儒决定进行在线教育。他亲自主讲网上开学第一课，假如你就是贾代儒校长，你将在开学第一课中讲些什么？请拟一份发言提纲，要求层次清楚，语言得体、内容恰当。只问一个问题：请问那时有网络吗？也许有人会反驳，这是假设而已。那么我请问这是在穿越吗？这样的提问跟愚公开着挖土机，去推平王屋与太行两座山，有何区别？质而言之，以上质疑其实就是关于整本书阅读如何设计、如何开展的问题。去年我参加过一次整本书阅读课，做过一次即兴评课，发表了一些看法，也不一定正确，敬请方家指正。

3. 下面是评课实录：

第一个问题，整本书阅读课的逻辑起点是什么？我们不得不思考这个话题。今天三节课，我把它总结成三种课型。第一节课是证明课。通过一节课

45分钟的时间来证明什么？证明一个道理：影视观看不能取代整本书阅读。然后告诉学生要真正去读文本，读纸质的原著。第二节课是方法指导课。一节课45分钟告诉学生一种读书的方法：做笔记。做笔记，一个是写提要，一个是写心得。写心得要注意内容和形式。第三节课我把它归纳成文本解读课。一节课45分钟告诉学生《儒林外史》这本书的思想内涵是什么。

老师们，我们来思考：这三节课的教学价值在什么地方？第一节课价值在于书是要读的；第二节课的价值是读书是有方法的；第三节课的价值是读书要读懂。我想这三节课应该体现出了各自的不同价值。然而，我们再讲教学的效率，我们来评价一下。第一节课，讲一个道理，要不要花一节课的时间来证明这一个道理？那么我们的教学效力、效益体现在什么地方？第二节课，我们是不是要花这么多时间来讲这个？讲完这个之后，另外的时间、下一节语文课我要干吗？第三节课，我们以这样的片段，能不能告诉学生全方位地来解读《儒林外史》？我今天最主要的是想抛出一些问题给老师们思考。

整本书阅读的教学研讨，是一项很有意义的教研活动。笔者所在的语文工作坊用这样的一种形式来引导大家思考，我觉得也是特别有价值的。还是回到我第一个话题上面来。一定要思考名著导读课的逻辑起点是什么。第一，学生对这一部名著是陌生的吗？如果是陌生的，我们名著导读课该怎么上？第二，情况是熟悉的，但是没有读懂它，我们该怎么上？第三，读懂它了，但是不知其中之味，我们该怎么上？老师们，起码有这么三种情况。我问了《西游记》那堂课的学生，我说，《西游记》你读过没有？他说，我小学六年级时就读过。我问他，读的是原著吗？他说不是，是少儿读物，连环画。我这是个别调查，没有全面调查。但是通过课堂观察我们可以看出来，学生几乎都没有读过那么厚的《西游记》原著。我们该怎么办？待会我们会讲到。第二个话题是我在看《儒林外史》的时候，那节课谢老师打出一个问题——《儒林外史》是一本怎样的书？他们仅仅凭借着小学五年级那堂《临死前的严监生》的课，获得一个信息，实际上学生对《儒林外史》这本书也没读过。是这样的吧？那么第二节课《钢铁是怎样炼成的》，这个老师她很聪明：我不管你读还是没读过，我给你几个选段，你来批注。这么做的结果是，课堂上的气氛活了，但是原著却死了。为什么？因为我觉得我们还是没有基于学情来教学生整本书的阅读。这是我抛出的一个思考。三位老师都有可圈可点的地方，但是都犯了一个大家习惯性犯的错误，那就是没有尊重整本书阅读的学情的逻辑起点。这样会出现两种情况：第一种情况，老师认为你读了；第二种情况，学生其实并没读。那么我们的导和学生的读是脱节的。它是没有多大关系的，两者是无法融合的。我们从教学的效率上来说，应该不是高效的；始终处于一种低效的状态，或者是处于一种机械性的重复状态。以后我们教学该怎么样？如果学生没有读这本书，我们是不是要让学生去读它？于是我就有了第二个问题，那就是整本书阅读要干什么。

整本书阅读就是要处理好三个关键点。第一个关键点是，书是学生去读的。我们初一到初三教材后面有必读的名著，那现在我们是不是让学生去读呢？那么第二个关键点是，一定要提供学生读书的时间。学生时间在哪里？在目前这种情况之下，我觉得，一定要开设阅读课。一周开设1~2节课，要把整本书阅读课程化。一定要课程化，而不是我只布置任务，今天你们去读《西游记》，下一周我们来上。上什么？他压根没时间去读，上什么呢？那我们一定要制定一个计划，既然是课程，就一定有一个学习的计划、教学的计划。这个学期我读几本书？《西游记》是要读的，《假如给我三天光明》是要读的，还有鲁迅的《朝花夕拾》也是要读的。我们该怎么办？周六周日我们可以规定去阅读，是吧？第二，我们的课堂是不是有专门的时间来阅读？学生不去读，学生没有时间去读，整本书阅读就是骗人的鬼话。昨天我在朋友圈里转发了一篇由北京大学毕业的王俊鸣写的文章。他说，伟大的国家里出现了大量的整本书阅读专家。我们看一看，整本书阅读是不是满足了这两个条件？特别是第二个条件：有时间去读。老师们，除了语文之外，我们还有数学，还有英语，对吧？除此之外，老师还布置了很多政治、历史、地理作业。如果不完成，课代表把名字写在黑板上，还要把它发到微信群里去。老师们，学生是有压力的，家长也是有压力的。你试想一下你家孩子每天没做作业，微信群有你的名字，你试一试什么感觉。老师们，作为语文老师该怎么办呢？我觉得我们要做一个有良知的老师。第一，不抢占别的科目的时间，不能老是布置作业。第二，语文课让学生去读。据说祁阳有几所学校专门开设了名著导读课，或者说是整本书阅读的课，一定要让学生坚持下来。第三个关键点是研究性去读。什么叫研究性去读啊，就是带着思考去读，探究去读。什么是思考？什么是探究？一定要提出问题。一定要提出问题来读，否则我们的读书是表面化的、肤浅化的。这是我的第二个问题。第

第四章　语文悬念教学法掀起一股《红楼梦》阅读潮

171

三个问题是，既然是整本书阅读课，我们一定要实现导读的四个转化。这是我评课的重点，接下来我就要讲这四个转化。这四个转化也回答了我们前面的两个问题。第一，化大为小；第二，化虚为实；第三，化读为说；第四，化读为写。

我先讲第一个"化"，"化大为小"什么意思？老师在导读课当中，就是一个向导，引导学生而已。我们这三节课都有一个共同特征，就是化大为小——选章。一本书我在一节课时间里没时间讲了，是不是？那我就选章。这逻辑条件就是学生有了阅读的基础。例如有一位老师讲课的方式就是选章。选第一回，"灵根育孕源流出，心性修持大道生"，选第一章。选章之外我们还要选段，第三节课是选段。还有选句，第二节课是选句。老师们，你们看，这就是实现了"导"的作用，都是围绕"选"字在做文章。章回体小说嘛，我就选一回，我就选一段，或者是选一句。干什么？这就是探究性的阅读。你怎么探究？得有形式吧？得有载体吧？就得学会选章，学会选段，学会选句。这是我们实现整本书阅读导向的一条重要途径。你光选了没用，还得实现化虚为实。这就是选点。什么意思？比方说咱们的第一回，我就研读它的浪漫主义的创作手法。《西游记》是浪漫主义手法吧，我就让学生了解什么是浪漫主义手法。浪漫主义手法在作者笔下是如何运用的？为什么《西游记》成为经久不衰的名著，浪漫主义手法是起到了非常重要的作用的。老师们，这就具有了价值，这就有了探究的必要。先是选一个形式出来，形式选出来后咱们再研究内容。再比方说，我就研究它的语言特征。（这里纠正一个知识性的错误：这是白话文小说，不是文言文，它们是有区别的）我们看《西游记》第一回，我教学生写什么？我就教学生写对称的句子。有很多啊，你看，"丹崖怪石，削壁奇峰。丹崖上，彩凤双鸣；削壁前，麒麟独卧"，这就是对称的句子啊。你读多了，自然而然就形成了自己的一种语感。"感盘古开辟，三皇治世，五帝定伦，世界之间，遂分为四大部洲"。我们就要学生写对称的句子，再比方说咱们来看每个章回的题目。高考或者中考时该怎么写好标题啊？像这样的题目是很好的。其实它就相当于一副对联。你看，随便举个例子：第三回，"四海千山皆拱伏，九幽十类尽除名"。再举一个，第十四回，"心猿归正，六贼无踪"。第十七回"孙行者大闹黑风山，观世音收伏熊黑怪"。老师们，我就用一节课来研读它的题目，告诉学生怎么来拟好题，这不是一个点吗？再比方说，我们研究细节的描写。看古典小说里面，是如何来描写细节的。白描手法特别多。比方说"那猴在山中，却会行走跳跃，食草木，饮涧泉，采山花，觅树果；与狼虫为伴，虎豹为群，獐鹿为友"。他就用了一个"行走跳跃"，这也是选点啊。再比方说，人生的探究，文学即人学。那么通过《钢铁是怎样炼成的》我们获得了怎样的人生启迪？从《西游记》我们又看到了怎样的人生？不是有人讲了吗？这个社会上混得好的都是有关系的，一个妖魔鬼怪都是有关系的。有人还说了嘛，《西游记》是可以倒过来读的嘛。对不对，老师们？这就是人生探究啊。《儒林外史》我们又看到了怎样的人？《儒林外史》仅仅是反映了封建社会那个制度下的丑陋嘴脸吗？我觉得还不是。人心的丑陋自古皆然。我来写篇文章——《语文界外史》，也可以把我们形形色色语文界老师写出来，跟《儒林外史》没多少区别。例如在评职称的时候，很多人不是你把我打倒，就是我把你打倒。是不是这样？有一个小学语文老师评职称，他就比别人低了0.5分。他就跟我讲，我现在怎么证明他的材料是假的？我说算了，评不到就评不到，何必来证明别人是作伪呢。这是个例吗？我觉得不是个例。多少人为了这些东西，跟《儒林外史》那些儒士们一般无二。我想这不仅仅是这个制度造成的，还是中国人几千年来人性的恶造成的。我想我们老师应该带学生进行这样的探究，而不是贴个标签——"封建制度下的产物"。你把"封建制度"刨除，照样有这样的人在。这也是探究嘛。还有探究，人物品读的探究。读《西游记》你认为猪八戒是一个怎样的人物？你读《红楼梦》，你怎么研究贾宝玉这个人物？不是有人这么出书：《〈红楼梦〉人物品评》《〈红楼梦〉人物探究》。读《儒林外史》，严贡生、严监生这两个人物你是怎么评价的？读《钢铁是怎样炼成的》，保尔·柯察金，你认为他是一个怎样的人？在他这个人身上有没有弱点？仅仅是看到他的优点吗？我能不能寻找到我们不应该学习的地方？这不是思辨性吗，老师们？所以要选好点。那么导读的目的是什么？导读的目的就是以点带面，教学生方法，给学生指引名著阅读的方向，仅此而已。所以还是回到我们第一个问题上来，书，永远是学生读的。书，永远是他们的。老师只是导向而已。但是作为一个老师，在目前的情况之下，我们是不是应该提供给学生读书的时间？少布置作业，多让学生读书，一周拿两节课给学生读书。这样我们就可以提高课堂的教学效率了。为什么要整本书阅读啊？因为教一篇文章只是方法，而语文学习是把学生引向更广阔的读书的海洋。教一篇文章是为了教整本书，那么作为语文老师，他的职责还在于最大效率地教好一篇文章，然后留出更多的时间让学生来读整本书，我想这是我们教材编排的一个重要意图。第三个，化读为说。既然是整本书阅读课，那么课堂上我觉得要把读这一块转化为让学生来说。说什么？说刚才我讲的那个选点的内容。你可以说有关这本书的人生感悟；你可以说，读了这本书，我明白了怎样描写人物；说我如何来说读书的经验；说我如何来说我学习这篇文章得到了哪些语言技巧；等等。第四个，化读为写。整本书阅读课还有一个重要的功能，就是还要指向学生的写作能力的提高。怎样去写好它？读了一本书除了提高你的精神境界，陶冶你的情操之外，还能不能提高你的书面的表达能力及写作的能力呢？老师们，我觉得整本书阅读课还有一个功能，就是把读转化为学生的写。有些人说，我读了很多书，为什么写不好呢？老师在整本书阅读过程当中就要搭建读与写的一座桥梁。实现这个导向，就是把读导向学生写的能力。我想整本书阅读课应该要实现这么四个转化：化大为小、化虚为实、化读为说、化读为写。最后，我想咱们整本书阅读，有三个切忌：第一，切忌什么呢？以教师的读代替学生的读，这是忌讳。我看这三节课还犯了一个错误，就是老师的读在一定程度上代替了学生的读。最好的方式是老师带着学生一起读，你读你的我读我的，大家共同来读。整本书阅读最好的方法是什么？老师带着学生一起读。你说你有什么好方法？这么多人这么多年来，似乎还没有找到更好的途径。你读我读，读着读着就读懂了，这就是最好的方法。第二，切忌以摘录代替整本书阅读。现在很多人搞整本书阅读，就是让学生抄下书中的精彩句子。摘抄固然是很好的读书方法，但是我就怕学生只会摘录，不会阅读，这是要警惕的。第三个切忌是什么呢？就是以做题的方式抹杀学生的阅读兴趣。因为中考名著阅读要考嘛，是吧？怎么考呢？我可以这么讲，名著阅读是最难考的，是最难出题目的，你怎么出都出不好。老师是聪明人嘛，他就磨出规律了，就是考那么些东西：主人公是谁呀？主人公有什么特征啊？主人公是怎么描写的呀？作者是谁呀？是吧？实践证明，题目出好了无法阅卷。既然不好阅卷，名著阅读我就出得机械化一点吧。所以，有人主张倒逼读书。这个想法是好的，实际上是不现实的。你怎么出，最后还是要停留在死记硬背一些书名、作者情节之类的概念上。我们如果真是为学生长远着想的话，千万不能够以大量的名著阅读习题来取代学生对文本的阅读。实际上，你把我们语文课程标准规定要读的书读完了，名著阅读考试是不成问题的。如果我们真把语文课程标准规定的读书落实到位了，学生的语文能力一定是会提高的。但是通过我的目测和我教学的经验告诉我，难就难在学生没有时间去读。难就难在老师在讲台上、校长在讲台上鼓吹读好书，好读书，善读书，但偏偏就没有给学生提供读书的条件。这是很矛盾的。我们语文教学这么多年来，为什么还是处于差、低、费这样的状态，就是因为学生没有真正去读书。不是学生不愿意读书，不是学生不喜欢读书，而是时间不允许呀，实力不允许呀，他们没这个时间、没这个实力去读呀。整天，作业，作业，作业，你看我们的孩子书包有多重？你试一试？里面都是作业。我就在想我们做那么多作业干什么？问题出在哪里？问题出在我们课堂。因为我们教学效率低，怎么办？课后去补啊，对不对？我能力差，怎么办？家长和老师努把力呀，我们尽做这样一些事。这一次一定要来参加这个活动？我来就是想表达这层意思：咱们每一个语文老师团结起来，提高我们的课堂效率，一周花那么一节两节语文课，让学生自由地去读，这是功德无量的好事。我认为教育就是求佛，教育就是渡人。教好了学生就是行善积德，语文老师一定要做好这功德之事，做足功德之课。让每一个孩子从书本当中学习人生的道理，从书本当中提高听说读写的能力，从书本当中学做一个真善美的人。

吴春来　来自2020年3月8日《语文教学通讯高中刊》公众号

五、也谈吴老师对贾宝玉患流感的逻辑质疑

尊敬的吴老师：

您好！近日有幸拜读了您与何老师的商榷文章，忽想谈谈自己的几点浅薄之见。

首先，谈谈何老师的题目设计问题。我认为，何老师的设计体现了对学生的三个关注。

第一，关注学生的阅读欲望。

语文阅读教学的首要任务是什么？我认为是激发学生的阅读兴趣，点燃学生的学习激情。而兴趣何来？激情何存？源于老师的卖力煽情？源于课程制度的权威约束？都不是。真正能激发阅读兴趣，点燃阅读激情的是好奇心和欲望。好奇心是学生学习的动机、寻求知识的动力，表现为对新鲜事物的注意情绪和对喜欢事物的探究心理。欲望是人最原始的、最基本的一种本

能，是心理到身体的一种渴望、满足。学生一旦有了阅读的好奇心和欲望，那阅读将成为一种本能。何老师的《红楼梦》新型题目设计，正是基于引发学生好奇心，燃起学生阅读《红楼梦》欲望的目的考虑。《红楼梦》与当前流感本属八竿子打不着的事物，如今，何老师搭桥牵线，将古典文学与现代生活巧妙融合。此事鲜也！学生的好奇心一上来，便有了阅读冲动。未阅《红楼梦》者，观何老之题，欲晓答案，必先初读了解；初读《红楼梦》者，知其一二，欲探究竟，必须细读考量；熟知《红楼梦》者，欲辨真伪，必须研读深思。有了何老师之题作为激发阅读者阅读《红楼梦》欲望的抓手，岂不是语文教学之幸事？作为语文老师，我们总想利用所学、所悟，寻找利于培养学生对整本书，尤其是经典著作兴趣的教学方法。我们甚至使出浑身解数，妄想在有限的语文课堂时间里让学生阅读经典，爱上语文。但事实是大街上相亲，一厢情愿而已。笔者深居僻远的农村教学十余年，目睹实施整本书阅读教学之难，深刻体会落实整本书阅读教学之艰。我们大部分农村语文老师对于整本书阅读教学，尤其是经典著作阅读教学，经常是相顾无言，唯有泪千行。我们经常游离在为学与应考的悬崖边上无奈地挣扎。而最终屈服于鲜红的考试分数，以浓缩就是精华的经典名言聊以自慰。经典阅读，生无趣不读，经典教学，师无奈不教。于是，我们把心一横，昂起不怎么高傲的头颅，索性大胆地走了一条整本书阅读教学农村特色之路——印发简缩版的名著简介供学生做蜻蜓点水式的阅读了解。从此，经典不再经典，快餐式的死记硬背取而代之。学生越背越烦，老师越教越悲。我们在乡村整本书阅读教学的美丽道路上越走越远。呜呼，终于，学生考试，名著阅读得分率惨不忍睹，老师叹息欲绝兮泪阑干。如此境地？可于僻远的农村语文老师又有何法呢？

终有一日，我得幸拜阅何老师精心设计的红楼题目，觉得有趣，传与学生观阅，深夜，有生告诉我，他在阅读《红楼梦》原著。那夜，感激之情油然而生，兴奋之绪久久未灭。那夜，我彻夜未眠……

管他什么逻辑不逻辑？管他什么合理不合理？那一刻，我感激何老师的创举，他的的确确点燃了僻远农村学生阅读经典尘封多年的激情！我的学生因为这道创意的题目实实在在读起了《红楼梦》。对于这点，红楼流感题目的设计可谓独具匠心。

何老师是悬念教学法的首倡者和践行者，他用他的悬念魔杖架起了经典文学与阅读者的桥梁，激发兴趣，点燃欲望，此举何疑？

第二，关注学生的生活体验。

文学来源于哪里？文学来源于生活，又高于生活。这是简单不过的问题。可又有多少教师真正让经典的文学阅读与学生的生活体验相结合呢？我们总是拍着胸脯高呼让经典文学照亮学生的现实生活。可又有多少老师做到了呢？何老师做到了。他用他的睿智眼光，找到了《红楼梦》这部经典著作与当下牵动人类之心的流感疫情的最佳契合点，设计了几道颇接地气的思考题。可有人立马站出来大声疾呼：贾宝玉患流感存在逻辑错误。质疑这种做法是非要把虾和蛋扯在一起！质疑这种做法是在瞎穿越，纯属无聊之行为！但我想说的是，这种貌似荒诞的做法恰恰是出题者的独具匠心。因为文字恰恰是可以超越时空，经典是可以穿越现实的。我们今天读《西游记》，感受它的神与奇；读《三国演义》，感受它的悲与壮；读《水浒传》，感受它的义与勇；读《红楼梦》，感受它的情与意！这是阅者与文本的超时空对话。难道我们就因为现实中没有四大名著的情与景，而质疑经典著作的逻辑性和合理性，从而放弃阅读经典吗？

何老师的题目设计意在引导学生阅读经典文学要与现实的人和事架起时空的桥梁，将经典阅读与生活现实有机结合，他通过设悬念的方式引导学生阅读经典，关注生活，思考生活，此举何疑？

第三，关注学生的生命思考。

流感当下，灾疫无情。可我勇敢的中华儿女不计得失、无论生死，毅然前往最危险的地方与病疫抗争，谱写一曲曲英雄赞歌；我们可爱的中华儿女听党指挥，万众一心，禁足不出，将病毒活活闷死；我们理性的中华儿女沉心静思，重新思考生命的问题。每个人都用自己喜欢的方式为疫情奉献一分力量。何老师何尝不是？他利用他的专业眼光，抓住当前疫情，结合《红楼梦》整本书阅读，为学生设计了几道审阅生命、敬畏生命的佳题。引导学生，阅读经典，关注生命。

拜读吴老师的些许佳作，零星了解了您的教育教学理念或思想。对于您提出的"生命语文"观，我十分赞赏，我可否理解为吴老师是想通过您的才情、执着、激情和幽默感染每一位学生，引导他们向善从善呢？那就先从引导学生尊重生命、敬畏生命开始吧！

何老师的寥寥几题，旁人看似不符逻辑，实则用心至专、用情至深、意境高远，触发了人类对生命的重新审视，此举又何疑？

如此设计，一举三得，独具匠心，何嫌之有？

其次，谈谈吴老师对何老师的质疑问题。

我认为吴老师的质疑忽视了三个问题。

第一，忽视语文教学的情感体验。

您在文中质疑何老师犯了学情逻辑错误，您说何老师出的题连北大附小六年级的学生都会了，况乎深圳二高的学生？这能做比较吗？试问爷爷是否一定比孙子厉害？孙子就一定比爷爷逊色？这本身就是个逻辑错误。

我做个假设，有一天您给学生讲经典散文《背影》，讲到父亲越过铁道去买橘的动情处，一生忽起，高声喊道："老师，父亲违反了交通规则，而且，父亲动作不潇洒，朱自清写《背影》父亲违反了规则，不符合人们的思考逻辑。"试问，学生的质疑有错吗？没错，因为学生是在用现实逻辑思维角度思考问题。父亲的确违反了交通规则，这没毛病。

又有一日，您给学生上寓言故事《愚公移山》，您大赞愚公精神时，突然有学生大笑："哈哈哈，难怪愚公不叫智公？何必劳师动众去移山呢？搬个家不就完事儿了吗？"学生这逻辑思维也没毛病呀？

照此逻辑思维进行语文教学，语文的情感教育功能何在？学生的情感体验何在？学生在《背影》里读不到父亲对儿子的款款深情，却读到了动作不雅观的父亲违反了交通规则；学生在《愚公移山》里读不出艰苦奋斗不畏艰难、生生不息的中华民族精神，却读出了愚公其实是个傻子。套用孙绍振教授的话，这叫作阅者与文本的情感错位。呜呼哀哉！

第二，忽视语文教学的诗意想象。

某日，您给学生上诗歌李白的《独坐敬亭山》，讲到会意处，忽又有生高呼：老师，李白的后两句诗"相看两不厌，只有敬亭山"。山是死的，怎么会和诗人相看，还两不厌呢？不……不……李白犯了逻辑性和常识性错误。这时您是否赞同此生观点？我想不会。您可能会微微一笑，摸摸学生的小脑瓜，然后不紧不慢地对学生说："不急不急，此言差矣，待为师细细道来，一切景语皆情语！"谁知，那劣徒非但不听劝，反而躺在地上哇哇大哭："我不管，李白就是犯了逻辑错误，您不是经常这样教我们的不可犯逻辑错误吗？今天，您怎可反悔？"于是，您无奈地跺跺脚，捶捶胸，摇摇头，然后仰天长啸出门去："诗意……诗意……我的语文诗意？"

您在文章中质疑何老师，轻描淡写而又掷地有声的一声叩问："请问那时有网络吗？"那时的确没有网络，这也没毛病。可您是否可以大方地为学生插上想象的翅膀？让他们在经典的文学作品中诗意的翱翔？您的这声心灵的叩问亲手折断了语文诗意的双翼。可怜的学生，徘徊在语文的所谓逻辑和规则的条条框框里，不敢轻越雷池半步，悲矣！

杭州师范大学王崧舟教授在他的诗意语文里呼吁：让语文教学多些诗意，让学生的人生多些诗意！您是否认同？

第三，忽视语文教学的感性认识。

您说当下流感是新型病毒，贾宝玉生活在那个时代也是没有这个病的。这逻辑完全没毛病。可问题是您用了理性的逻辑思维去评判感性的语文现象！语文学科毕竟不同于自然科学。如果您教的是科学，您对何老师的质疑是非常合理的，但您教的是语文。我们都强调逻辑思维对学生的重要性，我们也不否认任何教学一定要建立在符合逻辑的基础之上，但问题的关键是您教的是语文，没错，是语文。我们总不能用理性的逻辑思维方式去批判带有感性色彩的语文教学吧？

借用佛山市禅城区语言教研员李剑平曾在一次教研活动中说过"语文老师可以不性感，但一定不可以不感性"。您是否也认同？

如此质疑，一举三失，别出心裁，何益之有？

语文是有温度的学科，语文教学应该以培养有温情的学生为首要任务。让语文教学多一些感性体验，少一些理性批判；多一些诗意想象，少一些规则枷锁，或许，这样才能让学生真正爱上阅读，爱上语文。

惠州市港口中学　蔡财弟　2020年3月11日

六、如何评价"假如贾宝玉患了流感"的作业设计

2020年寒假，学校延迟开学，为引导学生在家阅读《红楼梦》整本书，深圳市特级教师、正高级教师何泗忠设计了一道有关整体性阅读的作业题。

假如贾宝玉参加某次宴会，患上了流感，传染了五个人，最有可能传染的是哪五个人？传染的先后顺序是怎样的？假如要成立应对流感疫情五人领导小组，组长会是谁？成员会是哪五个人？

这道题很快在网上传开，好评如潮。但也有声音认为其对学生人生观、价值观的引领不够好。究竟应该怎么评价这道作业题的设计呢？

笔者认为，评价就要有评价的客观标准，标准应是客观的评价依据，不能只是一些主观臆测。那么有什么客观标准可作为评价依据呢？这样几点应是权威的标准：一是是否符合时宜，二是是否符合教学原理或新课程标准，三是是否有利于教学。

按照上述评价标准衡量评价，笔者认为，这是一道很好的作业设计题。理由如下。

第一，体现了尊重生命、敬畏生命的高度自觉，符合时宜。

笔者猛一看这个作业题目，一下子也觉得这道题的命制太过敏感了，但仔细一推敲，觉得这是一道好的作业命题设计。当下流感是学生和大众必须面对的现实问题，设计这个问题，不仅能引发读者广泛的阅读探究兴趣，而且还能让学生保持生命的警觉，培养学生自我防范、防护意识。你看，假如贾宝玉一人患上流感，成了零号病人，不仅危及自己的生命，还会传染自己身边最亲近的人，因此，学生自觉加强防护意识，保护好自己和家人，不能为自己一时的口腹之快而害人害己。

这个时间点正值疫情期间，设计这样一道情境性作业题，思考这样关乎生命的大问题，学生才真真切切地产生了生命的体验，与以往空头的说教相比，其教育教学效果肯定要强很多倍，实践证明也确实如此，所以说这题目的设计符合适宜。

有人说，这样的题目设计对湖北疫区的学生会不会是一种刺激？是不是对疫区百姓生命的不尊重？毕竟湖北每天还有上百人因疫情而受折磨。笔者认为，这种认识与思维没有任何道理，相信湖北疫区的学生也不会有这种"牵强附会"的联想，学生都知道这只是一种"假设性"题目，是以此让学生引以为戒，要保护好自己。这种教学活动才是对美好生命的珍惜，是对生命规律的正确认识。人生不仅只有风花雪月，也不仅只有平安和快乐，还有艰难困苦与不可预测的未知。成长的过程，是认识未知世界真相的过程，要勇敢面对人生路上发生的一切灾难与艰难险阻。这才是生命教育的真谛。

第二，作业设计符合教育教学原理。

《红楼梦》是经典名著，与当下流感八竿子打不着，但一个"假设"，便有了"新意"，有了关联。这种假设性关联，既是突发奇想的创意，也是设计者的独具匠心，它打通了语文学习与现实生活联系的通道。反思我们多年来的教学，一些教师习惯于照本宣科，习惯于只在文本内打转转，习惯于就事论事，教学缺少与现实生活的有效关联，学生阅读探究兴趣不高，其教学效果也常常不尽如人意。

而这道作业题目的设计，激发了学生们阅读《红楼梦》的好奇心。大家知道，好奇心是创造性思维中最有价值的学习心理状态，有了这种好奇心，学生的学习和探究的兴趣就会特别浓厚。语文教学如果老师整天板着面孔来教，没有激发学生阅读探究的好奇心，再美再好的名著和文章的教学，也会缺少生机和活力。也许有人会说，《红楼梦》中的人物贾宝玉、林黛玉等那么可爱，你做这样的假设，是不是太不人道了？会不会破坏审美感觉？流感就发生在学生们身边，理解可爱的生命与形象也要有现实的基础，而热爱生命、尊重自然规律才是真正的人道。病毒可不管你可不可爱？只要你稍微不注意，病毒就可能侵犯你。

这道作业题只是一种创意性假设性设计，目的是引发学生对这个问题进行深入探究，更重要的是引发学生阅读原著的兴趣，让学生去关注人物的思想个性与命运。而且，今年这个"倒春寒"的假期实在太长了，怎么引导学生有效阅读书籍呢？设计这样一道题目，既引发了学生阅读名著的浓厚兴趣，又在名著阅读与现实之间搭建起一个相互连接的桥梁，一下子就引发了学生阅读的兴趣，对语文教学有很好的借鉴意义。

《语文课程标准》明确强调语文教学要广泛联系社会生活，要创设开放而有活力的教学活动。何泗忠老师这道作业题的设计，正是这样一道开放而有活力的教学设计。从教学原理来讲，教学有层次之分。美国教育家杜威曾说：教学有三种，最不好的一种是，所讲内容是孤立的，与其他内容没有任何关联；好一些的一种是，将这一课所讲内容与上一课所讲内容联系起来；最好的一种教学就是，把所讲内容与现实生活联系起来思考与探究。这道作业设计正是杜威所说的"最好的一种教学"，他通过创设有效的阅读引发情境，起到了调动学生积极性的教学目的，绝不是个别人所说的"消费疫情""戏说"，更不是"蹭热度""博眼球"，而是符合教育教学原理与规律的设计。正因如此，这个作业题的设计才会在社会上引起了广泛影响，就连《人民教育》公众号、《中国教育报》公众号都做了积极推荐，这本身也从旁证的角度说明了这道作业题设计的巧妙、有效，可以说，这是一种非常有灵性、有思想的教学设计。

第三，有利于积极推进整本书阅读教学。

国家新课程标准与新课程改革方案，已将四大名著等书列入必读书目，如何引导学生有效开展整本书阅读，成为当下学校语文教学的难点，何老师这道作业题目的设计，找到了一个很好的教学切入点与引发学生阅读的兴奋点，有效引发了学生阅读《红楼梦》的兴趣，即便这道题可能有这方面或那方面的不足，但至少为刚刚起步的整本书阅读贡献了自己的智慧，起到了探路的作用。

多年的教育教学实践证明，不少学生对阅读名著往往没有多少兴趣，不少学生只是浅尝辄止，对《红楼梦》的情节内容大多是支离破碎地了解一些。北大教授温儒敏曾说：北大的学生读过《红楼梦》整本书的也不多，大多是根据电视剧知道一些情节，这对学生的发展很不利。而这道作业题的设计，把名著与现实生活结合起来思考探究，激发了学生浓厚的阅读兴趣，确确实实令人欣慰。

当然，整本书阅读怎样开展才好，引发兴趣只是一个开始，真正的整本书阅读，要引导学生全身心地投入书中，还要有基于名著本身的深层次引发。

笔者也冒昧谈谈整本书阅读的做法，和广大语文教师与学生一起探讨。

第一，整本书阅读要有好的引发与规划。

当下，我国的学生作业负担比较重，而且整本书阅读只是起步阶段，作为语文教师在整本书阅读中要充分发挥主导作用，既要有引发学生阅读兴趣的有效方法，还要有整体教学的规划。开始阶段做什么，阅读一周之后做什么，一个月之后做什么，整本书阅读读什么，要有精选，也就是说，整本书阅读不是"整一本书就读"，要精心选择对学生有更大意义而又能有效提升学生阅读探究兴趣，又有高品位的好书，一读就懂，或者怎么读也不懂的书，都不适宜让学生读。所以说，教师为学生做出有意义的整体规划很重要。

笔者自2004年开始进行整本书阅读实验，高一第一学期，我们重点指导学生阅读《亲爱的安德烈》《三国演义》，第二学期重点阅读探究《红楼梦》《儒林外史》；高二重点阅读探究《围城》《活着》《红与黑》《复活》等。实践证明，阅读整本书，并不是让学生读得越多越好，关键在于引起学生阅读整本书的兴趣，在于有深入细致的探究。

第二，要立足于学生亲自读。

整本书阅读，要给学生阅读的时间，要让学生真正自己读起来，不要在学生还没读多少页书时，就由教师给学生大讲一通书中的有关内容与情节，这样学生未经过自己的阅读与品味，这样的所谓导读的效果，其实是"事倍功半"。只有学生自己阅读起来，有了自己阅读的兴趣体验与思考，他的阅读能力与探究能力，才可能真正提高。

当然，在学生阅读的过程中，教师也要有效指导和参与。最好、最有效的方法就是，想方设法让学生根据所读内容"辩论"起来。

争强好胜是青少年学生的显著特点，教学时应充分利用这一特点加以引导，引发他们争辩讨论的欲望，这对调动学生探究的欲望和进一步阅读的兴趣，非常有意义。只要教师把学生辩论的欲望之火点燃，他们就会欲罢不能，就会积极主动地阅读寻找资料，就会多方请教与探究。

辩论不要在乎学生的输赢，而要在乎引发。例如，笔者在与学生一起学习李白的《梦游天姥吟留别》时，通过学生"李白要不要有与皇帝合作的意识"的辩论，趁机引发学生阅读郭沫若专著《李白与杜甫》，为此，学生做摘抄，阅读探究积极性非常高，积极为下一次辩论找论据、写文章，这样整本书阅读推进就效果很好。

第三，整本书阅读要有合理有效的互动交流。

如何保证整本书阅读的有效开展？如何让整本书阅读有效提升学生阅读探究能力？我们的做法是，在整本书阅读过程中，要组织学生进行有效的互动交流。开始阶段可要求学生作"摘抄点评"，一周之后要做笔记"交流展示"，一个月之后要开"读书交流会"，两个月之后要开"读书写作交流会"，三个月之后要召开"读书研究小论文交流展示会"，这些活动可以根据学生阅读书目情况灵活决定。

我们开展整本书阅读的实践证明，只有组织好合理有效的互动交流，才能使整本书阅读开展得有声有色，才能保证整本书阅读的高质量开展。

陈继英　来自2020年3月12日《语文报社》公众号

〔陈继英，深圳市首届教育名家，中学正高级教师（教授级），语文特级教师，深圳市"人生语文"名师工作室主持人，广东省深圳市名师工作室联合会秘书长，深圳大学特聘硕士生导师，中国人民大学少年新闻学院写作教育专家，中国教育学会"地方骨干教师培训"讲师团特聘专家，教育部国培计划主讲教师。〕

七、整本书阅读不能这么读

最近，由深圳市第二高级中学语文特级教师、正高级教师何泗忠设计的一道《红楼梦》整本书阅读题火了，其创意让很多学生和教师广泛传阅。

这道题在网上流传很广，人们对它好评很多。我认为，这个题目之所以受到人们的关注，是因为它利用《红楼梦》中的人物关系作为命题的由头，与当下流感搭在一起，所以给人新鲜感，有人评价这个题的设计是"脑洞大开"。

但仔细分析这个题目，我觉得其作为整本书阅读的练习题，对于学生的整本书阅读并没有多大的作用。

第一，这个命题只关注了小说的故事情节中人物关系的亲疏程度，没有引导学生透过复杂的人物关系，理解人物性格的形成与发展的背景与环境及其对表达作品思想情感与主题的作用。假如贾宝玉患上了流感，传染了五个人，最有可能传染的是哪五个人？要回答这个问题，表面上看，只要了解小说中谁是贾宝玉患流感后的近距离接触者即可回答。这样只追求故事情节的阅读，对于高二的学生来说是一种浅层次的阅读，题目的思维含量太低。这种表层化的阅读，当然是低效的。

第二，命题只关注了小说中的人物关系，忽视了医学常识，缺少科学性。贾宝玉患上流感传染了五个人，最有可能传的是哪五个人？传染的先后顺序是怎样的？学生要回答这样的问题，只能靠主观臆测，因为他们无法在文本中找到答题的依据，也无法依据文本进行推断。专家告诉我们，当下流感非常"狡猾"，它不仅潜伏期长，而且表现特征也因人而异，很不相同。有的人体质很好却被感染了，有人体质弱却因为防护好而没有感染；有人发烧，有人不发烧；等等。如果仅仅依靠贾宝玉与周边人接触的频繁程度来判断先后顺序，不仅违反科学常识，也违背了整本书阅读的规律。小说《红楼梦》第七十五回"开夜宴异兆发悲音　赏中秋新词得佳谶"是这样写的：

贾母因问："有稀饭吃些罢。"尤氏早捧过一碗来，说是红稻米粥。贾母接来吃了半碗，便吩咐："将这粥送给凤哥儿吃去。"又指着"这一碗笋和这一盘风腌果子狸给颦儿、宝玉两个吃去，那一碗肉给兰小子吃去。"又向尤氏道："我吃了，你就来吃了罢。"

读到这里，学生自然要思考这几个问题：贾宝玉是第几天患上流感的？是立即感染还是几天后感染？因为在他发病的几天中，他接触的人员变化很大，其感染的途径和传播的结果也不一样，专家说15秒就可以感染，何况还有气溶胶等因素。这样，学生答题必然只能主观猜测，答案当然也各不相同。这样的阅读，最多只能算是趣味阅读，对提升学生的阅读水平意义不大。同时，按照命题的逻辑推下去，学生还会猜想：晴雯是不是受感染而加重肺病而死？林黛玉是不是也受到感染而患上了流感？这种引导学生脱离文本的胡思乱想，不符合整本书阅读的要求，这样的阅读也不是真正的整本书阅读。

第三，题目的表层化，忽视了作品的言语形式。对于高二的学生来说，阅读《红楼梦》的目的不是培养学生的阅读兴趣，而是要教会学生掌握正确的阅读方法，把单篇阅读中积累的阅读方法和文本解读本领用于整本书阅读中，通过语言的路径，读出作家在作品中塑造的人物形象以及作家通过特殊的叙事方式和表现手法所表达的思想、主旨与情感。而这道题，只在片段阅读中查找宝玉最近接触了哪些人？对于高二的学生来说，未免太浅薄、太简单。高二的整本书阅读，要引导学生揣摩作品的语言，通过对语言的品味，读出语言背后的所指。例如在第二十三回"西厢记妙词通戏语　牡丹亭艳曲警芳心"中，林黛玉听了《牡丹亭》中杜丽娘的唱词，不禁点头自叹："原来戏上也有好文章，可惜世人只知道看戏，未必能领略这其中的趣味"，又听到："则为你如花美眷，似水流年……"后，"不觉心动神摇"。联想《西厢记》中"花落水流红，闲愁万种"的戏文，"不觉心痛神痴，眼中落泪"。这一系列的动作描写，表现了她怎样的心理活动？作者这样写有何用意？有什么妙处？只有这样，才能引导学生真正走进文本，理解人物，感受语言的妙处。

第四，题目引导学生脱离文本，在文本之外另起炉灶。第二个题目：假如要成立应对流感疫情五人领导小组，组长会是谁？成员会是哪五个人？这道题文本中没有答题线索，学生只能结合现实情况，根据自己的生活经验来答题。学生在答题时会思考：选择组长的标准是什么？是地位高、权力大的人物？还是管财务、能干事的人物？同样，五个成员各有什么职能分工，其选择的标准也各不相同。学生的答案之所以千变万化，是因为这道题压根就不是《红楼梦》的阅读题，而是一道生活经验题，或者说是一道价值观题目。从答案中可以看出学生是崇尚权力还是崇尚能力，是崇尚科学还是崇尚品德，因此，题目自身也缺少对学生价值观的引导。脱离文本的阅读是整本书阅读的大忌，这也是目前普遍存在的问题，表面上看起来是拓展、是和时代对接，其实已经远远地脱离了文本，脱离了历史语境。

同样，让学生写应对措施，更是无中生有。学生只能把今天网络中宣传的流感防控知识贴上"红楼"的标签写上去，这与原著已经没有多大关系了。如果何老师布置给学生的是创意写作题，我们无可厚非。可他却明确地说这是"高二年级《红楼梦》整本书阅读作业"，是整本书阅读题。我们不禁要问：这样的题目想把学生的阅读引向何处？

在目前的整本书阅读中，大家都在教学实践中努力探索新的教学方法和教学路径，何老师也是在进行积极的尝试，这种精神是值得肯定的。但这种尝试偏离了整本书阅读的正确轨道，却又引得那么多师生的追捧。这里，我提出一点自己的想法，希望能够引起大家的思考，以免刚开始的整本书阅读走上歧途。

王山月　来自2020年3月12日《诵芬堂》公众号

八、从《红楼梦》情境性思考题，谈驱动性任务的设计

深圳市第二高级中学何泗忠老师以当下流感为背景出了几道《红楼梦》阅读的启动性思考题，叫好者如潮，质疑之声也不少。不少教育媒体争相转发，可谓一石激起千重浪。能够引发同行的思考，这本身就是一件极有意义的事。同行们的兴趣都在整本书阅读上。的确，整本书阅读是个热门话题，何老师这套设计与《红楼梦》的整本书阅读相关，以此来讨论整本书阅读，当然是有价值的。但是，如果我们换一个思路呢？也许能有一些新的思考。

何老师这几个题的设计有两个方面可能要注意。

第一，这并非是整本书阅读的严谨的考查题，而是整本书阅读中某一个具体任务的启动性思考题。例如第一题，关于传染者顺序的问题，实际上应该是《红楼梦》阅读中饮食文化梳理、人物关系与性格梳理的研读任务启动题；第二题是一个《红楼梦》传染病描写专题梳理与人物性格探究的研读任务启动题。命题者是否这样思考的，我不得而知，但其实际价值似乎应该在这里。

第二，这里实际涉及的是教学中的驱动性任务设计问题，不仅关涉整本书阅读，实际上，小到一堂课某个环节的教学设计，中到整本书阅读，大到专题研究，不仅语文，还有其他学科教学，甚至课程设计，都有一个

驱动性任务的设计问题。所以，我们不妨从驱动性任务设计的角度来思考这个问题。

驱动性任务的设计，是值得我们基础教育工作者认真思考的一个重要问题。这不仅仅是因为高中语文课程标准提出了驱动性任务；更是因为，从实际教学的层面说，驱动性任务的设计，可能是整个教学改革的关键点之一。当今的教学，由以知识、技能为目标，转向了以智能发展为目标。而智能的发展目标，并非是主要靠传授和训练达成的。著名智力心理学家詹姆斯·弗林认为，智能是很难传授的，他说，"有一种方式，个人能为自己制造运气。他能把寻找有挑战的认知环境的目标内化，即始终寻求智力挑战"。请注意这位学者非常审慎的"运气"一词。在智力研究者看来，智能的发展需要发展主体自己去寻求智力挑战。这就意味着，我们的教学，必须由着重于"教"转变为学生的学。而这"学"，也不是传统意义的学（识记、背诵、理解、应用），斯特兰·奥尔松在他的《深层学习》中说，"在一个复杂而混乱的世界中，唯一不变的是变化"。深层学习的本质，就是"应变"。知识是可教的，技能是可以训练的，唯有以"应变"为核心的智能是无法"教"的。培养应变的智能，最有效的办法也许是将学习主体投入到丰富的认知环境中，让其接受丰富的智力挑战。可见，智能的"学"，主要应该是学生的"动"。可由于多年来我们的教育惯性，我们的学生习惯了传授型、训练型教学，要让学生主动学习、自我动起来，有很大的难度。因此，怎么"驱动"学生，可能是目前整个教学改革的关键点。基于这样的认识，笔者觉得，也许从"任务驱动"这个意义上讨论这一题目，会更有意义。

本文无意全面评价这套试题，这套试题能引起这么大的反响，受到这么多点赞，应该说是它可能击中了我们教学中的某些痛点，本身就说明了它的价值；而它招致的争议，也说明了任何设计，都很难做到完美，肯定还有很多可以完善的地方。在我看来，这套题击中的真正痛点——不知怎么进行的问题，这套题也没有告诉我们整本书阅读到底该怎么做。这很可能是我们教学中驱动性任务设计暴露的问题。在实际的教学过程中，我们的所谓驱动性任务往往表现为呆板、漂浮、庸俗。我们往往将"驱动性任务"与"教学任务"或者"教学目标"混淆了。例如我们学写人的文章，于是"设计"了一个所谓的"驱动性任务"，就是要学生写一篇关于自己父母的文章，以此来"驱动"学生学习课文。或者我们在学苏东坡专题，于是我们"设计"了一个"驱动性任务"，就是要学生写一篇苏东坡传记，以此来"驱动"学生研究苏东坡。其实，这哪是"驱动性任务"呢？这任务驱得动学生吗？不把学生吓跑才怪。这不应该叫"驱动"性任务，这是"驱跑"任务，因为你一"驱"，就把学生吓"跑"了。究其原因，在于我们没有将教学任务与"驱动性任务"区别开来。真正的高手往往是将教学任务暗藏于"驱动性任务"之中，不显山，不露水。例如，余映潮老师一次上说明文阅读课，他的教学任务是让学生分析段落的关联与价值。但是，整堂课，老师似乎根本就没有直接提到"段落的关联与价值"这个任务，而是让学生做一件事情，就是跟同学们说，这文章这么长，可不可以简短一点，删掉其中的哪个段落？记得当时余老师首先拿了一个与课文主体表面关系不大的段落，跟学生说，我就觉得这一段可以删去，还摆出了一些似是而非的理由。那么到底能不能删去呢？还有其他段落呢？然后老师让各组领取任务，各个组负责哪几段，去分析，去交流。学生觉得，这任务既有趣，又不难，一下就饶有兴趣地动起来了。这就是很好的驱动性任务。教学任务是终点，驱动性任务是助跑器。二者是不能混淆的。我们许多所谓"驱动性任务"，美其名曰"设计"实际上没有设计。教学任务是规定的，或者是根据你的教学价值系统生成的，是不需要设计的；而"驱动性任务"，却是艺术性的，则是要花心思设计的。对"驱动性任务"必须花心思"设计"。但怎么设计？也许有这么几点可以考虑。

一是现实情境性。黑格尔有句名言：密涅瓦的猫头鹰，总是在黄昏飞。意思是说，白天是喧嚣繁忙的，只有到了晚上，才好反思，才好认识的抽象。知识的发现者和发明者，他们是将知识从现实世界抽象出来的。所以，知识的本质是抽象的，科学为了维持知识的客观性，它必须同生活保持距离。但教育不是这样，教育恰恰应该是知识的还原。诺贝尔文学奖获得者大江健三郎将教育的目标设定为"与世界相连接"。我国台湾课改的设计者、著名数学家黄武雄写过一本书叫作《学校在窗外》，他说："我不能确定孩子是否一定要去学校，因为今日的学校所教给孩子的，不是联结于人的'内在经验'知识，而是一整套的经过标准化的'套装知识'。这一整套的套装知识反而把人从真实世界中分离出来，与不同时空的人类经验隔离开来。"学生的厌学，学生的驱不动，跟学习内容与现实世界距离太大有很大关系。教师作为知识的传授者，其工作思路恰恰应该与知识的发现发明者相反，我们是将知识还原，还原到现实世界，让学生将知识与现实世界连接起来。

因此高中语文新课标在强调任务驱动的同时，也特别强调了情境性，尤其在评价考试部分，将情境性提到了无以复加的高度，近年来的高考命题，也明显体现了这一趋势。

而任务驱动的第一层要义，可能就是情境性。任务驱动，实际上又可以叫作情境性任务驱动。何泗忠老师这套《红楼梦》阅读的驱动性题目，就是这种情境性驱动题。一方面，像《红楼梦》这样的书，不仅阅读难度大，阅读推进的兴趣也不大，有些语文老师也不一定读完了《红楼梦》，更何况广大中学生？另一方面，当下流感十分严重，每一个学生都得面对，而何老师恰好从《红楼梦》和当下流感中找到了一个关联点（饮食文化），从而将《红楼梦》的阅读与每个学生深陷其中的现实结合起来，无疑极大地增强了学生的阅读兴趣，这对于推动学生整本书阅读，起了很好的驱动作用。也启发了大家怎么设计驱动性任务。这套题的最大价值可能就在这里，点赞者的关注点可能也在这里。

当然，情境性驱动的关键在于，必须真正找到情境与学习内容结合的关键点，防止生拉硬扯，防止哗众取宠。这套题的第一题，应该是找到了结合点的，因为饮食文化确实是《红楼梦》非常重要的内容。尽管这个结合点也引起了一些争议，但对命题者不必太多苛责。倒是后来跟进的一道关于贾府网络教学的题，与《红楼梦》内容的结合，就值得再做打磨了。

二是心理愤悱性。孔子说："不愤不启，不悱不发。""愤"和"悱"都是一种憋闷的心理状态。"愤"是心中有所郁结；"悱"是想说又说不出来。孔子用"愤悱"来描写一种学习心理状态，就是学生对某个知识或问题产生了浓厚的兴趣并一直努力去掌握或解决，但又因自身知识、能力的限制而无法掌握或解决，从而处在一种既有积极的欲望，又有不断尝试的行为，却无法达到理想结果的既憋闷又亢奋的心理状态。在孔子看来，学生不进入这种愤悱状态，教学就很难达到好的效果。他说，"不曰'如之何，如之何'者，吾末如之何也已矣。"就是说，学生不说"怎么办呢，怎么办呢"，就连孔子也拿他没有办法。孔子的"愤启悱发"，就是告诉我们，学生始终是学习的主体，教师的重要任务就是要努力使学生保持学习的心理张力。而要使学生进入"愤悱"状态，便要善于将学生抛入问题情境，引发其困惑，引导其主动尝试，让其始终处于探索之中。驱动性任务的最大价值，可能就在形成学生的学习心理张力。中国禅宗的教学就是采用的这样一种方式。我们常说"授之以鱼，不如授之以渔"，或者叫"要把金针度与人"，可是禅宗却是"不把金针度与人"。在禅宗那里，徒弟问师傅，师傅往往不直接回答，总是让你憋一憋，然后提供一些莫名其妙的生活情境，让你自己去体悟。用詹姆斯·弗林的话说，就是将学生抛入富有挑战意味的认知环境。通俗一点说，就是要将学生赶入思维的困境，让其"绝地求生"。对此，笔者在教学生品味《荷塘月色》用词的精妙时，深有体会。

《荷塘月色》中"薄薄的青雾浮起在荷塘里"中这个"青"字，笔者觉得用得太好了，很想让学生好好体会。有几届教学，我都直接分析给学生，结果都不讨好。学生根本不认真思考。有一届，我换了一种方式，让学生听写这句话。高一学生对于语文听写，感到新奇。而我也事先渲染了一下，说，老师不说打开书，不准打开书，也不准讨论。然后我将这个句子念了一遍，学生写完，同桌交流。结果，其他字没问题，但"青"字写得五花八门，除了几个写"清"和"青"之外，大多写成了"轻"。然后我要学生交流，统一一下，到底是哪个字？理由是什么？最后，学生统一认为是"轻"。理由有三，因为是"雾"，而且雾是"薄薄的"，尤其是那个"浮"字，决定了一定是"轻"，因为轻，所以"浮"。由于理由充足，甚至有学生跟我打赌。可当学生翻开书一看，傻眼了，书上赫然写着"青"。这时全班炸锅了：到底应该是那个字？为什么？这时每个同学都加入到了紧张的研究交流之中，他们经过了几层追问：首先他们发现，是荷塘，透过薄薄的雾，可以看见下面的荷叶，但，那应该是"绿"。再追问，发现是晚上，晚上分不清彩色，只能见出黑白两色，尤其是月光不能朗照的情境下，透过薄薄的雾，看到的荷叶应该不是绿色，但，那应该是"黑"。再追问，发现青黑两色接近，但黑色不美，说成青色就避免了不美的感觉。他们还联想到了"青青子衿""朝如青丝"等诗句。最终学生们终于明白，仅仅这个"青"字，便写出了"月色下的荷塘"与"荷塘上的月色"。学生感叹：朱自清用字太准，观察太细。如果不将其思维赶入"绝境"，他才懒得想哩。

三是整体拎动性。整体拎动，就是牵一发而动全身，用一个任务能将系统性的教学目标勾连起来。语文学科不像数理化。数理化学科，其教学内容是远离真实世界的理论知识，是一种实验室状态的知识体系，所以，其教学体系是一种线性体系，知识能力点可以逐一铺排，因而其具体的教学环节，乃至一节课，甚至几节课，其教学目标与任务可以是单一的。但语文不是，语文的本质是实战性质的，其学习内容是没有提纯的，它是真实的，复杂的，动态的，千变万化的。所以高中语文新课标提出了一个"任务群"的问题。所谓任务群，实际上包含有这样的意思，就是具体的语文教学实践中，即使某一教学环节，其教学的任务往往不是单一的，是多个任务混合的，其中既有主任务，又有次任务，教学中既要有一课一得的意识，又不能只是强调一课一得，可以由一个主任务拎起多个次任务。因此，教学中要善于寻找能够拎起多个任务的主任务。驱动性任务设计的功夫也表现在这里。

其实，何老师的题是有一定的拎动性的。例如他的第一题，不仅拎起了《红楼梦》的饮食文化的梳理，也还拎起了大观园主要人物的关系梳理。当然，如果设计得更充分一点，也许整体拎动性会更强。

例如，语文总复习时，常有老师给学生一个任务，就是分门别类整理相关知识点、能力点。这当然是有价值的，但这是教学任务，实际不是驱动性任务，学生面对这样的任务，往往是望而生畏的。这样的任务当然是无法驱动学生的。因为，我们对任务没有进行设计，没有找到一个拎动点，没有找到一个拎起这许许多多任务的一个抓手，只是生硬地布置任务，自然就难以达成任务目标。

北京十一学校老师闫存林在古典诗歌复习中设计的一个驱动性任务，在这个方面能给我们一些启发。

闫老师遴选了40篇古诗词，各种类型的都有。他给学生的任务是，要求每个小组从中挑选8首诗编成一个诗歌集。

任务看起来不大，实际做起来可不一样。我们也有老师给过学生这样的任务，但是没有做具体的设计，于是教学目的就不一定能够达到。闫老师却做了别具匠心的设计。

且看他的活动与要求。

第一，每个小组的每个成员必须提出自己的编选标准，进行交流，小组最后从中选一个标准；

第二，为诗集取个标题；

第三，说明你编选的标准；

第四，举例说明其余诗歌不入选的理由，举一二例即可；

第五，为诗集写个导语（两百字）；

第六，为入选的每首诗选一个关键词加注解；

第七，从每首诗中选一个障碍点，说明你的困惑；

第八，完成后班级举行诗集编选交流会。

这才是经过设计的驱动性任务。这里的每一个环节都是不可缺少的，都是与整体的教学目标有具体关联的。而其核心关联点是"标准"的把握，就是这个"标准"，牵一发而动全身，几乎拎起了诗歌复习的全部内容。学生可以考虑的标准至少有：主题、题材、体裁、意象、手法、某种手法、某种意象等。而任务设计中，闫老师特别要求每个成员必须提出不同的评选标准，然后讨论决定小组采用的标准。这实际上是让每个小组对诗歌的主题、题材、体裁、手法、意象等，全都认真研究了一遍。

只选八首诗看上去任务不大，加上只选八首，其他诗歌学生会不会读？阅读40首诗的学习要求会不会落空？闫老师的其他几个小任务，如加注、提困惑、选一首说不选的理由，都是为了让学生将全部的40首诗读完。

而这些任务的呈现形式上，却是有趣的，似乎根本看不到教学目标，学生感到兴味盎然。

真正有设计的驱动性任务，往往是表面任务小，题里乾坤大；表面逗你玩，实际紧扣教学目标。苏霍姆林斯基说，教育的意图越隐蔽，就越能被受教育者接受。德育如此，教学也如此。

胡立根　来自2020年3月13日《中新中学》公众号

（胡立根，教育部国培专家库专家，正高级教师，特级教师，广东省劳动模范，广东省首批教师工作室、深圳市首批专家工作室双料主持人，深圳市名师工作室建设指导小组专家，广东省中语会理事、学术委员。现任湖南科技学院讲座教授。）

九、教育"流行病学"的经典案例

《语文课程标准》对整本书阅读提出来的"学习目标与内容"：一是形成和积累自己的整本书阅读经验；二是体会小说主旨，研究小说的艺术价值，三是要学会知人论世；四是享受读书的愉悦，从作品中吸收营养。

人教版高中语文必修（下）第七单元中对《红楼梦》整本书阅读"单

元提示"是这样的："通读《红楼梦》全书，梳理小说主要情节，理清人物关系，理解和欣赏人物形象，探究人物的精神世界，整体把握小说的思想内容和艺术特点，建构阅读长篇小说的方法和经验。可以从最使自己感动的故事、人物、场景、语言等方面入手，反复阅读品味，获得审美感悟，丰富自己的精神世界。"

这个单元在《学习任务》中提供了六个参考任务，也明确提出可以选择其中一部分完成，也可以自行设计。这六个任务是这样的：①把握《红楼梦》中的人物关系；②体会人物性格的多样性与复杂性；③品味日常生活描写所表现的丰富内涵；④欣赏小说人物创作的诗词；⑤设想主要人物的命运或结局；⑥体会《红楼梦》的主题。

教学设计要不要扣住"课程标准"与教材要求？不要说特级与正高教师，就是普通教师也应该明白这一基本道理吧？

史蒂芬·平克在《风格感觉：21世纪写作指南》中说："不论出于何种教学上的好处，给孩子灌输错误信息，对成年人来说都不合适。"无论你有多少光环，以猎奇的方式设计教学，将关公与秦琼硬生生地扯在一起，充其量只能表明你有说相声的天赋，可恶的是以这样的天赋给了学生错误的导向。可以不可以让学生讨论《红楼梦》中贾府与当下流感扯在一起就是以恶俗论恶俗了。如果透过《红楼梦》的描写，探讨学生假设谁成了零号病人，还要贾府建立防控小组，这病还真不轻，可恶的是还要以趣味的名义传染给学生，还以学生的作业来证明传染的效果，更让人无语的是居然还赢得了10万+的流量与无数的点赞。

有朋友问，不知道那个正高加特级教师的《红楼梦》教学设计的目的是什么。我说，目的很明确，一是博眼球，二是以猎奇忽悠受众。从效果来看，这两个目的都达到了。看看几个国字号的公众号都是10万+的点击率，而且放出来的几乎是一边倒的赞誉就明白了。

异史氏曰，此教学案例可列为教育行业"流行病学"的经典案例。

凌宗伟　来自2020年3月13日《宗伟在线》公众号

十、如此经典阅读教学可以休矣

莱辛在《拉奥孔》的序言里说："面对一篇文本，大致会有三种阅读者。第一种是艺术爱好者，单纯地为着享受文字带给自己的快感而阅读；第二种是哲学家，他们只关注阅读快感的内在本质即可——这两种人都不容易错误运用他们的感觉或者论断。比较为难的是第三种人——艺术批评家——'他的话有多大价值全要看他把美学规律运用到个别具体事例上是否恰当，而一般来说，耍小聪明的艺术批评家有五十个，而具有真知灼见的艺术批评家却只有一个。'"如果我们可以把引导、陪伴学生进行阅读活动的语文教师也纳入"艺术批评家"的行列中去的话，那么莱辛的结论是否依然有效——耍小聪明的人远远多于有真知灼见的人吗？

近来，某教育公众号的一篇推文——《如果贾宝玉患上了流感，最容易被他传染的人是谁呢？答案出来了！听听出题人怎么说》——引起了身边许多教师的关注。

这是怎样的一道"很多学生和教师同行拍手称赞"的创意题呢？且把原题放在这里请大家共同欣赏：（略）

据说，后来因大家感到"意犹未尽"，在"千呼万唤之中"，这位出题人又推出了"更新版"，把"学校停课"也纳入其中……抱歉，不再复制粘贴了，因为这样的题目（如果它们也算是一种"题目"的话）我们随时可以信手拈来，如——

《西游记》里的哪种法宝对于抗击流感最为有效？

《水浒传》中的西门大官人会怎样利用流感疫情推销他生药铺中的药材？

"赤壁之役，值有疾病，孤烧船自退，横使周瑜虚获此名。"曹操可以从当下防控流感的措施中学到哪些控制瘟疫蔓延的方法？

不过我们实在不愿把这样所谓的"题目"放到学生的面前。因为我们自己确曾怀着敬仰之情一次又一次认真地阅读过这些经典名著，严肃地思考过它向我们提出的问题；因为在我们精神成长的过程中，确曾一次又一次被这些经典名著感染、打动、唤醒，我们深知印在纸页上的无声的铅字对于一个人有限的一生可以产生怎样深刻的影响；这些经典名著中的鲜活生动的人物曾那样真切地莅临于我们的世界，我确曾一次又一次地与他们同其欢笑，同其悲伤，"人是一个谜"，正是他们向我揭示了破解这个谜团的道路。普鲁斯特在回忆他少年时代阅读贝戈特时的感受时说："我突然感到，我的平庸的生活同真实的王国之间，并不像我过去所设想，隔着什么鸿沟，它们甚至在好几个点上相互交叉，我有了信心，高兴得像伏在久别重逢的父亲的怀里似的伏在书上哭起来。"（《追忆似水年华》）我理解普鲁斯特的感受。我自己的生命正是如此的平庸，而这些经典中的文字却照亮了我平庸的生命，并赋予它光彩，让它不愿安于沉沦，肯于时时努力去拓展意义的领地。

我并不是一个老古董，把任何关于名著的调侃与玩笑都视作亵渎。但是，当我们以教师的身份，站在学生们面前的时候，怎么可以引导他们用这样荒诞的方式来阅读经典呢？这样的经典阅读和阅读一本漫画或者网络小说有什么区别呢？它到底能对学生的成长产生什么样的影响呢？

难道，面对经典，我们不应该认真地告诉学生："我们接收到了一个伟大的灵魂向我们发出的邀约，这是何等的幸事！"如果连这件事情都不值得我们认真去做，那么世界上到底还有什么事情更值得我们认真去做呢？

这位出题人在题目后面的自述中说，他出的这些题目以及背后作为理论支撑的教学法旨在"唤起学生的求知欲望，点燃学生的智慧火花，让学生手舞足蹈地（身体自由）、浮想联翩地（精神自由）、兴趣盎然地（生命自由）参与到教学过程中来。"且不说"手舞足蹈"是否真能促进学生的阅读理解（不知是否像《西游记》里孙悟空听须菩提祖师讲经时的手舞足蹈），也不谈对"阅读保有兴趣"，"在阅读过程中能够产生联想"这样的要求对于中学生来说是不是过浅，我们单说这里所提到的"阅读中的自由"的问题。我认为恰恰是"自由"这个词在某种程度上误导了人们开展经典阅读教学时的方向。

萨特说："阅读，是（作者的）自由与（读者的）自由的契约。"（《什么是文学》）据此，人们似乎可以反驳我："我就要这样阅读经典！我就要在阅读中想象贾宝玉得了流感，这是我的自由，你管得着吗？"我确实管不着，但却并不妨碍我对"自由"这个词进行发问：您在这种阅读中到底获得了怎样的自由？是打开自己的自由还是封闭自己的自由？是接受邀约，与作家共同建构文本意义的自由，还是引经据典地巩固自己现有认识的自由？您的这种自由的阅读到底在何种程度上与《红楼梦》这部伟大的著作有关？您又是在何种意义上与曹雪芹——这位伟大的文学家"签订"的自由"契约"呢？当然，作为教师，我们还可以进一步发问：您为学生指出的是一条可以不断深化思考，揭示文本内在意义的自由之路，还是一条将经典阅读娱乐化，沾沾自喜于在最浅层次上有所"发现"的"自由"？

《公羊传》里有句话："柑马而秣之"，意思是在马嘴里堵上东西，然后让它去吃东西，你看着它在那里不停地咀嚼，实际上什么也没有吃进去——大概不会有人认为这也算是一种自由吧？而我们日常的经典阅读教学中又有多少类似于"柑马而秣之"的行为呢？《论语》里说："夫子之墙数仞，不得其门而入，不见宗庙之美、百官之富。"我们是否认为徘徊于经典名著的门墙之外也是一种自由呢？可是，在我们日常的经典阅读教学中又有多少人能够摆脱陈词滥调的束缚，不以"真理"的占有者自居，敢于带领着学生夺"门"而入，去探讨经典对于每个人所产生的最为本己的意义？

把经典阅读视作一个主体（读者、学生）面对一个客体（文本）的认知活动，乃是今日语文教育之弊。我们知道了贾宝玉身边有几个丫鬟，了解了水浒英雄的绰号分别是什么，记住了教参上所写的《老人与海》的思想主题是什么……这就可以了吗？这就完结了吗？除了应试和增加一点谈资外，这些东西又有什么用处呢？在琐碎的文本分析之上难道不应该有一个更为究竟的教育学的意义吗？如果我们的学生读完一本书，仅仅停留在"知道了"、"了解了"、"记住了"这个层面上的话，这些经典著作不就沦为了一种教化的工具了吗？如果经典的意义本身从来不曾向学生开放过的话，那么无论课堂上有多少看似富有创意的设计，都不过是"柑马而秣之"，学生永远也成不了"自由的阅读者"。

我们常说，经典著作的意义是开放的。但，它不是对每一个具体的存在者都是开放的——尤其是那些试图寻找理解的"捷径"的人，而是向着存在本身开放，它可以回应无尽的关于存在的叩问。阅读经典，从根本上说，不是认知问题，而是一种人的切己的存在方式。想要成为自由的阅读者吗？我们首先要接受一种"绝对命令"（萨特语），带着对生命的思考与困惑，纵身一跃，将自己整个投入到文本之中：

"……我把一种以自由为根源和目的的感情叫作豪迈的感情。因此阅读是豪情的一种运用；作家要求于读者的不是让他去应用一种抽象的自由，而是让他把整个身心都献出来，带着他的情欲，他的成见，他的同情心，他的性欲禀赋，以及他的价值体系。不过这个人是满怀豪情地奉献出他自己的，自由贯穿了他的全身，从而改变了他情感里最黑暗的成分。由于主动性为了更好地创造对象而把自己变成被动的，相应地被动性就变成了行动，读书的人就上升到最高的高度。所以人们会看到一些出名的铁石心肠的人在读到臆想出来的不幸遭遇的时候会掉下眼泪；他们在这个瞬间已经变成他们本来会

成为的那种人——如果他们不是把毕生的精力都用来对自己掩盖他们的自由的话。"（萨特《什么是文学》）

是的，在对经典文本的阅读中，我们和学生都不应该仅仅是以研究者的姿态站在"岸边"的"看客"——没有人能够站在"岸边"客观理性地把握文本的意义——我们不仅仅要带着情感投入文本，还要有态度、有立场、有价值、有困惑、有反思、有批判……唯有如此，我们才能形成与文本的对话，在对经典的阅读中扩大自己的存在的可能，才能获得真正的阅读的自由。

我常常向我的学生推荐苏辙的《上枢密韩太尉书》——苏辙写这篇文章的时候只有十八岁（文中提到的十九岁是虚岁），和现在的高中毕业生是同样的年纪。我们可以在这篇文章的字里行间感受到经典阅读是怎样激越起一个青年的志气，是怎样使一个青年的生命具有无尽的可能。

辙生好为文，思之至深。以为文者气之所形，然文不可以学而能，气可以养而致。孟子曰："吾善养吾浩然之气。"今观其文章，宽厚宏博，充乎天地之间，称其气之小大。太史公行天下，周览四海名山大川，与燕、赵间豪俊交游，故其文疏荡，颇有奇气。此二子者，岂尝执笔学为如此之文哉？其气充乎其中而溢乎其貌，动乎其言而见乎其文，而不自知也。

辙生十有九年矣。其居家所与游者，不过其邻里乡党之人；所见不过数百里之间，无高山大野可登览以自广；百氏之书，虽无所不读，然皆古人之陈迹，不足以激发其志气。恐遂汨没，故决然舍去，求天下奇闻壮观，以知天地之广大。过秦、汉之故都，恣观终南、嵩、华之高，北顾黄河之奔流，慨然想见古之豪杰。至京师，仰观天子宫阙之壮，与仓廪、府库、城池、苑囿之富且大也，而后知天下之巨丽。见翰林欧阳公，听其议论之宏辩，观其容貌之秀伟，与其门人贤士大夫游，而后知天下之文章聚乎此也。

从我们的教室里能走出这样有胸襟与格局的青年吗？我自己是缺少这样的自信的。因为我们（首先是我，不是别人）自己对于人生就缺少沉思，缺少态度，我们自己对人生就提不出问题——这就是最大的问题，这就是我们引领学生阅读经典的最大障碍！我们可以试想，一个每天沉溺于日常事务之中的人，怎么能够带领学生去理解"To be or not to be"这样一个如此震撼人心的问题？一个生活在被热闹繁华的假象充斥的世界里的人，怎么可能将"落了片白茫茫大地真干净"的悲剧意蕴传递给学生？如果我们自己都不能够领悟存在所具有的超越意义，那么到底要乞灵于什么样的授课"技巧"才能让学生明白"海的女儿"一次又一次舍弃生命中最重要的东西的原因?

于是,我们在语文教学中的"创造性"就只能体现在教学手段创新上,而这种打着"激发学生阅读兴趣"的耍小聪明式的"创新"又往往具有一种娱乐化的倾向。名师(无论是体制内的还是体制外的)诞生于"舞台","舞台"永远呼唤娱乐与新奇!尼尔·波兹曼在《娱乐至死》中曾专门讨论过新闻、教育等严肃的公共行业的娱乐化问题,书中所举的例子——名校教授通过"一些常用的把戏"来吸引学生,如"如果板书已经到了黑板边缘,我会继续在墙上写,学生们总是会哄堂大笑"以及某些学校试行把数学、英语等所有要学的科目都唱给学生听等等,和今天的教育行业的娱乐化手段比起来,真是小巫见大巫!

如果说对于儿童,这些娱乐化的教育还能具有某种积极意义的话,面对一个十几岁的少年或者青年,我们还要通过这样的手段去激发他们的阅读兴趣,还要通过问"大观园里谁会先传染上流感"这样的荒诞问题去让他产生阅读《红楼梦》的动力——那么,我们的整个教育不是太失败了吗?

《娱乐至死》的最后一章是"赫胥黎的警告"——与《1984》的作者奥威尔不同,赫胥黎担心的不是书籍被禁止阅读,而是没有人再愿意读书,或者只是抱着笑一笑的态度去阅读;人们在汪洋如海的信息中日益变得被动和自私,真理被淹没在无聊烦琐的世事中;再也没有严肃的问题值得讨论了,"文化"成为人们对于娱乐与新奇的无尽欲望的追求。简而言之,奥威尔担心我们憎恨的东西会毁掉我们,而赫胥黎担心的是:"我们将毁于我们热衷的东西。"而这,正是我写这篇文章时的真切感受。

张聪　来自2020年3月14日"章黄国学"公众号

十一、为什么要让贾宝玉患上流感——兼论一份"好"作业的标准

最近,一份语文作业在朋友圈里大火,包括教师圈以外的朋友也在转发,这的确非常少见。

对于这份作业,不少语文名师专家都予以了充分的肯定和赞扬,可以说是赢得了一片喝彩声。

作为一名教师,老侯自然也没有逃过对这份作业的好奇。

这究竟是一份怎样的作业?

到底好在什么地方？

我又能从中学习到什么？

本着学习和研究的态度，我打开了朋友发过来的链接，反复读过几遍以后，对于这份作业究竟是好还是不好，似乎不好轻易地给出一个结论。

因为我拿不准，这份作业的设计者所确定的学习目标到底是什么？

在我看来，判断一份作业是不是一份"好"的作业，看它能否帮助学生达成预设的学习目标乃是一个至关重要的标准。

也就是说，一份好的作业应当指向明确的学习目标，并为学生实现这一目标提供路径方法、工具资源等支持。

这是好作业的必须符合的一条硬指标，否则它可能是一份吸引眼球的、形式新颖的、很火的作业，但不能称之为一份好作业。

下面，我打算就按这一标准来尝试分析一下这份作业。

在此需要声明，老侯对于语文教学完全是一个外行，也绝无意冒犯作业的设计者何泗忠老师，我所说的纯粹是一种学术探讨。

作业设计的学习任务——"推测最有可能被传染的五个人，按传染先后排序，并说明理由"。

这是一项思维含量很丰富的任务设计，其中至少直接包含了三种思维活动：推测、排序和说明理由，按照布鲁姆教育目标分类学的框架，这三项活动都指向了理解层次。

从整体的设计思路来看，三项操作层层递进，构成了一个整体：推测是为排序做基础的，推测排序最终要来说明理由。这才是任务的最重要的部分：你是依据什么来做出这样的推测和排序的？

从后面学生的作答来看，作者的意图是希望学生运用对"贾宝玉在贾府人物关系"的理解来进行推测，而不是其他依据。

事实上，决定这项任务语文学科性质的关键要素也在于此，因为这项任务完全也可以放到生物学科的作业当中，那学生应当依据传染病传播的传染源、传播途径和易感人群进行说明了。

那好，到这里我们可以假设这一项任务的学习目的是让学生厘清红楼梦中的主要人物关系，再具体一点是厘清贾宝玉在贾府中的主要人物关系。

我们把情境任务"翻译"成学习任务的话，似乎可以这样表述：

最有可能传染的人——和宝玉关系最亲密的人；

先后顺序——由亲到疏排序；

说明理由——列举文本证据。

但这里面有个问题是，只考虑了宝玉的直接传播，是否还要考虑间接的二次传染，如果袭人第一个被传染，那是不是麝月被传染概率大大提高？

当然这里如果再考虑到亲密关系的性质和被传染者的自身免疫力，答案就会更加多样了。

但从总体看，如果说目标在于指引学生"研究红楼梦中以宝玉为核心的人物关系"，那这是一份相当棒的作业。

老侯说这份作业好，是因为其任务与目标的一致，与当下流感关系不大。这一点，可能与许多专家的评价标准不同。

例如，"架起语文学习与真实生活的联系"，且不说"架起联系"是否通顺，这一任务只是借当前的流感创设了一个虚拟的情境，无非是做了一个"鱼钩"，让学生迁移对《红楼梦》的阅读理解罢了，何来的真实生活？

更不用说"没有标准答案，能给学生带来深入和广袤的思考"，这正是我打算提出质疑的地方。

因为老侯觉得，这项任务在设计的精细化上似乎还嫌不够。

比如说，对于推测和排序的理由，是否可以进一步明确要求？从而引导学生的思维走向深入。

前面已经说过了，推测和排序不是任务的关键，说明理由才是决定学生学习是否真正发生以及判断学生学习质量的证据所在。

例如，学生完全可以把一个非主要人物——秦钟排在第一位，他和宝玉是同桌，而且身体比较弱。

又如，学生也完全可以把主要人物林黛玉排除在外，理由是这次宴会发生在黛玉回苏州葬父期间——她根本不在贾府里。

这样答案可能有点非主流，但可能恰恰反映了学生对文本的精细化阅读和细节把握。

一个任务可以没有标准答案，但不能没有评价标准，好的评价标准可以给学生指明努力的方向和路径，从而更好地实现学习目标。所以，如果这个任务在说明理由的标准上能够细化一些，会不会更好一点？

这不是老侯在吹毛求疵。按照何老师提出的整本书阅读的追求来看，希望学生达到的是功能性阅读甚至是发展性阅读。如果没有必要的任务界定，学生就无法明确到底是为了解决哪一个问题而进行的阅读，也谈不上针对性地发展学生的阅读能力了。

小说中人物关系的梳理，大约还只是一个初阶任务吧？如果要深入理解小说的思想内涵，还需要任务升级。

何老师接着设计了第二项任务。

请注意，对于这一项任务，何老师在最新版里面进行了修改。

对比两版来看，何老师在新版中增加了"说明理由"这一要求。

这一点很关键。

如果没有这一点修改，第二项任务只是停留在了"是什么"的层次，学生只要任意排出五个人名就完了，应对措施也只需从相关情节中摘录改写几项就行。

这显然会让整份作业在学习的梯度上出现问题：第一项任务"说明理由"已经到了理解层次，第二项任务却退回到了信息提取的层次。

更重要的是，这样也不符合何老师预设的学习目标。

那么这项组建"五人领导小组"的任务应该指向的目标是什么呢？

我们不妨再来看看学生的答案。

从学生的回答中可以看出，他们在思考小说中人物的等级关系（谁有资格）和个人能力（谁能胜任），而这只能表现在任命的理由上。

你看，学生很聪明地在括号里加上了理由。

否则，这项任务无从体现学生是在认真阅读的基础上经过分析得出的结论，还是随口胡诌了几个人名。

所以，组建五人领导小组不是任务的核心，说明理由才是核心。这一点，何老师显然自己意识到了，所以在新版上进行了调整。

这样一来，我们基本可以判断这第二项任务的学习目标，应该是指向小说中的人物分析，而且更侧重于人物的地位、等级、能力、性格的分析。

再来仔细思考一下，这是在组建一个团队，需要考虑相互配合，似乎仍然可以加上人物关系这个维度，这样任务是不是会更加丰满一些呢？

同前一个任务的分析一样，这里如果有一个评价标准，目标指向就更加清晰。这个标准至少应当突出学生对人物的等级地位、个性能力和人物关系三个维度的评价。

（考虑到自己是外行，就不再献丑了。）

如果从理解封建社会的等级森严的角度看，似乎更应当突出人物的等级地位来，这样不妨再给这个领导小组增设一个执行副组长（一笑）。

新版作业中，何老师又增加了两项任务。

这两项任务显然是想培养学生的写作能力，但从阅读《红楼梦》这一整体背景下考虑，似乎没有什么亮点。

社长和记者人选的考虑，无非是重复进行人物个性分析；而新闻报道和贾代儒的讲话稿，如果没有结合《红楼梦》阅读理解的具体标准指引，恐怕与一般的情境写作很难区分开来。

综上分析，这份作业第一项任务设计是最出色的，但从总体上看，似乎加上评价标准会更加清晰。

正如我们接到一份任务的时候，特别想知道评价标准一样，学生拿到一份作业时，也需要清楚地知道达到何种水平才算满意。

最后想重申一下，在老侯看来，这份作业的好坏与宝玉是不是患上流感真的关系不大——这既不是让我们抬举这份作业的依据，也不是贬低它损害名著阅读严肃性的理由。

问题的关键是作为设计者，要考虑清楚为什么要让宝玉患上流感？

一番外行话，如有唐突之处，还请各位专家原谅。

老侯　来自2020年3月16日《吼吼吼猴》公众号

十二、何老师，你出的题目太难了

何老师，这道题，您是认真的吗？！您跨越时代与学科、穿越现实与浪漫的"何泗忠之问"着实更新了我故步自封的粗陋观念，令我突然之间就找到了"放飞自我"的感觉。限于目前的研究成果，对当下流感的研究还没有最终定论，因此，应该先以假设来搭建我们分析本题的逻辑框架：流感病毒在人与人之间传播；贾府中的人物没有对这种病毒的免疫力，没有足够的医学知识；当地政府和民间都还没有察觉到病毒的存在。

首先，我们应该认真读题"贾宝玉参加某次家宴，吃了野味，患上了流感，传染了五个人"，这句话信息量极大。我想，要分析这个问题，首先应该明确一个事实——宝玉必须是贾府中流感传播的"源头"！如果宝玉不是贾府传播的"源头"，而是在贾府里被传染的（包括被茅厕里弥漫的气溶胶传染，被贾府里的小宠物传染），根据宝玉的活动范围（必在且只在贾府中

202

活动），说明贾府里已经有了传染源；宝玉患病就不是贾府人群之间传播病毒的"源头"，而是结果。那么就无法确定宝玉和贾府其他人员之间谁是病毒的传播者，此题就是伪问题，无解。

根据题目前面的引文（注意：这应该是出题者故意隐含在题目中的信息，想考查我们读题是否仔细），宝玉又是贾府中流感传播的"源头"，再进行分析，问题就蹊跷了……为什么许多人同时参加家宴，却只有宝玉患上了流感？何老师，您是在为《名侦探柯南》编剧吗？那就有可能是宝玉被人投毒了，有人想利用这个机会趁人不备干掉宝玉，那么这就是一次精心设计的谋杀！（细思极恐，看来今后在外吃饭很不安全！）当下流感病毒15秒即可令人感染，宝玉吃完饭就铁定是患者了。按照这个思路发展下去，宝玉中毒后身在何处至关重要，如果是在大观园里和众女宾游乐，那么那天谁和她离得近、接触得多，谁就最容易被传染。如果宝玉染上流感后赖在贾母怀里，贾母就在劫难逃。如果宝玉当时在黛玉的身边，可能就没有"黛玉葬花"，而是"花葬黛玉"了。如果宝玉小酌两杯有点上头，回房小憩，服侍他的小丫鬟就"同呼吸共命运"喽。以此类推，解无限多。

至于贾府成立防治流感领导小组的事，我怕是来不及了。这个病短则3天发作，长则潜伏14天。这么长的时间，病毒的传染性这么强，估计贾府里也没几个人能幸免。

何老师，你出的题目太难了！村上春树曾说过，每个人都有属于自己的一片森林，也许我们从来不曾去过，但它一直在那里，总会在那里。您的问题让我仿佛发现了属于自己的那片森林，我模仿你的步伐进去转了一圈，也发现了几个问题，与您分享。

1.若水泊梁山有人患了流感，能医治此病的是（　　　　）。

　　A.安道全　　　　B.皇甫端　　　　C.公孙胜　　　　D.樊瑞

2.在小福子死后，祥子失去了奋斗的力量，下列的哪些行为能使他感染流感病毒（　　　　）。

　　A.参加公民团、请愿团　　　　B.抽地上捡来的烟头

　　C.逛白房子　　　　D.拉车

3.《三国演义》中谁最能先想到用流感病毒作为武器？如果诸葛亮使用了流感病毒作为生物武器的话，三国局面会是如何？

4.《西游记》中唐僧师徒取经途中若遇到妖怪使用流感病毒攻击，该如

何应对？请根据人物形象设计出这个情节。

字在君　来自2020年3月17日《字在语文》公众号

十三、"假如贾宝玉患了流感……"这是一道题目

这不是我想出来的题目，而是深圳市第二高级中学语文老师何泗忠出给班上同学的。这份《红楼梦》阅读作业最近走红网络，很多教师、学生都说其"脑洞大开"。孩子们，如果你们看过《红楼梦》的话，也自己动动脑筋想想这道题目该怎么回答吧？因为没有标准答案，所以大家按照自己的想法去想，天马行空，怎样都行。在你们想的时候，我们来看别人怎么回答的。

网上文章贴出了由同学们完成的答案——袭人因需要贴身侍奉、黛玉因身体病弱、贾母因年老体虚，又同属宝玉的"密切接触者"，几乎在所有答案中，她们都被列为将染上流感的人选。另外提及的还有宝玉常常问安见面的王夫人、王熙凤以及身边跟随的小厮茗烟等。至于"抗疫小组"的组长，泼辣的王熙凤"呼声最高"。此外，王夫人因"地位高、心肠狠"、薛宝钗因"刚柔兼济、有领导能力"也有所提及。大开脑洞又符合逻辑的各种答案，引得网友们纷纷点赞。

有人觉得这个题目既新奇又有趣，但也有人认为，现在出这样的题目，时机不太妥当。如此大的疫情，触动了全国的人，并且目前还没有取得最终的胜利。发布这种带有调侃、娱乐性质的题目，若是学生中有家人遇到不幸，或者身处疫区，面对这些题目作何感想，怎么去答呢？

孩子们面对当下疫情，你们的学校给你们布置了相关学习任务吗？哈哈的学校就有，如做小报、录制抗疫视频等。欢迎你们可以在留言区告诉我，你们都做了什么。今天的这期哈哈老爸说，更像是说给家长们听的。因为学习并非是枯燥的，文学也并非一定是阳春白雪、高高在上的。将文学和生活结合，将学习和趣味结合，也不失为一种好的学习方法。今年的疫情，无疑是孩子们面对的"非常挑战"。而在家上课期间，出一些什么样的题目来引发孩子们的些许思考，更考验着教育者的智慧。

王鹏　来自2020年3月23日《哈哈老爸说故事》第339期

（哈哈老爸，本名王鹏，南京电台主持人，曾主持过情感类节目《午夜心桥》，全江苏唯一一档宠物类节目《豆豆向前冲》，晚高峰娱乐节目《下班万万岁》。）

十四、"假如贾宝玉患了流感，谁最有可能被感染"——如果高考语文这么考，你准备怎么办

前些日子，大家都在用"宅家大法"对抗流感，贾宝玉跳出来刷了一回"存在感"。

师生在家上课，很多人叫苦不迭，突然出现这样一道题，一下勾起了大家品味原著和分析问题的欲望——原来，《红楼梦》还可以这样品？

出这道整本书阅读题目的深圳市第二高级中学语文特级教师何泗忠可能没料到，他出于调动大家阅读兴趣设计的这道阅读题，激发了这么多人的兴趣。

这样一道紧扣时代主题的阅读题，一箭双雕，同时解决了两个难题。

难题一：让太多老师头疼的中学生"整本书阅读"课怎么上？

"整本书阅读"是语文课改中的难点和"新贵"。中国学生不读书众所周知，为了让他们读书，国家不惜出狠招：加大语文高考试卷的阅读量，用考试倒逼学校重视学生的阅读能力和阅读量。但阅读的现状似乎并没有马上改善。何以如此？家长和学校有各种理由，其实，追根溯源有：语文老师阅读状况堪忧，无法有效引导阅读，感觉不到阅读的乐趣，没有"贾宝玉"这样的引导。

难题二：让很多学生手足无措的高考"名著导读"题该怎么做？

课改规定了必读书目，又要推广"整本书阅读"，高考中设题加分，就是必然之选。结果，办法总比问题多，高考的名著阅读题首先推动的是蹿出来不少打着名人推荐旗号的文学名著知识点汇编，比较有名的竟然是一份"董卿版名著知识点大全"。

书未必读过，但关于书中的知识点总结得一应俱全，学生全然不用读书，只要熟背这些知识点，分数应该不会丢。但人们心里总觉得有些颤，背完这些知识点的学生们，这辈子是不是就再也不会翻开那本名著了。

这道题，首先能解决"名著知识点大全"对学生们阅读的戕害，因为任谁也没办法用知识点来解决。

一个当语文老师的朋友，一面拿着这道题激励学生，一面乐不颠儿地感慨，总算冒出有见识的老师，把语文的阅读和写作融合起来，导向一个合理的方向了。

问他何以如此欣慰？他的答案里荡漾着舒适，牵引出来的却是另一个宏大的命题。

为什么学生们面对名著阅读纷纷退避三舍？课业重、功课难这些说辞都是借口，真正的原因还是觉得无趣、不好玩。面对一本名著，他们找不到入口。

一件无趣的事情，怎么都挤不进一个学生的人生。我问过中学生：你们愿意去追剧、看球，怎么就是不愿意翻开一本书？答案比较一致：那是和我们无关的世界。

真是如此吗？是谁给学生这样的印象？

为什么我们看电影、追明星？不是因为肤浅，而是希望能在压力山大的现实人生之外，寻找一个"异质"的世界。这个世界能安慰我们，让我们自由。其实，读书就是给我们提供这样一个世界，只是，太多的学生还没有找到进入的法门。

"贾宝玉"这道题目，其实就是这样一扇门。

如果我们的学生能经常得到这样有趣的问题，导引我们进入《红楼梦》《水浒传》的世界，会有多少有趣的人生等着我们。

为了做好这道题，你得做好如下这样几点。

（1）了解贾宝玉的日常起居。他如果得病，到底会有多少人伺候，多少人为之操心；

（2）必须掌握贾宝玉和大观园里这些人物亲疏远近的关系。他要是病急了，脸色苍白、铁青，会有多少人暗自垂泪；

（3）一定要明白他在贾家的身份地位。他是多少人的心肝，哪些人宁愿冒着被感染的危险也要到床头来瞅一眼。

熟读《红楼梦》的人，当然能轻松作答。没读过书，你怎么跟我聊这个故事呢？

或者，如果你在语文书中读过《宝玉挨打》这一课，也能从中找到线索，完成这道题。宝玉遭厄，王夫人哭着赶来，贾母颤巍巍赶来，薛姨妈带着宝钗赶来，袭人守在身边哭泣，众人散去，宝玉在梦中听见人悲泣之声，原来是"两只眼睛肿得桃儿一般，满面泪光"的黛玉。

有此一回，能读出多少人的心思，又有多少人与人之间的故事微妙地发生。

除此之外，这段故事里，还能看出另一个人的无奈人生。一位女作家读《红楼梦》，读到这一段家庭闹剧，爱宝玉的都不喜欢贾政，她偏偏看出贾政的无奈。听她分析，贾政其实是贾府里的一个"郁闷人"和"孤单人"。

祖上传下来的爵位，哥哥贾赦承袭了，可他一大把年龄，还想着娶小老婆，并且还跟自己说不到一起。宁国府的亲戚们，要么是贾敬忙着炼丹，要么是贾珍忙着花钱。而他，只是个没有科场功名的员外郎，他能拥有的东西其实少得可怜，除了这个被命运宠爱的儿子之外，更多的还是一个中年人的悲哀。

书读到这里，算是读进去了，不能苛求每个学生都能达到这种境界，但一个好的导引，像"贾宝玉得病"这样的题目，确实是一次好机会。这样一道题，像突然展示给学生们的一个黑洞，把他们瞬间吸进大观园里去，让他们分析故事里的这场病和大观园里人的人生，把自己的分析过程写下来。这就是一场酣畅的读书奇遇，一次从阅读到写作的完整的自我提升之旅。

在这道题目的引导下，让学生们去分析、思考，把自己心里盘算的道理准确地表达出来。这样的训练，足够提升学生们的思维和表达能力了。

就这么一道题，是不是被我们捧得太高了呢？并不是，这道题出来之后，从小学到高中，各路学生纷纷给出自己的答案。原来，他们不是不爱读书，只是还没有找到一个合适的洞府，让他们穿越瀑布，找到自己欢喜的天地。

当时事热点和名著阅读结合如此紧密的一道题出现在试卷上，你准备怎么解答？

晁述　来自《读者新语文》公众号

十五、《红楼梦》教学设计，岂能蹭热点

几年前，曾有出版社统计发布了一个"死活读不下去"排行榜，《红楼梦》位列其中。而《红楼梦》又恰恰是高中语文统编教科书中，构成整本书阅读要求的必修单元之一。因为有此要求，已经有不少教师、学者撰文出书，为《红楼梦》整本书阅读提供了各种指导和学习任务的设计。但是，如何激活学习兴趣，让中学生死活读不下去的状态变成死活要读下去，成了大家绕不开的一个基本议题。

深圳有中学教师突发奇想，结合当下流感，设计了一道有关《红楼梦》的创意阅读题，引得不少中学师生点赞，连有些国家级的出版单位公众号也予以肯定和转发。一时间，这似乎成了吸引学生阅读《红楼梦》的标杆题。

与此同时，北京、上海等地也有教师对这样的教学设计深深质疑，对其本身缺乏学理依据以及带来的"娱乐至死"倾向，提出了严厉批评。

老实说，虽然很早有人把这道题传给笔者，让谈看法，但笔者基本是以"瞎胡闹"三个字来回复的。而网上看到的几位教师对此题目的质疑，笔者也大致认同，本没有太多的新见可以贡献。只是因为这学期开设《红楼梦》研究课程，班上讨论起这个问题，学生也做了相关作业，需要对此有所回应，笔者才认真思考了这个话题。

尽管别人的质疑也引起了一些反批评，认为教师结合时事热点，基于学生排斥经典的学情，用创新的娱乐方式提高学生阅读《红楼梦》的兴趣，无可厚非。但个人觉得，无论是创意题的设计者，还是对批评的反批评者，都把问题抽象了，也教条化了。

根据《语文教学与研究》杂志公众号转发的一篇帖子，教学者对自己的命题意图解释说："悬念教学法能够唤起学生的求知欲望，点燃学生的智慧火花，让学生手舞足蹈（身体自由）、浮想联翩（精神自由）、兴趣盎然（生命自由）参与到教学过程中来。"而他这样做，就是为了打破教学形式的程式化和教学文化的专制化，力图跟学生建立起平等交流。

不过，这种借助娱乐方式与学生建立起的表面平等交流，恰恰是以对《红楼梦》作者创作意图的无视为代价的。而这种对作者的不平等，也或多或少会折射到师生关系上，有可能造成师生交流本质的不平等。且不说在流感让不少人丧失生命的情境中蹭此热点，出这样的带有娱乐倾向的兴趣阅读题，未必合适。

回到具体问题看，让中学生死活读不下去《红楼梦》的症结，究竟在哪里？

如果这是指读不下去八十回后的内容，也许倒是说明了中学生的一种感觉。因为《红楼梦》八十回后的文字、思想艺术遭遇了断崖式的下跌，读不下去的反应，属于正常、正确。如果读不下去指的是《红楼梦》的前五回，那么，这跟《红楼梦》的特殊结构有关，这是许多读者共同面临的一道坎，清代评点家也曾有对《红楼梦》开头语言"令人太烦"的指责。教师设计些辅助性的兴趣阅读题，让学生越过这道坎，也许是合理的。但如果读不下去指的是小说主体部分，这就涉及《红楼梦》创作的一个根本性话题。

从中国小说史发展历程看，《红楼梦》是把传统小说传奇的超迈性转变为日常生活诗意性的集大成之作。所以，通常意义上的娱乐化、趣味性恰恰是作者要竭力抵制、予以颠覆的。不是游戏式的娱乐活动，而是心灵的诗意渗透，这才是《红楼梦》阅读活动的灵魂。从这一点说，采用娱乐的、游戏的方式阅读《西游记》，甚至《三国演义》《水浒传》也许合适，但对《红楼梦》来说，这一阅读设计本身，就不合理。因为它带有反讽性，是远离《红楼梦》本质的。除非教师要在设计过程中，随着阅读深入，解构自己的设计题，形成对《红楼梦》本质的对比式理解。但该教师的实际设计，又不是这样的。所以，如果那位教师，以悬念式教学方法来设计各种兴趣题，就不能把它当作屡试不爽的招数，无差别地用到不同的名著上。不然，就只能出现如应用于《红楼梦》的那种昏招。

判断这样的教学设计是高招还是昏招，既要看题目，也要看学生的答题实际。但从这两者看，都是把学生导向远离《红楼梦》乃至文学本质的路径去的。

学生自身的学情是具体的，对文学的理解、对《红楼梦》内容的理解也是具体的。即使必修教材中，有关《红楼梦》的第一项学习任务就是把握人物关系，但这样的题目设计和学生的回答情况证明了教师和学生都没有也无法进入具体作品。

因为小说描写本身的限制，无法从人物的免疫系统等原因来比较，只从接触频率单一维度来考虑感染的可能性，结果，学生几乎无一例外地设定，最可能感染的第一人是日夜厮守在贾宝玉身边的袭人。但如果是春节期间，袭人因母亲去世后回家奔丧，返回后又热孝在身，不便伺候宝玉的日子呢？这一阵不是贾府的晚宴特别多吗？再要说袭人第一个被感染，就不可能。退一步说，即使不从这一段特别的日子来考虑，把袭人视为最可能感染者为理所当然，但接下来要根据可能性大小依次排出后四人的次序来，更是不可能（有个别学生还把小说人物的体质问题加进来作为排序的依据，越发造成理解的混乱）。

这样基于严格的量化统计结果，讨论的已经不是文学，而是数学关系，也不可能在作为文学作品的《红楼梦》中得到真实的、确切的反映。仅仅从怡红院看，作品反映的是大丫鬟和小丫鬟两个群体，在礼法制度制约下和贾宝玉不同的空间距离，人际交往的心理感受以及个别关系的微妙调整。换言之，反映人际关系质的差异性，而不表现可以量化的次序性，正是文学的特质所在。而面对这道所谓的创意兴趣题，不同学生实际给出的答案千差万别，不是证明了对文学的多元理解，而是他们在被教师引向一条数学化的、无解的路上；硬生生逼出了千百种经不起推敲的谬误答案，完成了带有搞笑意味的闹剧。

总之，用娱乐兴趣的方式来颠覆《红楼梦》日常生活的诗意，用数学关系来替代对文学作品的理解，这是笔者不认同深圳这位教师这一教学设计的基本理由。而这位教师在谈到名著阅读时，认为首要问题是，"在教学内容上，太过浅表化、缺少厚度、缺少深度、缺少高度，不探究或少探究整本书的语言之美、文章之美、文学之美、文化之美、人生之美"。话说得一点没错，而要证明他这一观点成立，最直接、最有力的论据，就是他自己设计的那套有关《红楼梦》的创意阅读题。

詹丹　来自2020年4月1日光明网·文艺评论频道

（詹丹，上海师范大学人文学院教授，中国红楼梦学会副会长。）

十六、《红楼梦》创意阅读题何以走红网络

近日，一道关于《红楼梦》的创意阅读题火了。这道关于《红楼梦》整本书阅读的题目，由深圳市第二高级中学语文特级教师、正高级教师何泗忠设计，其创意让很多学生和教师同行拍手称赞。（3月9日上海热线）

命题考试是常规教学的关键环节，命题能力是体现教师专业素养的关键能力，命题质量决定着测试评价的效度和信度。优秀的试题往往具有"意料之外而又在意料之中"的功效，令人拍案叫绝。这道关于《红楼梦》的创意阅读题便是有力的例证。具体说来，这道题的特点和意义表现为以下三方面。

第一，从命题意图审视、关注生命，具有鲜明的指向性。教育是直面人生的事业。生命教育是当代国际教育的焦点，是时下中国教育关注的热点。生命教育的本质就是引导学生感悟生命、尊重生命、关爱生命，其目的是引导学生发觉生命的意义、体验生命的价值。

工具性与人文性的统一是语文课程的基本特点，关注生命是语文阅读的应有之义。该题目将经典小说《红楼梦》人物形象的鉴赏性阅读与当下流感相结合，意在考查学生对生命价值的感悟理解，凸显了语文课程的人文性特点，体现了从"知识立意"、"能力立意"转向"核心素养立意"的命题导向，有利于落实学科立德树人的根本任务，有利于培养学生终身受益的学科

核心素养。

第二，从命题内容审视，关注生活，具有鲜活的开放性。生活是教育的源泉，也是教育的目的和手段。回归生活是新课改的重要取向。语文教学更强调从生活中引进源头活水，加强课内外结合，注重拓展性教学，实现教学与生活的融通，让学生在丰富多彩的生活实践中提升学科核心素养。

这道题既立足原著又突破原著，紧扣生活实际，设置问题情境，让学生在理解小说人物性格的基础上结合生活情境感悟、体验、想象，做出独立的判断分析，在丰富多彩的语文实践中拓展学生的阅读时空，开阔学生视野，培养了学以致用的关键能力。

第三，从命题方式审视，关注个性化阅读，具有异彩纷呈的创新性。脑科学研究发现，人的大脑是由十种思维——注意力、记忆力、观察力、理解力、推理力、想象力、思考力、洞察力、内省力、创造力智能构成的。前五种是低阶思维的基础智能，后五种是高阶思维的高级智能。培养创新型人才，后五种高阶思维的高级智能尤为重要。

个性化阅读是语文新课标的基本要求，也是语文阅读创新的重要基石。适应学科深度学习的时代要求，语文个性化阅读不仅强调低阶思维的识记性阅读和理解性阅读，更强调高阶思维的鉴赏性阅读和创造性阅读。

鉴赏性、创造性阅读试题，注重个性化阅读评价，没有标准答案，有利于落实学生的主体地位，培养学生的审辨性思维和创新精神。学生发挥自主性、能动性和创造性，根据自己的理解，做出见仁见智的判断和表达。

总之，这道关于《红楼梦》的创意阅读试题为学生搭建了培养和发展学科核心素养、提升生命智慧的桥梁，是语文阅读评价创新的一次成功尝试。

许兴亮　来自4月11日《以德启智立德树人》公众号

十七、贾宝玉患流感最容易传染给谁，妈妈再也不用担心孩子的学习了

"假如贾宝玉参加某次家宴患上了流感，传染了五个人，最有可能被传染的五个人会是谁？"如果没有得到事先提醒，乍一看到，有几个人会知道这竟然是一道语文阅读题？

据悉，这道由深圳市一位中学语文特级教师设计的《红楼梦》整本书阅读题目，最近非常火，其创意让很多学生和教师同行拍手称赞。疫情来势汹

汹令人心忧，但反过来也蕴藏着教育契机，能否围绕疫情开展相应的教育，是对教师的莫大挑战。从这个意义上讲，这道有关贾宝玉的创意题，无疑令人眼前一亮。

外行看热闹，内行看门道。这道创意题之所以获得广泛好评，不只是因为它刚好蹭到了热点，更在于其巧妙地架起了语文学习与真实生活的联系，能给学生带来深入的思考。这道令人脑洞大开的神题，并没有标准答案，关键在于如何解读《红楼梦》中的人物关系，以及灵活运用疫情防控的相关知识。形神兼备，趣味与内涵有机融汇在一起，可谓契机契理，不失为一道值得赞赏的战疫"神题"。

兴趣是最好的老师。在大规模开展在线教育的大背景下，实操性和应用性强的作业，无疑更能激发学生的学习兴趣。"林黛玉进贾府"是高中语文中的经典一课，但传统的解读方式往往是正襟危坐、为读而啃原著，不少学生觉得索然无味。而贾宝玉患流感最容易传染给谁，用现代人的眼光和病理学审视《红楼梦》中的人物个性与相互关系，这样的"穿越式"另类解读角度，无疑能极大激发学生的兴趣和培养其创新思维。

一千个读者，就有一千种说法。被点燃思维的学生们给出各种各样的答案和解释。尤其是对于第一个被感染者，有人说是袭人，有人说是黛玉，有人说是贾母……公说公有理，婆说婆有理，争论得不可开交。据说有科普博主深度介入，再"挖"出更多"受传染人士"，更有许多小学生、初中生主动加入解题乃至"论战"，可谓热闹非凡，也足见题目受欢迎的程度。寓教于乐，既科普了流感防控知识，也更好地达成了语文教学的目的，余音绕梁、余味无穷，可谓一举多得。

据悉，千呼万唤之中，意犹未尽的何老师又公布了一个"更新版"，把"学校停课"也纳入其中。请学生为准备亲自主讲网上开学第一课的贾府家塾的贾代儒校长，拟一份发言提纲……忍俊不禁之余，更令人感慨良多：如果我们的题目都是这样生动有趣、开放新颖，还会有学生不喜欢学习吗？

台上三分钟，台下十年功。设计一道寓教于乐的神题，看起来似乎并不难，实则不然。教师不仅要做个"有心人"，还必须具备相应的意识和敏锐性，才能灵光乍现。据悉，设计出神题的何老师，平常就不满于阅读教学浅表化、程式化的总体现状，崇尚唤起学生的求知欲望，点燃学生的智慧火花，让学生手舞足蹈地（身体自由）、浮想联翩地（精神自由）、兴趣盎然地（生命自由）参与到教学过程中来。如果不是孜孜追求最大限度地让学生在"活动"中学习，在"主动"中发展，在"合作"中进步，在"探究"中创新，能提出这些有生命力的神题吗？偶然背后，其实有必然性。

卢梭说过，教学的艺术是使学生喜欢你所教的东西。流感终究会过去，但学科教学如何贴近生活而有效吸引和激发学生，却需要持续深入思考。

胡欣红　来自4月23日《晚上八点》公众号

（胡欣红，《晚上八点》公众号主笔，国内知名教育评论员。）

十八、"贾宝玉患上流感"这道高考"穿越"模拟题好在哪里

临近高考，很多学校和教师都在绞尽脑汁为学生准备高考模拟题，这个题如何设计才科学，才贴近高考，对学生决胜高考起到真正的作用，是有讲究的。

"如果贾宝玉患上了流感，最容易被他传染的人是谁呢？"这是近期，深圳市第二高级中学特级教师、正高级教师何泗忠设计的一道关于《红楼梦》的创意阅读题，让很多学生和教师同行拍手称赞，并迅速走红网络。

毋庸置疑，现阶段，考试是对学生学习检测的有效手段之一，阅读也不例外，但关键是如何考才有效？如何考才能引发学生的思考？如何考才能让学生的阅读和现实有机结合起来？如何考才能实现"以考促读"，让学生爱上阅读？

很久以来，对阅读的考查都是"以本为本"，就是考查学生对阅读内容的了解掌握情况。

例如"贾府姐妹中，迎春的父亲是_____，探春的父亲是_____，惜春的父亲是_____。"又如"《红楼梦》前八十回中，有两处描写暗示了黛玉夭亡、宝玉出家的悲剧结局，一处是在第_____回，另一处是在第_____回。"

这样机械记忆型填空、选择、判断、问答题，除非学生将《红楼梦》全本一字不落地背下了，否则考试时，得分与否，全凭运气。

这样的考题，就是把阅读当成要背诵的课文，违背了"阅读"本义，根本无法考查出学生的阅读水平，读得多并不一定得高分，不会让学生爱上阅

读，反而会引起学生对阅读的反感，是最糟糕的。

当然，也有稍稍"高级"一点的题目，如"《红楼梦》前几回中，'林黛玉进贾府'、'葫芦僧判断葫芦案'等都具有总纲性质，试就其一做出说明。"这样的题目的确需要学生阅读，总结、思考后再回答，但这并不是要让学生认真阅读《红楼梦》，而是，拿其当"例子"来考查语文基础知识，因此，从阅读的本义来说，这样的题就算不上是阅读题了。

"以本为本"的阅读考题，偏离了阅读方向的阅读题，不仅让学生读得累，更会让学生心生厌，如果不是为了考试，谁会去阅读？因此，很多人走出校门后，再也不想去阅读。

何老师设计的这道《红楼梦》阅读题，立足文本，放眼现实，具有一定的"穿越性"、"趣味性"，非常符合当下思维活跃的学生。

如果学生没有认真阅读过整本《红楼梦》，他便不能很好地做出"合理"的回答。

这道题较好地体现出《中国高考评价体系》"一核四层四翼"的总体要求。

高考评价体系中的"一核"即"立德树人、服务选拔、导向教学"，何老师的这道题目以正当下的流感为切入点，内涵的"关注生命"基准点对应了"立德树人"之核；学生对开放性问题见仁见智的回答，会显露出他们的能力水准，这就对应了"服务选拔"之核；试题的"开放性"、"思维发散性"、"创新性"则对应着"导向教学"之核，会引领教师由"知识性教学"实现向"培养学生创新性思维"的转变。

高考评价体系中的四层要求是"核心价值、学科素养、关键能力、必备知识"。何老师的这道聚焦现实生活的题目，让语文学科素养与现实中的疫情防控深度融合，让"四层要求"在一道阅读题中得到最为综合的体现。

高考评价体系中的"四翼"是"基础性、综合性、应用性、创新性"。何老师的这道题，没有"标准答案"，每个学生都会根据自己的阅读体会做出自己的回答，体现了阅读的个性化。学生要答好这道题，必须有扎实的基础知识、较强的综合能力、与实践相结合的能力和较强的创新意识等多维度综合素质。

总之，何老师的这道"红楼穿越"题，既符合《中国高考评价体系》精神，又遵循了语文学科学习规律，让学生在自己扎实阅读的基础上，可以放飞自己的思维，进行精彩的个性化表达与发挥，可堪称是新高考语文阅读题的典范，值得点赞。

在今后这段备战高考的日子里，每位语文教师都要深入学习领会《中国高考评价体系》，借鉴何老师的这种创意思维，设计出贴近学生生活，贴近学生实际，让学生耳目一新、倍感兴趣又切实能够促进他们创新思维能力提升的高考模拟题来！

来自2020年5月7日《平湖一柱》第1136期

第四章 语文悬念教学法掀起一股《红楼梦》阅读潮